KB190803

광야에서 길을 묻다

광야에서 길을 묻다

1판 3쇄 펴냄 2021년 11월 1일

지은이 김기석
펴낸이 한종호
디자인 임현주
인쇄·제작 JK프린팅

펴낸곳 꽃자리
출판등록 2012년 12월 13일
주소 경기도 의왕시 백운중앙로 45, 207동 503호(학의동, 효성해링턴플레이스)
전자우편 amabi@daum.net

ISBN 979-11-86910-01-6 93230
값 17,000원

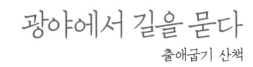

광야에서 길을 묻다

출애굽기 산책

김기석 지음

꽃자리

탈출은 부활로 계속된다

민영진 | 전 대한성서공회 총무

나로서는 이 책이 좀 더 일찍 나왔었더라면 하는 아쉬움이 크다. 내가 대한기독교서회 창립 100주년기념성서주석에서 《성서주석 출애굽기》를 낸 것이 2014년 10월이었다. 1년이 지나고 나서야 김기석 목사의 이 책이 꽃자리에서 출간되었다. 100주년기념 《성서주석 출애굽기》는 각 장 주석 말미에 '메시지' 항목이 있다. 내게는 주석 작업 자체도 힘겨운 일이었지만 이것보다 더 어려웠던 것은 우리나라 독자들을 위한 출애굽기 각 장의 메시지를 제공하는 것이었다. 김기석 목사의 출애굽기 산책은 나의 출애굽기 주석의 이러한 큰 결함을 넉넉하게 메워 줄 수 있다고 보아서 아쉬움과 반가움이 교차한다.

아쉽다는 것은 김기석의 출애굽기가 늦게 나와 나의 출애굽기 주석에서 그의 메시지 연구를 한껏 활용하지 못했다는 것이고, 반갑다는 것은 나의 주석을 활용하는 독자들이 별권의 형식으로나마 김기석의 이 책에서 출애굽기의 현재적 메시지를 만날 수 있다는 것이다.

고통을 "보시고", 울부짖음을 "들으시고", 근심을 "아시는" 하나님

저자가 "출애굽 사건은 부활 사건과 더불어 성경의 핵심"이라고 본 것은 기독교 목사로서 탁월한 신학적 판단이다. "전제군주의 폭정에 분노하시는 하나님"을 돌출시킨 것은 출애굽기가 성경 안에서 차지하는 중요한 위치를 잘 지적하는 말이다. "학대를 받을수록 더욱 번성하여 퍼져"(출애굽기 1:12) 나가는 히브리 노예의 형편을 마치 짓밟힐수록 더욱 튼실하게 자라는 겨울보리로 비유한 것도 한국적 재해석이다(1장).

민족의 산실에서 살인을 지령하는 전제군주와 거기에 슬기롭게 대처하는 히브리 산파들의 하나님 경외가 왕명까지도 거절할 수 있게 한 것, 장차 출애굽 해방 사건의 중요 인물로 등장한 어린 남자아이 모세보다도, 모세의 생명을 지키고 기른 모세의 생모, 모세의 누이, 모세를 물에서 건져 낸 이집트 공주, 이들이 출애굽 탈출과 해방의 여명을 밝힌 인물이라고 보는 시각도 귀하다. 출애굽기의 모세는 생명을 귀하게 여기는 세 여인의 보호를 받고나서야 그 생명을 유지할 수 있었던 어린 아기 시절부터 소개된다. 저자는 출애굽 구원 사건에서 여성의 역할이 컸음을 조명한다. 모세는 이집트 공주의 아들로 자라면서도 히브리 생모의 품에서 성장하면서 히브리인과의 동질성을 지닌다. 이것이 결국 그로 하여금 왕자의 자리를 버리게 한다. 미디안 광야에서 청년 모세는 또 다른 갈등을 본다. 남자목동들이 여자목동들을 힘으로 억압하는 것을 보고 약자의 편에 서서 르우엘 혹은 이드로라고 부르는 제사장의 딸들을 돕다가 그 가족의 환대를 받아 맏딸과 혼인까지 하게 되고 게르솜이란 아들까지 얻는다(2장).

　모세는 호렙산 일대에서 양을 치다가 하나님의 부름을 받는 체험을 한다. 히브리인들 곧 이스라엘 자손이 당하는 고통을 "보시고", 그들의 울부짖음을 "들으시고", 그들의 근심을 "아시는" 하나님이다. 바로 그 하나님이 당신의 백성 히브리인들을 구출하기 위해 모세를 보내신다. 모세는 역사에 개입하시는 하나님을 만난다. 그 하나님은 홀로 일하지 않으시고, 당신의 활동에 사람의 참여를 촉구하신다. 사람과 더불어 구원을 완성하신다. 하나님은 모세에게 임무를 맡기고 그와 동행하신다. 그런데 모세는 자기를 모른다("내가 누구이기에 감히…"). 자기와 동행하시는 하나님이 누군지도 모른다("나를 보내신 분의 이름이 뭐냐고 물을 터인데…"). 저자는 『개역성경』의 "나는 스스로 있는 자이니라"를 인용하면서 히브리어 "에흐예 아쉐르 에흐예"가 "나는 나라고 하는 나다"라는 뜻임을 밝힌다. "주어에 대해 술어가 아무 것도 설명해주지 않음"을 지적한다. 더 문법적으로 살피면 주어가 없는 두 술어가 관계대명사로 연결된 비문非文이다. 영어로는 "나는 내가 원하는 대로 되어 가는 나일 것이다"("I will be what I will be")로 번역되기도 한다. 저자는 이 말이 대답인 동시에 대답의 거절이라고 진술한다. 하나님은 인간의 술어로 설명될 수 없는 존재임을 하나님께서 친히 일깨워주고 계신다고 설명한다(3장).

마침내 모세는 하나님의 의지를 받들지 않을 수 없다. "마지 못해" 동참한다. 자신의 뜻이 아니다. 자기 뜻을 접고 자기 부정의 길을 선택한다. 그러나 겨우 복종하게 된 모세를 하나님은 왜 이집트로 가는 광야 길에서 죽이려하시는가? 이집트 공주의 아들로 자라면서 할례를 받지 않은 것이 그렇게 큰 잘못인가? 논의는 뒤로 미루고 이번에는 아내 십보라의 기지로 죽음을 면한다. 또 한 번 여인이 생명의 은인이 된다. 모세를 살리신 하나님은 모세의 동역자로 그의 친형 아론을 준비하신다(4장).

모세와 아론이 바로와 벌인 협상은 실패로 끝난다. 아니, 실패가 아니라 긁어 부스럼 만든 격이 되어버리고 만다. 히브리 노예들이 한가하기 때문에, 게으르기 때문에 딴 생각을 하는 것이라고 하여, 노동의 강도는 더 가혹해지고, 강제노동은 더욱 혹독해진다. 이렇게 하여 이스라엘 자손과 그들의 지도자들 사이에 괴리가 더욱 깊어진다. 바로로서는 이이제이以夷制夷가 된 셈이다(5장).

"빼내다", "건지다", "속량贖良하다"

노예해방은 당사자인 노예나 인도자 모세나 해방의 주역인 여호와 하나님에게나 모두 힘든 일이다. 히브리인의 구원을 묘사하는 과정에서 여호와 하나님을 주어로 세 동사가 이어진다. "빼내다", "건지다", "속량贖良하다"이다. 저자는 이를 하나님의 구원 의지로 설명한다. 빼내고 건지고 속량하는 데는 절차와 시간이 필요하다. 영원하신 하나님께서 당신 자신을 시간에 속박시키는 것은 시공간에 사는 인간을 구원하시는 과정에서는 피할 수 없는 자기 제한이다. 여기에서 요청되는 것이 구원받을 자의 "믿음"이다. "믿음이란 그 약속을 믿고 그곳을 향해 길을 떠나는 것"인데, 백성은 모세를 통해 전달된 하나님의 약속을 신뢰하지 못한다. 믿음이 없다. 이것이 고통에 사로잡힌 이들의 비극이다. 백성의 불신은 지도자에게서는 좌절로 표출된다. 모세도 백성의 불신을 핑계로 사명을 물리친다(6장).

히브리 노예를 전제군주의 강제노동에서 해방시키려는 것을 저자는 "하나님의 꿈"이라고 묘사한다. 문익환이 말한 "꿈"은 희망의 다른 말이다. 역사는 저절로 굴러가는 것이 아니고, 역사를 갱신하시려는 하나님의 의지의 완성 과정이다. 이적異蹟은 표징表徵이다. 어떤 사람들은 이적 배후에서 역사를 움직이시는 하나님의 행동을 보는가 하면, 또 어떤 사람들은 이적 자체만을 보고 놀랄 뿐 거기에서 하나님의 행동을 보지 못한다. 재앙을 보고서도 재앙이 주는 메시지에 애써 귀를 막고 태연자약泰然自若하려는 것을 저자는 "제국의 맨 얼굴"이라고 한다. 그러나 그 맨 얼굴은 오래가지 못한다. "제국과 바로의 체제를 뒤흔들고 계시는 하나님에게 자기를 위해 기도해 달라"고 모세에게 부탁하는 바로는 "지금 벌어지고 있는 일의 의미를 깨닫지 못하고 있다." 바로의 마음을 강퍅_{剛愎}케 하시는 이가 하나님 자신이기 때문이다. 모든 세대에서 희망을 잃지 않는 민중은 이 암호를 해독해온 역사를 이어오고 있다(7장).

출애굽기의 재앙 기록은 재앙 자체에 대한 진술이기보다는 전제군주 바로를 괴롭히는 재앙이라는 점에 초점이 맞추어져 있다. 그 이야기들의 전승 자체가 "지배층에 대한 민중들의 풍자_{諷刺}"라고 보는 저자의 혜안에서 구약 본문을 읽는 또 다른 독법_{讀法}을 본다는 것은 우리의 즐거움이다. 10가지 재앙 이야기로 쩔쩔매는 바로를 우스꽝스럽게 그려놓고 보면, 한 나라의 백성을 대표하는 존엄, 곧 그 절대군주에 대한 도를 넘는 모욕이 기원전 13세기 이전부터 이미 있었던 것을 알 수 있다(8장).

재앙 본문을 다루는 저자는 재앙에 대처하는 바로를 줄곧 관찰하고 있다. 이런 유의 연구가 흔히 하듯 모세를 조명하기보다는, 저자는 이집트의 독재자 바로를 관찰하고 조명한다. 그의 독자에게, 출애굽기의 독자에게 바로를 주목하도록 유도하고 있다. 바로의 패망을 통해서 하나님이 하나님임을 나타내시기 때문이다. 역사를 관찰하는 이들은 "하나님이(내가) 여호와인줄(나인줄) 알게" 되기 때문이다. 역사 속에서 제국의 풍자화_{諷刺畵}를 그리시는 하나님을 볼 수 있다(9장).

저자는 바로의 "고집"을 설명함에 있어서 심리적 접근을 시도한다. "변화에 대한 두려움을 신념으로 포장하는" 바로의 어리석음에 대한 어희語戱를 소개한다. "'어리석다'는 뜻의 영어 'absurd'에는 '귀머거리'를 뜻하는 'sardus'의 의미가 들어 있다. 어리석음이란 들으려 하지 않음"이라는 저자의 지적은 우리말『개역성경』에서 "지혜로운 마음"으로 번역되는 히브리어 원문이 "듣는 마음"(leb shomea)임을 상기시킨다(열왕기상 3:9). 재난을 보면서도 그 의미에 귀를 기울이지 못하는 모든 독재자들이 바로를 반면교사로 삼아야 한다는 메시지를 읽을 수 있다(10장).

연속적으로 일어나던 재앙이 잠시 그친다. 저자는 그 고요의 의미를 조명한다. 폭풍 직전의 고요, "마치 오케스트라의 연주가 피날레를 앞두고 돌연 뚝 끊어지는 것과 같은, 그 깊은 고요 속에서 청중들이 장엄하기 이를 데 없는 마지막 소리를 기다리듯이, 어린 양이 봉인을 하나하나 뗄 때마다 땅에 대한 심판이 즉각 시행되곤 했는데, 일곱째 봉인을 뗄 때는 하늘이 반시간 쯤 고요했던 것" 같은 순간이 역사에도 있다는 것이다. "시간의 호흡"을 읽을 수 있는 혜안慧眼이 아쉬운 순간, 역사는 한쪽으로는 종말로, 다른 한 쪽에서는 새로운 시작으로 전개된다(11장).

하나님의 시간과 압제자의 시간이 같은 공간 안에서 흐른다. 하나님에게는 같은 시간이다. 심판과 구원이 같은 시간 같은 공간에서 발생하기 때문이다. 재앙의 표징을 끝내 못 읽는 이는 기껏 시간이 정체하거나 역류하기를 바라거나, 위기가 자기를 피해서 지나갈 것이라는 행운을 바란다. 그러는 사이 모세는 이집트를 탈출할 사람들을 하나의 공동체로 묶는 의식을 행한다. 그것이 바로 유월절逾越節과 무교절無酵節이다. 유월절이나 무교절은 일회적 행사가 아니라 구원사건을 자자손손 대대로 기억하고 전승해야 하는 사건, 역사적 이스라엘이 시간 속에서 반복적으로 재현하고 새롭게 체험해야 하는 사건이다. 저자가 강조하는 것이 있다. 유아 외에 보행하는 장정만 육십만명, 그 외에 그들과 함께 탈출 대열에 들어 온 "수많은 잡족"에 저자의 눈이 머문다.

저자는 말한다. "여기에서 말하는 '잡족erev rab'이란 해방 투쟁에 참여하지 않은 이들을 일컫는 말로 보인다. 그럼에도 불구하고 출애굽 공동체는 이집트의 전제정치 하에서 신음하던 그들을 배제하지 않는다. 고통의 연대가 일어난 것이다." 이런 추측이 과히 틀리지는 않는다. 주석가들의 일치된 견해이기 때문이다. 저자는 "출애굽(해방)이라는 과실果實은 누군가가 독점할 수 있는 것이 아니었"고, "전적으로 하나님께서 일으키신 일"이었기 때문에 그렇다고, "새로운 역사는 가장 연약한 이들까지 품고 가려는 마음을 통해 나타난다"는 점에 착안한다. 우리가 흔히 잊고 있는 이들이 바로 이 "가장 연약한 이들"이다. 이집트의 전제군주 밑에서 강제노역에 시달리던 사람들은 이스라엘 자손 말고도 있었다. 그들은 아마 여호와 신앙을 갖지 않은 이들이었을 수도 있다. 힉소스의 후예 노예들일 수도 있다. 저자는 독자에게 가장 천한 인간쓰레기 같은 사람들riffraff 들이 이집트 탈출 대열에 하나님의 백성으로 합류한 것을 주목하게 한다(12장).

"망각은 포로가 되게 하지만, 기억은 우리를 구원하는 비결이다"

출애굽 구원 사건에 대한 기억과 전승은 13장 해설에서도 계속된다. 저자는 이것을 "기억투쟁"이라고 부른다. 시간이 기억을 퇴색시키기 때문에 노예였던 과거를 반복하지 않기 위해서라도 "기억투쟁"이 필요함을 강조한다. 유대인 6백만 학살을 기억하는 예루살렘 야드 바 홀로코스트 박물관 옛 건물 출구에는 욥의 흉상胸像이 있었고 그 밑에는 18세기 랍비인 바알 토브(Baal Shem Tov)의 말이 적혀 있었다. "망각이 우리를 다시 포로가 되게 하지만 기억은 우리를 구원하는 비결이다"(Forgetfulness leads to exile, while remembrance is the secret of redemption). 구약시대부터 이스라엘에게는 비극적 역사에 대한 기억은 생명을 내 건 치열한 투쟁이나 다름없었다. 구원의 비밀이 바로 기억 속에 있기 때문이다. 하나님이 당신의 백성을 인도하실 때 위험한 지름길 보다는 안전한 우회로迂廻路를 선정하신다는 것에서 저자는 급하다고 해서 바늘허리에 실을 매어 쓸 수는 없는 법이라는 우리의 지혜를 인용하여 구원 역사에서 걸리는 시간을 헤아린다. "지향만 분명하다면 더디고 빠른 것에 너무 예민할 필요가 없다"면서…(13장).

저자는 바다가 갈라지는 것을 기적의 시각에서 보기보다 아이러니의 시각에서 재해석한다. "진짜 어리석음은 자기가 지혜로운 줄 아는 것, 진짜 무력함은 자기가 강한 줄 아는 것"이라고 하면서 홍해에서 이집트 군대가 몰살되고, 이집트가 자랑하던 무기와 장비가 한 순간에 무용지물이 되는 것은 "기적이 아니라 아이러니"라고. "허세가 심할수록 추락이 더 아찔한 법"임을 지적한다(14장).

모세의 노래와 미리암의 화답은 노래로 전승되는 구원의 역사다. 출애굽 구원 역사를 이해함에 있어서 저자는 "바다로부터 구출받기 위해 그들이 한 일은 아무 것도 없었음"을 강조한다. 이것은 그대로 우리가 구원을 받은 것은 하나님의 은총을 입고 그리스도를 믿어서 된 것이지 우리 자신의 힘으로 된 것이 아니라는 것, 따라서 이 구원이야말로 하나님께서 주신 선물(에베소서 2:8)임을 강조한 종교개혁 정신을 되짚는다(15장).

광야의 이스라엘은 먹거리의 부족함에 부딪힌다. 모세와 아론을 향한 백성의 원망이 커진다. "저녁이 되면 너희가 여호와께서 너희를 이집트 땅에서 인도하여 내셨음을 알 것이요 아침에는 너희가 여호와의 영광을 보리니"(16:6b-7a)라는 진술에서 저자는 "저녁이 되고 아침이 되니 이는 첫째 날이니라"(창세기 1:5b)라고 하는 창조 이야기의 한 장면을 떠올린다. 출애굽기 기자는 하나님이 광야의 백성에게 먹거리를 주시는 일을 마치 창조 사건처럼 표현하였다고 해석한다. 이것 말고도 출애굽기 저자가 히브리인의 번성을 묘사한 "이스라엘 자손은 생육이 중다하고 번식하고 창성하고 심히 강대하여 온 땅에 가득하게 되었더라"고 한 진술에서도 창조전승의 용어를 활용하는 것은 이미 확인할 수 있었다. 저자는 먹거리는 공평하게 나누어야 한다는 경제 질서를 강조한다. 만나를 거둠에 있어서 더 많이 거두어도 남지 않고 적게 거두어도 모자라지 않았다는 것은 그들이 자기들의 욕망에 충실하기보다는 다른 이들을 함께 살아가야 할 이웃으로 보고 각자에게 필요한 것을 피차 나누었다는 뜻으로 이해한다. 그리하여 "욕망의 원리가 지배하는 곳에서는 불화와 갈등이 일어나고, 나눔과 공감의 원리가 작동되는 곳에서는 공동체가 세워진다"고 말한다. 지구에서 20%의 사람들이 세계 자원의 80%를 누리고, 80%의 사람들이 20%의 자원을 가지고 살아가는 현실, 현재 세계에는 하루 1달러 미만으로 살아가는 절대빈곤층이 약 20억 명에 달한다고 하는 사실을 직시하면서 "영양 결핍과 기아로 목숨을 잃는 사람이 수백만 명에 달한다는 사실은 21세기 최대의 비극이다. 이는 그 어떤 이유나 정책으로도 정당화될 수 없는 부조리와 파렴치의 극치다. 나아가 이는 끝없이 되풀이되어온 반인류 범죄에 해당한다"고 하는 유엔 특별식량조사관을 지낸 장 지글러의 말을 상기시킨다(16장).

여호수아는 아말렉과의 전투에서 등장한다. 여호수아가 아말렉 군대를 상대로 전투를 하는 동안 모세는 산꼭대기에 올라가 "펄럭이는 깃발"처럼 양팔을 높이 든다. 아론과 훌이 모세를 도와 그의 팔이 내려오지 않게 한다. 저자는 들린 모세의 팔보다는 모세의 팔이 향하고 있는 "위"를 주목하는 미슈나의 전통을 인용한다. 저자는 백성의 마음과 눈이 하나님이 계시는 "위"를 향해 있었던 것이 승리의 비결이었음을 주목한다. 전쟁이 끝난 후, 모세가 그곳에 제단을 쌓고 그 제단을 "여호와 닛시" 곧 "여호와는 나의 깃발"이라는 뜻을 지닌 이름을 붙인 것은 모세의 팔이 전투 내내 "위"를 가리켰던 것과 무관하지 않다(17장).

아말렉과의 전쟁이 끝나고 나서 모세는 아내와 두 아들을 데리고 온 장인 이드로의 방문을 반긴다. 그러나 장인은 백성의 송사를 혼자서 판결하는 모세의 업무가 과중함을 나무라면서 업무 분담을 지시한다. 모세가 그대로 따른다. 권력 집중을 방지하고 업무를 분담하는 이드로의 충고를 저자는 "성경적 경영"으로 평가한다(18장).

하나님에 관한 신인동성동형론적神人同性同形論的 표현과 진술이 짙게 반영된 구약에도 "꿈꾸는 하나님"이라는 묘사는 없다. 김기석의 하나님은 꿈을 꾸는 하나님이다. 이스라엘이 제사장 나라와 거룩한 백성이 되는 꿈이다. 과연 이것이 지상에서 가능한 일인가? 결국 역사적 이스라엘은 실패한다. 하나님의 꿈은 좌절되었다. 예레미야에게서 하나님의 꿈은 새 계약, 곧 새 언약 백성으로 연결된다. 예수를 따르던 이들은 자신들은 새 계약/언약 백성, 새 이스라엘로 이해하였다. 예수께서도 하나님의 백성의 구성원이 바뀐 것을 이미 말씀하셨다. "또 너희에게 이르노니 동서로부터 많은 사람이 이르러 아브라함과 이삭과 야곱과 함께 천국에 앉으려니와 나라의 본 자손들은 바깥 어두운데 쫓겨나 거기서 울며 이를 갊이 있으리라"(『개역성경』 마태복음 8:11-12)(19장).

십계명, 오래된 새길

저자는 십계명 열 가지를 일일이 다 설명한다. 열 가지 재앙을 다 설명했던 것과 같다. 십계명 자체에 관해서는 그의 저서 《오래된 새길》, 16-76쪽에 상세한 설명과 본문 이해와 관련된 이야기들이 있다. 두 곳의 십계명 해설은 출애굽기 독자들에게 십계명이 지닌 현대적 의미를 한껏 밝히기에 넉넉하다. 십계명이 지금의 문명과 역사를 심판하는 역동성을 지니고 있을 뿐 아니라 하나님 나라의 윤리라는 점을 저자는 설득력 있게 강조한다. 이쯤에서 독자들은 산상수훈의 윤리와 십계명의 윤리가 어떻게 결합될 수 있는지도 상상하게 될 것이다. 인류가 현재 당면한 온갖 문제가 십계명을 무시한 결과라는 것, 따라서 십계명 정신만 잘 실천해도 현대사회가 당면한 난제를 해결할 수 있을 것이라는 확신을 심어주기에 충분하다는 결론에 이르게 한다. 저자가 십계명 재해석에서 그 맥락을 이집트에서의 종살이 경험에 초점을 맞추는 것은 우리가 자칫 놓치기 쉬운 국면이다. "다른 신을 섬기지 말라"는 계명을 타종교에 대한 배척의 근거로 삼지 말고, 히브리 노예를 구출한 "나"이신 그 하나님을 떠나 이집트 제국질서를 정당화하는 지배자가 "만든 신들"을 섬기지 말아야 한다는 쪽으로 우리의 시선을 교정한다. "새긴 우상을 만들지 말라"는 것도 우리의 망상이 만드는 여러 가지 신들을 고려할 수도 있지만, 노예들이 실제로 거대한 신상을 만드느라 평생 채석장에서 돌을 깎았던, 악마가 된 종교가 인간을 노예로 전락시킨 내면을 보도록 이끈다. "하나님의 이름을 망령되게 부르지 말라"에서는 신명 오용 탈출을, "안식일 기억과 준수"에서는 독자들로 하여금 이집트에서 히브리 노예들의 강제노동 현장과 소유를 위한 끝없는 욕망에 근거한 노동의 범죄를 보게 한다. "부모를 공경"에서는 "부모" 개념의 확대를 제시한다. 평균 수명의 연장과 노후 대책의 결핍, 젊은 인구의 감소, 노인 복지 정책의 어려움 등이 겹쳐 70-90대 노년층이 길거리로 내몰려 새로운 걸인 층을 구성할 수도 있다는 것을 경고하면서 "부모"를 달리 정의한다. "살인하지 말라"에서는 오늘날 만연한 생명경시 풍조를 비판하고, "간음하지 말라"에서는 인간 내면의 정욕 악덕과 현대의 향락문화를 비판한다. "도둑질하지 말라"에서는 타락한 자본주의와 그 밖의 합법적 착취 구조를 문제 삼는다. "거짓 증언하지 말라"에서는 "말"의 타락과 역기능에 대한 문명비판을

한다. "탐내지 말라"에서는 탐심으로부터의 탈출의 길을 제시
한다(20장).

"계약법전" 혹은 "언약법전"

21장 이하 23장은 "계약법전" 혹은 "언약법전"으로 알려져 있
다. 저자는 이 법이 약자보호법이었음을 지적한다. 법은 약자
를 보호하는 것이 기본 정신이어야 하고, 법 자체를 보호하는
법(법질서 자체를 지키는 법), 기득권자의 기득권을 보호하는 것은
다 계약법 정신과는 어긋난다는 점을 강조한다. 따라서 종에
관한 법이 서두에 나오는 것도 그러하고, 저자가 이미 지적하
듯이 계약/언약법전은 광야생활이 아니라 정착생활을 배경으
로 삼고 있다. 농경 정착 사회의 심각한 범죄행위들을 판단하
는 법이다. 살인 같은 경우도 "사람을 죽인 자는 죽여야 한다"
는 것이 계약법의 기본 전제이지만 경우에 따라서는 살인자가
보호받아야 할 경우를 고려하여 살인자가 피할 수 있는 "도피
성"이라는 것이 합법적으로 설정되기도 했다. 동해복수법(同害
復讐法, lex talionis) 같은 것이 잔인한 형벌처럼 보이지만 사실은
과도한 피의 악순환을 막으려는 조치로 잘 설명되어 있다. 가
축 관리를 잘못하거나, 농장에 위험 요소를 방치하여 사람이나
가축의 안전이 위협받는 태만의 죄도 그 정신이 잘 설명되어
있다(21장).

저자는 개인의 재산보호를 위한 배상賠償에 관한 법, 남녀 간

의 성관계를 다루는 도덕법道德法, 나그네, 고아, 과부를 잘 돌보라고 규정하는 사화적약자보호법 등이 지닌 출애굽공동체의 "나라 세우기" 정신의 깊이를 보여준다(22장).

위증, 재판관이 명심해야 할 사항, 원수의 가축에 대한 배려 등도 다 탈출 이후에 이어지는 공동체 세우기, 새 세상 만들기에 대한 세심한 배려로 이어진다. 저자는 이것을 통해 출애굽의 종착지가 "가나안 땅이 아니라 새로운 세상의 건설"이라고 지적한다. 그러기에 저자에게 출애굽 공동체의 "'약속의 땅'은 지중해변에 있는 저 팔레스타인 땅을 가리키는 것이 아니라, 그들이 지향하는 새로운 질서 즉 하나님 사랑과 이웃 사랑이 조화를 이루는 삶을" 가리키는 것이다. 안식년과 안식일, 절기 규정, 칠년 째 되는 해에는 파종을 하지 말고, 땅을 묵혀두라는 휴경 규정은 "모든 생명이 제 숨을 쉬도록" 만들고자 하시는 "하나님의 꿈"으로 설명한다. 무교절, 맥추절, 수장절 등 세 차례 순례巡禮 절기에서 순례의 의미를 저자는 "일상의 흐름을 의도적으로 차단하는" 그러나 "그런 끊음과 이음의 리듬 속에 있을 때라야 하나님을 생의 중심으로 모실 수 있다"는 관찰을 한다(23장).

하나님과 이스라엘의 계약 체결은 장엄하다. 계약 체결 장면, 그 순서가 조금은 번다煩多하다. 그러나 "이런 절차는 사실은 언약 체결을 공감각적으로 기억에 새기는 과정"으로 설명된다. 하나님과 백성 사이의 계약 체결에서 "하나님은 이 언약을 통해 당신 스스로의 자유를 제한하신다"고 하는 통찰은, 언약이 일방적으로 사람을 얽어매는 것이 아니라 쌍방이 구속拘束 되는 것이라는 관찰은 우리에게 많은 것을 생각하게 한다. 기독교의 경전 이름이 "구약"과 "신약"이라고 하는 것을 보면 기독교 역시 새 계약/언약 백성으로서의 자기이해를 가지고 출발한 것을 볼 수 있다. "구약"이든 "신약"이든 그 "약約"은 바로 이 "계약契約"이다. 세계 여러 종교 경전 가운데 그 이름이 하나님과 사람 사이에 맺어지는 "계약서契約書" 곧 출애굽기 24장 7절에 나오는 '세페르 하브리트'라고 한 것은 기독교 경전뿐이다. "성경" 혹은 "성서"는 기독교 경전의 이름이 아니라 모든 종교의 경전을 가리키는 보통명사일 뿐이다. 이 기회에 기독교의 경전이 "계약서"임을 다시 명심하자(24장).

하나님의 영을 받은 성막 기술자, 브살렐과 오홀리압

계약 체결이 끝나고 성막[1]제작이 시작된다. 백성은 성막 건축 재료와 기타 비용을 예물 형식으로 조달한다. 성막은 "하나님께서 보여주신 양식대로" 짓는다. 하나님에게 먼저 성막에 대한 아이디어가 있고 그것이 지상에 건립된다. 그러나 저자는 성막이 "하나님이 계시는 곳이 아니라 하나님께서 백성과 만나시는 곳"이란 점을 관찰한다. "하나님의 지시를 공동으로 수행하는 과정을 통해 계약/언약 공동체 구성원들의 정체성이 새롭게 빚어질 수 있다"고 저자는 평가한다(25-27장).

제사장의 옷 제작과 임직식이 이어진다. 제사장의 옷과 거기에 달린 장식들은 아주 정교하다. 흉패(가슴받이), 에봇, 겉옷, 반포속옷(줄무늬 속옷), 관冠, 띠, 여섯 지파 이름이 새겨진 두 호마노 보석을 좌우편에 단 에봇 어깨받이, 에봇 허리띠, 저자가 설명한대로 "이것은 제사장들의 무거운 책임을 상기시키는 것", "제사장의 위엄 있고 아름다운 복장은 특권이 아니라 책임의 무게를 보여주는 것"이다. 서평자는 출애굽기 주석을 쓰면서 정복을 입은 제사장의 모습을 재생시켜 보다가 광야로 쫓겨 가 낭떠러지에서 희생당하는 속죄염소를 떠올렸고, 끝내는 예수 그리스도께서 친히 대제사장 겸 제물이 되신 것에 생각이 머물렀다고 썼다. "열두 지파 이름 새긴 두 보석/ 두 어깨에 하나씩 메고/ 이름 하나씩 새긴 열두 보석/ 따로 가슴에 품는다/ 한 해에 한 번은 혼자서 그분을 감당해야 하는 지성소/ 몇 해를 더 시은좌 앞 드나들다/ 깨달음에 이르면/ … 양들 곁 떠나/ 홀로 걷는 광야 길이/ 멈출 수도, 뒤돌아설 수도 없는 골고다(해골) 길임을 그는 안다/ … 광야를 걷는 동안, 아직 살아 있는 동안에/ 그는 자기의 죽음을 미리 추모한다…"("대제사장", 〈창조문예〉 2015. 11)(28-29장).

분향 단, 향 기름, 가루 향, 물두멍, 회막에 필요한 물품들을 마련할 비용을 염출하기 위한 인구조사, 회막 예배에 필요한 여러 가지 기물들을 제작할 기술자 브살렐과 오홀리압의 임명,

회막의 건설을 창조의 빛 속에서 바라보는 출애굽기 저자의 안식일 준수 재강조 등으로 이어진다. 특히 브살렐과 오홀리압에 관해서는 그 가문과 함께 이 두 사람이 하나님의 '루악흐' 곧 "영"을 받아 지혜와 총명과 지식과 재주가 뛰어났다고 소개된다. 이 두 사람을 돕는 지혜 있는 기술자들이 또 달리 있다. 모세가 본 비전을 실물로 구체화하는 사람들이다. 사람이 지닌 기술이 하나님의 영과 무관하지 않다는 통찰에 주목하게 된다 (30-31장).

만들어진 신, 하찮아진 하나님

하나님을 만나러 산으로 올라간 지도자를 기다리다 못해 산 밑의 백성이 하나님의 형상을 만든다. 바로 금송아지다. 인간이 신을 만든다. 일컬어, "만들어진 하나님"이다. 현대의 지성적 무신론자들의 저서인 리차드 도킨스의《만들어진 신》, 크리스토퍼 히친스의《신은 위대하지 않다》, 데이비스 밀스의《우주에는 신이 없다》 등은 모두 "만들어진 신"에 대한 우상파괴 이론이다. 기독교신학자 중에서는 샌프란시스코 신학대학 총장이었던 도날드 맥컬로우의《하찮아진 하나님》이 기독교가 만든 온갖 우상을 고발하고 있다. 인간이 만든 하나님은 인간의 소원이나 들어주는 신들이다. 맥컬로우는 미국 교회에는 미국기독교가 만든 온갖 신들로 가득 찬 "만신전"이라고 통탄하고 있다. 하산한 모세는 레위 사람들에게 명하여 각기 형제와 친구들과 이웃들을 도륙하라고 하고, 레위 사람들은 그 명령을 즉각 수행한다. 어림잡아 삼천 명이 죽는다(출애굽기 32:28). 저자는 "고대 세계에서 카리스마적 지도자가 질서를 수립하기 위해 택했던 '기원적 폭력'(르네 지라르)이라는 관점에서" 이 사건을 고찰한다. "우상숭배를 통해 혼란에 빠졌던 한 공동체가 기원적 폭력을 통해 정화된다고 하는 고대세계의 사고가 이 이야기 속에 반영되어 있다"고 본다. 이런 끔찍한 폭력이 자행된 후에 모세는 하나님 앞에서 백성을 위해 참회하며 중보한다. 비장하다. 백성의 죄를 용서해 달라고, 용서하지 못하시겠거든 하나님의 책에서 자기 이름을 지워달라고(출애굽기 32:32) 한다. 바울이 자기 동족을 위하는 일이면, 자기가 저주를 받아서 그리스도에게서 끊어질지라도 달게 받겠다고 한 말(로마서 9:3)을 상기시킨다(32장).

결국 하나님은 모세의 간구를 받아들이신다. 그러나 이스라엘 백성과의 동행은 취소하신다. 이스라엘 백성이 목이 곧은 백성이기 때문에 동행하셨다가는 또 언제 이스라엘 백성의 반역을 보시고서 그들을 진멸해 버리실 지도 모르기 때문이라는 것이다. 모세를 통해 이 소식을 듣고서 이스라엘 백성은 슬퍼하고, 그들의 몸에서 장신구들을 다 떼어낸다(출애굽기 33:1-4). "백성이 이 황송惶悚한 말씀을[2] 듣고 슬퍼하여 한 사람도 그 몸을 단장하지 아니하니"(『개역성경』 출애굽기 33:4). 『개역성경』이 "황송한 말씀"이라고 번역한 원문의 축자적 의미는 "이

나쁜 말"('하다바르 하라아 하제', "these evil words")이다. 영어 번역들은 "이 가혹한 말씀"("these harsh words" *NRS*), "이 불길한 말"("this disastrous word" *ESV*) 등으로 번역한다. 그러나 전체 문맥을 보면 하나님의 동행 취소는 그 배경을 볼 때 결코 "나쁜 소식"일 수 없다. 오히려 당신 백성과의 동행을 보류하시는 하나님의 결심 속에는 이스라엘 백성을 향한 하나님의 애틋한 사랑과 이스라엘 백성을 당신의 심판으로부터 지키고 보호하시려는 세심한 배려가 이 말씀 안에 들어있다. 그래서 『개역성경』은 "이 나쁜 말"을 "황송惶悚한 말씀"이라고 번역한다. 이것은 한국적 공헌이다(33장).

깨어진 돌판에 쓰였던 계명은 다시 기록된다. 언약, 곧 계약도 다시 체결된다. 언약의 구체적 내용은 12가지로 정리된다. 이 과정을 묘사하면서 저자는 "넘어짐이 없으면 일어섬도 없고, 무너짐이 없으면 일으켜 세움도 없다. 신앙은 어쩌면 다시 시작하는 용기인지도 모르겠다. 금송아지 사건은 출애굽 역사의 가장 어두운 부분이었다. 하지만 하나님은 신실하지 못한 그 백성들과 더불어 새로운 역사 이야기를 써가려 하신다"(34장).

독자들은 벌써부터 "회막(會幕, '오헬 모에드', 'the tent of meeting')"과 "성막(聖幕, '미슈칸', 'tabernacle')"이라는 두 용어가 때로는 구별되고, 때로는 결합되어 구별되지 않는 것을 우리말 번역 성

경과 저자의 설명에서 착안하였을 것 같다. "모세가 항상 장막
(帳幕, '오헬', 'tent')을 취하여 진 밖에 쳐서 진과 멀리 떠나게 하고
회막(會幕, '오헬 모에드', 'the tent of meeting')이라 이름 하니 여호와
를 앙모하는 자는 다 진 바깥 회막으로 나아가며"(『개역개정성경』
출애굽기 33:7)라고 한 이 구절에서 "회막"은 진 밖에 있던, 진과
는 멀리 떨어져 있던 모세의 개인용 천막이다. 그러나 "이스라
엘 자손이 이와 같이 '성막聖幕 곧 회막會幕'['미슈칸 오헬 모에
드', "회막의 성막"]의 모든 역사를 마치되 여호와께서 모세에
게 명령하신 대로 다 행하고(『개역개정성경』출애굽기 39:32)라고 한
이 본문에서는 성막(聖幕 '미슈칸') 안의 일부가 회막(會幕 '오헬 모
에드')이지만, 『개역개정성경』번역대로 "성막 곧 회막"은 여기
에서는 동격이다. 성막을 달리 회막으로도 부르기 때문에 "성
막 곧 회막"이라는 표현을 쓰게 된 것이다. "성막 곧 회막"건
립에서 저자가 중요하게 착안하는 것은 성막이 하나님께서 모
세에게 명령하신 대로 설계되고 제작되었다는 것, 성막 건립에
백성 전체의 자발적 헌신과 참여가 있었다는 것이다. 성막에서
쓰이는 기구 제작이 끝났을 때 모세가 그것을 점검하고, 제작
자들을 축복한 것에 착안한 저자는 "회막 건설 이야기는 이처
럼 '명령'과 '수행'과 '축복'이 한 축으로 연결되고 있다"고 그
주요 줄거리를 뽑아 인상 깊게 묘사한다(35-39장).

　모세는 하나님께서 구체적으로 지시하신 대로 "성막 곧 회
막"을 세우고, 그 안에 들어 갈 모든 기구를 다 배치하고 제

사장들을 성별하여 세운다. 출애굽기의 정점에서 갑자기 놀라운 진술 하나가 독자를 놀라게 한다. 모세가 지금까지 지은 그 "성막 곧 회막"에 이제 모세는 들어갈 수가 없다고 하는 것이다. "모세가 회막에 들어갈 수 없었으니"(『개역성경』 출애굽기 40:35)가 바로 그 말이다. 출애굽기는 하나님의 임재를 나타내는 "구름"이 "성막 곧 회막"을 덮고, "성막 곧 회막" 안에는 "여호와의 영광이 충만"하게 거하시기 때문이라고 설명하지만 저자는 이것이 충분한 설명이 될 수는 없다고 본다. 그래서 설명을 더 첨가한다. 시내산에서 하나님과 대면하여 모든 지시를 받았던 모세가 이제 이 성막, 이 회막에 들어갈 수 없는 이유는 그의 임무가 제사장들에게로 이양되었기 때문이다. 이제 성막 곧 회막은 제사장들의 영역이다. 제사장 중심이 되는 새로운 체제에서 모세가 설 자리는 없다. 저자는 이런 점에 착안하여 "사회를 더욱 강고하게 결속시킬 수 있다고 믿었기 때문"에 모세는 성막을 세우는 데까지만 지도자로 참여하고 그 분야의 전문 제사직이 확립되었을 때 민족의 지도자 모세는 거기에서 물러난 것이라고 본다(40장).

저자는 출애굽기를 읽는 21세기 독자들이 서 있는 자리가 바로 "탈출"을 감행해야 할 자리라는 것을 발견하도록 촉구한다. 지금의 히브리인들, 지금의 파라오와 그들의 추종세력, 그때나 지금이나 한결같은 히브리인의 하나님 "나"(I AM), 그때나 지금이나 역사 발전에 직접 간접으로 참여하는 "하나님을 경외하는 이들", 악마적 세력을 희화戱畵하여 민중의 희망을 북돋게 하는 해학과 풍자, 열 번씩이나 *꼬꾸라지는* 우둔한 허상을 비웃는 히브리 노예들의 합창, 광야 체험에서 배우는 평등주의 경제 질서, 하나님의 통치 윤리인 십계명과 계약법, 탈출 공동체를 하나님의 백성으로 결속시키는 성막/회막 건설, 제사장 나라의 비전, 지도자의 은퇴와 지속되는 하나님의 임재로 새롭게 열리는 역사의 새 마당. 이 모두는 탈출 없이는 불가능한 역사의 진로다. 탈출은 부활로 계속된다.

---

1) 성막과 성물, 제사장의 복장 등을 그림으로 재생한 자료로서는 박윤식 저,《하나님의 구속사적 경륜으로 본 성막과 언약궤》(도서출판 휘선, 2014)를 참고할 수 있다. 특히 성경에 입각한 대제사장의 예복 착용 모습은 "세계 최초로 정리 수록된 것"으로 소개되어 있다. 우리말, 히브리어, 영어, 일본어 설명을 함께 볼 수 있다.

2) 『개역개정성경』은 "이 준엄한 말씀"

애굽과 가나안 사이에서

헬조선이라는 말이 회자되고 있다. 지옥을 뜻하는 영어 단어와 이미 지나간 역사의 한 단락을 연결시켜 만든 신조어이다. 사람들이 현실 속에서 겪고 있는 고통의 깊이와 퇴행하고 있는 역사에 대한 비관이 절묘하게 결합되어 있다. 미래에 대한 꿈을 저당 잡힌 채 각자도생해야 하는 젊은이들은 이 시대를 N포세대라 규정하고 있다. 그들은 어쩌면 '자기 땅에서 유배당한 이들'인지도 모르겠다.

기업하기 좋은 나라를 만들겠다며 정치권이 내놓은 방안은 노동자뿐 아니라 이 시대의 고통 받는 이들의 삶을 더욱 벼랑 끝으로 내몰고 있는 형국이다. 노동유연성 제고라는 명분하에 노동자의 해고를 쉽게 할 수 있게 하고, 노동자의 기간제 사용 기간 제한을 4년으로 늘리는 방안이 추진되고 있다. 이와 같은 사회적 불평등이 날이 갈수록 심화되면서 새로운 계급이 탄생하고 있다. '금수저, 은수저, 흙수저' 담론은 바로 그런 현실을 적나라하게 보여준다.

한편 세계 도처에서는 테러와 분쟁이 지속되고 있다. 2010년 12월 26세의 튀니지 청년 노점상 무함마드 부아지지의 분신焚身 사건이 도화선이 되어 시작된 '아랍의 봄'은 아랍 세계 전체에 민주화에 대한 열망을 불어넣었지만, 그 '봄'이 싸늘한 '겨울'로 바뀐 지는 이미 오래이다. 시리아와 이라크 내전을 기화로 하여 성장한 ISIslamic State는 '이슬람 국가'를 표방하면서 전 세계를 테러의 공포 속에 몰아넣고 있다. 내전이 벌어지고 있는 땅을 떠나는 난민들의 행렬은 끝도 없이 이어지고 있다.

터키 앞바다에 주검이 되어 떠밀려온 세 살 박이 아이 아일란 쿠르디의 사진은 지금 세계가 얼마나 위험한 곳으로 변해가고 있는지를 보여주는 기호였다. 붉은 셔츠, 감색 청바지, 하얀 운동화, 그리고 마치 침대에 엎드려 잠든 듯 고요한 아일란의 모습에 온 세상은 눈물을 흘렸다. 하지만 그의 영상은 재빨리 망각의 강물 속으로 떠밀려가고 있다. 제 나라의 힘겨운 삶을 견디다 못해 탈출한 난민들은 여전히 불편한 존재가 되어 세상 도처를 떠돌고 있다.

이러한 시대에 성경을 읽는다는 것은 어떤 의미일까? 성경의 첫 책인 창세기는 하나님의 위대하신 창조 이야기로부터 시작된다. '없음'에서 '있음'으로의 이행은 우연이 아니라 하나님의 창조적 행위의 결과라는 것이다. 세상에 있는 모든 것들은 하나님으로 인해 존재한다. 이 말은 세상에 있는 모든 존재자들 속에는 하나님의 숨결이 깃들어 있다는 말이다. 이것을 참으로 믿는다면 우리는 세상의 어떤 것도 함부로 대할 수 없다. 하나님의 창조물을 함부로 파괴하거나 무시하는 것은 그것을 지으신 분에 대한 도전이기 때문이다. 하지만 오늘 이 장엄한 신비는 망각되고 말았다. 하나님에 대한 경외심이 사라진 자리에 남은 것은 인간의 벌거벗은 탐욕뿐이다. 가인은 동생 아벨을 죽였고, 아벨의 피는 땅 속에서 부르짖고 있다. 가인의 후손인 라멕은 자기의 폭력성을 아내들에게 자랑스럽게 떠벌인다. 라멕의 노랫소리가 울려 퍼지는 세상은 악몽 그 자체이다. 우정과 사랑의 공동체를 갈망하는 인간의 꿈은 속절없이 유린된다.

 '애굽'은 그런 세상의 축소판이다. '애굽'을 지금의 현실 국가로서의 이집트와 일치시킬 필요는 없다. '애굽'은 지금 우리 속에도 있고, 우리 세계 속에서 엄연히 존재한다. 인간이 목적이 아닌 수단으로 전락하고 있는 곳에서 '애굽'은 발생한다. 지금 우리의 현실이야말로 '애굽'의 모형이다. 신자유주의 경제질서가 제시하는 행복의 신기루를 바라보고 걷는 동안 우리는 자기도 모르는 사이에 '욕망의 포로'가 되고 말았다. 욕망은 언제나 자기중심적이기에 타자를 배려하지 않는다. 이런 현실 가운데 살아남으려면 경쟁의식을 내면화하고 살 수밖에 없다. 경쟁에서 이긴 이들은 독점적 지위를 누리고, 경쟁에서 떠밀린 이들의 가슴에는 누군가에 대한 원망이 자리 잡는다. 안식과 평화를 향한 인류의 오랜 꿈은 퇴색되고 이웃을 사랑해야 한다는 보편적 격률은 가뭇없이 스러진다.

이런 시대에 출애굽기를 읽는다는 것은 어떤 의미일까? 하나님은 피라미드로 상징되는 애굽 위계사회의 맨 밑바닥에 머물면서 존엄한 인격으로 대접받지 못하던 이들의 신음소리를 차마 뿌리치실 수가 없었다. 그래서 애굽의 전제정치 아래서 신음하고 있던 사람들을 찾아오셨고, 그들의 삶에 연루되기를 꺼리지 않으셨다. 하나님은 그릇된 권력에 의해 짓눌린 이들 속에 새로운 세상에 대한 꿈을 불어넣으시고 그들을 해방의 길로 인도하셨다.

물론 그 길은 붉은색 카펫이 깔린 영광의 길이 아니라 고난의 길, 광야로 이어진 길이었다. 자유를 향한 긴 여정은 인내를 필요로 한다. 하지만 시련이 찾아올 때마다 탈출 공동체는 매혹의 옷을 입고 찾아오는 옛 삶을 그리워했다. 광야, 그곳은 오랜 세월 동안 사람들의 몸과 마음속에 배어든 노예적 습기習氣와 결별할 것을 요구받는 학교였다.

지금 우리는 '애굽'과 '가나안' 사이에서 살고 있는지도 모르겠다. 이 시련의 시간을 제대로 살아내야 참 자유인이 될 수 있다. 돈이 주인 노릇하는 세상은 우리 속에 끊임없이 불안감을 주입함으로 그 체제로부터 벗어나지 못하도록 만든다. 하지만 성경은 우리에게 '다른 삶'이 가능하다고 말한다. 출애굽 사건이 그러하고, 예수가 제시하는 하나님 나라 운동이 그러하다. 불안감은 하나님에 대한 신뢰를 통해서만 극복된다. 그런 신뢰가 회복될 때 비로소 이웃 사랑의 가능성이 우리에게 유입된다. '너와 나'가 서로에게 공속된 존재임을 깨닫고 상대에게 자신을 선물로 주려 할 때 '거룩한 백성'이 창조된다.

출애굽기를 읽는다는 것은 어쩌면 오래된 인류의 꿈을 읽는 것인지도 모르겠다. 그 꿈은 아직 실현되지 않았다. 하지만 그 꿈은 인류의 꿈인 동시에 하나님의 꿈이기에 반드시 이루어질 것이다. 그 꿈은 저절로 이루어지지 않는다. 바로의 애굽으로 상징되는 강고한 벽에 틈을 만들어 역사의 봄을 선구하는 이들을 통해 이루어질 것이다. 오늘 우리는 이 멋진 일에 부름 받고 있다. 부족하기 이를 데 없지만 이 글이 역사의 긴 겨울에 지친 누군가에게 봄이 반드시 온다는 메시지로 읽혀진다면 더 바랄 것이 없겠다.

이 책은 격월간 잡지인 〈강단과 목회〉에 연재되었던 글을 모은 것이다. 한정된 분량 안에서 기술해야 했기에 서술이 불친절하게 느껴지는 부분이 많다. 양해를 부탁드린다. 미흡한 제자의 글에 애정 어린 추천사를 써주심으로 부족한 부분을 메워주신 민영진 박사님께 감사드린다. 그리고 정성을 다해 표지를 그려주신 임종수 목사님, 언제나 깊은 우정으로 부족한 글에 책이라는 몸을 입혀주는 한종호 목사님께 감사드린다.
12월 중순이면 첫 돌을 맞이하는 손녀 서연이에게 좋은 선물
이 되면 좋겠다.

_바늘로 우물을 파는 참 바보를 그리워하며

목 차

하나님을 경외하는 용기

출애굽기 1:1-22

_____ 출애굽 사건은 부활 사건과 더불어 성경의 핵심이라 할 수 있다. 역사는 자유의 확대과정이라는 말이 있다. 출애굽 사건은 거대한 제국이 지배하는 엄혹한 세상 한 복판에서 움터 나온 역사의 새싹이다.

출애굽기는 애굽과 바로로 상징되는 세상의 모든 억압에 대해 하나님이 어떻게 분노하시는지를 보여준다. 하나님이 무력한 자들을 보호하고 해방의 길로 이끌기 위해 역사에 개입하셨다는 사실은 오늘도 많은 사람들이 자유로의 긴 여정을 시작할 수 있게 해주는 원동력이 되고 있다. 억압은 불가피한 것이 아니라는 사실을 이 책은 장엄하게 보여주고 있다.

겨울 보리처럼

요셉이 세상을 떠난 후 야곱의 일가족들의 사회적 지위는 매우 불안정하게 되었다. 그들의 수가 늘어나고 번성하자 애굽 당국은 그들을 사회 불안을 야기할 수도 있는 세력으로 불온시하기 시작했다. 요셉을 알지 못하는 새 왕은 애굽 사회에 동화되지 않은 그들이 전쟁시기에 적에게 가담할 우려가 있다면서, 그들을 감시하고 또 억압하는 정책을 시행했다. 국고성 비돔과 라암셋을 건축하는 일에 동원한 것이다. 그런데 야곱의 자손들은 줄어들거나 의기소침해지기는커녕 "학대를 받을수록 더욱 번성하여 퍼져"(1:12) 나갔다. 마치 짓밟힐수록 더욱 튼실하게 자라는 겨울보리처럼 말이다.

밟아도 밟아도 고개를 드는 이들을 제어하기 위해 애굽의 고관들은 그들의 일의 강도를 높였다. 이제나 그제나 억압자들의 상상력이란 고작 이 정도다. 흙 이기기, 벽돌 굽기, 농사를 위한 여러 가지 일 등 중노동이었다. 여기서 우리가 잠시 살펴보아야 할 것이 있다. 애굽 왕은 야곱의 자손들이 체제에 위협을 가하는 어떤 행동도 하지 않았음에도 불구하고 그들을 잠재적인 위험 인물로 분류하고 억압한다. 마치 가상의 적들에 대한 예방 전쟁을 승인하는 어떤 나라와 다를 바가 없어 보인다. 자기를 지키기 위해 누군가를 적으로 만들고, 그들을 제거하는 것을 스스로 정당화하는 행동은 하나님을 대적하는 행동이다.

왕의 법이냐, 하나님의 법이냐?

불안해진 애굽 왕은 점진적인 인종 말살 계획을 수립한다. 그는 히브리 산파 십브라와 부아를 불러 지엄하게 말한다. "히브리 여인을 위하여 해산을 도울 때 그 자리를 살펴서 아들이거든 그를 죽이고 딸이거든 살려두라"(1:16)는 것이다. 바로는 제국의 맨 얼굴을 보여주고 있다. 그에게 사람을 죽이는 것은 큰 일이 아니다. 물론 명분은 '제국의 안위를 위하여'이다. 애굽 왕의 명령은 제국주의 하에서 생명이 얼마나 큰 위기에 처해 있는가를 여실히 보여준다. 이제 히브리인의 운명은 경각에 달했다.

그런데 성경은 눈부신 반전을 보여준다. 산파들이 하나님을 두려워하여 애굽 왕의 명령을 어기고 남자 아기들을 살렸다는 것이다. 왕의 법과 하나님의 법이 대립할 때 산파들은 단호하게 하나님의 법을 붙잡았다. 마치 소포클레스의 희곡《안티고네》에서 안티고네가 반역자들의 시신을 매장하지 말라는 크레온 왕의 포고령을 무시하고 오빠들의 시신을 수습하여 매장한 것과 같다. 안티고네는 왕의 법보다 하늘의 법을 따르는 길을 택했고, 그 때문에 죽음의 자리에 내몰릴 수밖에 없었다.

출애굽 사건의 서장에서 겨우 이름으로만 알려진 두 산파 십브라와 부아가 보여준 용기를 우리는 잊지 말아야 한다. 이 두 여인은 인간성에 반하는 죄악을 거절한 이들로 기억되어야 할 것이다. 어떤 이들은 이 두 여인을 가리켜 세계 최초의 '시

민 불복종 운동가'라고 말하기도 하는 데 일리 있는 말이다. 왕
의 소환을 받아 왕 앞에 섰을 때 두 여인은 두렵지 않았을까?
하지만 그들은 당당하다. 왜 지시를 수행하지 않았느냐는 왕의
지엄한 채근을 받지만 "히브리 여인은 애굽 여인과 같지 아니
하고 건강하여 산파가 그들에게 이르기 전에 해산하였더이다"
(1:19)라고 대답한다. 우리는 이 말 속에 담겨 있는 이중적 의미
를 어렵지 않게 파악할 수 있다. 억압받는 이들이 오히려 강인
하다는 표면적 메시지만이 아니라, 하나님이 그들과 함께 계신
다는 이면적 메시지 말이다.

  1장은 간결하지만 매우 강력한 메시지로 이야기를 마친다.
하나님께서 산파들에게 은혜를 베푸셨다는 것이다. '하나님 경
외', '왕의 부당한 명령에 대한 거절', 그리고 '은혜를 베푸시는
하나님'. 이 셋의 긴밀한 연관이야말로 어쩌면 억압의 시대를
살고 있는 모든 이들이 결코 잊지 말아야 할 삶의 비의인지도
모른다.

해 방 의 여 명 을 밝 힌 세 여 인

출애굽기 2:1-10

_____ 히브리인들에게는 가혹한 시절이었다. 히브리 산파들의 노력에도 불구하고 갓 태어나는 히브리 사내 아이는 죽음의 위협에 처해 있었다. 세상에는 하나님의 법을 따르기 위해 세상의 법을 기꺼이 위반하려다가 어려움을 겪는 사람이 있는 반면, 세상의 법을 관료적 엄격함으로 수행하는 이들이 있다. 그들은 그 일이 옳은가에 대해 성찰하거나 묻지 않는다.

수백만 명의 유대인을 학살하는 데 동원된 사람들은 어찌 보면 우리와 마찬가지로 평범한 행복을 구하는 사람들이었을 것이다. 악은 특별한 사람만이 저지르는 게 아니다. 그래서 정치철학자인 한나 아렌트는 '악의 평범성'을 역설했다. 관료적 엄격함으로 악한 일을 수행하는 이들의 가장 큰 문제는 '무사유'다. 생각하지 않는다는 말이지만, 이 말은 더 나아가서 다른 이들의 고통에 공감하려 하지 않는다는 뜻이다. 이런 사람들로 인해 세상은 점점 위험한 곳으로 변해간다.

불인지심(不忍之心)

출애굽기 2장의 전반부에는 세 사람의 여인이 등장한다. 레위인 가족에게 한 아기가 태어났다. 아들이었다. 그러니 아기의 운명은 풍전등화였다. 그런데 성경은 "그가 잘 생긴 것을 보고 석 달 동안 그를 숨겼으나"(2:2)라고 말한다. '잘 생겼다'는 말은 그 아기의 외모에 대한 평가이기도 하지만, 아기에게서 느껴지는 범상치 않은 느낌을 전달하기 위해 선택된 말일 것이다. 우리 설화에도 권세자들로부터 민중들을 구하기 위해 나타나는 '아기 장수' 이야기가 있다. 아기가 태어날 때면 날개 달린 백마도 함께 등장한다고 하지 않던가? 모세는 아마도 그런 느낌을 주었던 모양이다.

그럼에도 불구하고 그 부모는 아기를 포기하지 않을 수 없었다. 더 이상 아기를 숨길 수 없음을 알게 되자 그들은 갈대상자를 가져다가 역청과 나무진을 칠하고 아기를 담아 강 가 갈대 사이에 두었다. 천운天運에 맡기는 것이다. 아기의 누이는 먼 발치에서 그 갈대상자를 바라보고 있었다. 그때 바로의 딸이 시녀들과 함께 강 가로 나왔다가 그 상자를 발견한다. 공주는 울고 있는 그 아기가 히브리 사람의 아기인 것을 즉각 알아차린다. 하지만 공주는 그 아기에 대한 연민의 마음이 솟구쳐 차마 그를 다시 강물에 던지지 못한다. '차마 하지 못하는 마음'

이야말로 사람다운 마음이다. 옛 사람들은 이것을 '불인지심不
忍之心'이라 일렀다.

그때 아기의 누이가 등장하여 말한다. "내가 가서 당신을 위
하여 히브리 여인 중에서 유모를 불러다가 이 아기에게 젖을
먹이게 하리이까?"(2:7) 공주의 허락을 받은 누이는 아기의 친
어머니를 불러 아기의 유모가 되게 한다. 기가 막힌 역설이 아
닌가! 친 어머니가 유모가 되고, 멸절의 대상인 아기가 공주
의 보호를 받게 되었으니 말이다. '건져낸 사람' 모세는 이렇
게 죽음의 위기를 넘기고, 안전한 곳에서 해방자로 키워지게
되었다.

생명 중심의 사고
'제국의 안전을 위하여' 언제든 위협요소로 변할 수도 있는 이
들을 제거하려는 바로의 계획은 이미 버림받은 생명을 차마
또 버릴 수 없어 거두어들이는 바로의 딸에 의해 차질을 빚게
된다. 아기를 어떻게든 살리려는 아기의 누이와 어머니, 그리
고 바로의 딸이야말로 보이지 않는 출애굽의 영웅이라 할 수
있지 않을까? 그 여인들의 공통점이 있다면 '생명 중심의 사
고'일 것이다. 그 세 여인의 나이, 지위, 문화의 차이는 뚜렷하
다. 하지만 그런 차이에 다리를 놓아준 것은 보편적 인간성이
었다. 성경이 말하는 '하나님의 형상'이라는 말은 물론 신학적,
인간학적, 역사적 의미 맥락에 따라 다양하게 해석될 수 있다.

그럼에도 불구하고 '하나님의 형상'이란 누군가의 아픔에 공감하고 그의 아픔을 덜어주기 위해 위험을 무릅쓰려는 마음과 연결되어 있는 것이 아닐까?

여기 등장하는 세 여인은 세상의 어떠한 전제 정치라 해도 파괴할 수 없는 인간성이 있다는 사실을 증언해준다. 극심한 어둠 속에서도 도덕적 용기를 발휘하는 이들이 있는 한 우리는 절망의 심연으로 가라앉지 않을 수 있다.

소비사회가 도래하면서 사람들은 '생명 중심'의 사고를 하기보다는 '돈' 중심의 사고를 하며 살아간다. 돈을 중심으로 모든 생각과 제도가 재배치된 세상은 위험사회다. 액체처럼 유동하는 공포가 스멀스멀 우리 사이를 배회한다. 효율과 속도가 새로운 신이 되어 숭배할 것을 요구할 때, 사람다움을 잃지 않는 이들이 등장해야 한다. 그들이야말로 겨울 세상에 봄 소식을 가져오는 제비가 될 것이다.

광야로 내몰리다

출애굽기 2:11-25

_____ 건져냄을 받은 사람 모세, 그는 바로의 딸에게 입양되어 애굽의 왕족들이 받는 교육을 받으며 자랐을 것이다. 한동안 유모 역할을 했던 친어머니는 그에게 히브리적 정서를 심어주려고 노력했을 것이다. 어린 시절의 경험이야말로 우리가 한 평생 세상을 바라보는 렌즈가 되는 경우가 많다. 우월적 지위를 누리며 살면서도 사회적 약자들에 대한 연민의 마음이 그에게 있었던 것은 그 때문일 것이다.

운명의 실을 잣다

어느 날 모세는 히브리인들이 노동하는 현장에 나간다. 성경은 이 대목에서 모세가 '자기 형제들'에게 나갔다(2:11)고 말한다. 그에게 히브리인들은 결코 남이 아니었던 것이다. 고된 노동의 현장은 그리 낭만적인 곳이 아니다. 자발적인 노동, 창조적인 노동의 현장이었다면 이야기는 다르다. 스스로 일의 의미를 체화하지 못한 채 강요에 따라 수행해야 하는 일은 노예 노동이다. 노예 노동의 특색은 자기 결정권이 없다는 것이다. 소설가 도스토예프스키는 유형지에서 보냈던 경험을 보고한《죽음의 집의 기록》에서 무의미한 일을 반복하도록 하는 것보다 사람을 황폐하게 하는 일이 없다고 말한다. 왜 아니겠는가? 사람은 밥만 먹고 사는 존재가 아니라 의미를 먹고 사는 존재다. 어떤 일이 의미가 있다고 느끼면 몸이 고단해도 견딜 수 있다. 의미가 제공해주는 내적 에너지가 있기 때문이다.

노예 노동의 현장, 그곳에는 죽지 못해 일하는 이가 있고, 그들을 감시하는 이들이 있다. 그 두 부류 사이에는 인간적인 유대감이 생기기 어렵다. 시키는 자와 수행하는 자 사이의 긴장만 있게 마련이다. 모세는 그 노동의 현장에서 애굽 사람이 한 히브리 사람, 곧 자기 형제를 치는 것을 보고 격분한다. 앞뒤 가리지 않고 그는 사태에 개입했고, 의도했는지는 모르겠지만 애굽 사람을 죽여 모래 속에 숨겼다. 나중에 모세는 하나님으로부터 '세상에서 가장 온유한 자'라는 평을 받지만 젊은 날의 모세는 그렇지 않았던 것 같다. 그는 폭력을 폭력으로 되갚는 사람이었다. 이튿날에도 그는 노동 현장에 나갔고, 두 히브리 사람이 싸우는 것을 보고는 왜 동포끼리 싸우느냐며 한 사람을 꾸짖는다. 그러자 그가 어제 있었던 일을 상기시키며 의미심장한 말을 한다. "누가 너를 우리를 다스리는 자와 재판관으로 삼았느냐?"(14절) 예기치 않게 발설된 말이지만 그는 자기도 모르는 사이에 모세의 운명을 정확하게 진술하고 있다.

정의를 세우려는 용기

이 일로 모세는 바로의 의심을 사게 되었고 결국 도망자 신세가 되고 만다. 모세는 미디안 광야로 숨어든다. 그곳은 여전히 애굽의 세력권이지만 인적이 드문 곳이었다. 미디안 광야의 어느 우물곁에서 그는 또 다른 갈등상황을 목격한다. 미디안 제사장의 딸들이 그곳에 이르러 물을 길어 구유에 채우고 양떼에게 먹이려 할 때, 뒤늦게 그곳에 당도한 목자들이 그 여인들을 쫓아내려 한 것이다. 모세는 자신이 도망자 신세라는 사실도 잊은 채 그 일에 개입한다. '정의를 세우려는 용기'야말로 모세라는 인물의 특색이라 할 수 있다. 사람들은 불의한 일을 보고도 그 일에 개입하려 하지 않는다. 연루되기를 꺼리기 때문이다. 세상에서 불의가 승리하기 위해 필요한 유일한 조건은 선한 이들의 침묵이라 하지 않던가? 모세는 위험을 무릅쓸 줄 아는 사람이다. 아직 다듬어지지 않아 투박하지만, 그래서 일을 세련되게 처리할 줄 모르지만, 약자들에 대한 본능적인 이끌림이야말로 하나님의 쓰임을 받는 이들의 기본적인 특색인지도 모르겠다.

　이 일을 계기로 하여 모세는 제사장 르우엘('하나님의 친구'라는 뜻, 성경의 다른 곳에서는 '이드로'라고도 소개됨)의 집에 머물게 된다. 르우엘은 모세를 자기 딸 십보라와 부부로 맺어준다. 아들이 태어나자 모세는 아기 이름을 '게르솜'이라 짓는다. '게르_{ger}'라는 단어는 누군가의 보호를 받는 '손님' 혹은 '나그네'라는 뜻이니까, 게르솜이라는 이름 속에는 나그네로 살아가는 모세의 쓸쓸함이 묻어 있다 하겠다. 모세는 이곳에도 속하지 못하고 저곳에도 속하지 못한 채 경계선에 서 있는 사람이다. 경계인은 어디에도 속하지 않았기에 관습의 지배를 덜 받는다. 세상의 창의적인 사유가 경계인들을 통해 나타난 것은 그 때문이다.

모세가 경계인으로 머무는 동안 세상은 빠르게 변화되고 있었다. 애굽 왕은 죽었고, 고역에 시달리는 히브리인들의 부르짖는 소리가 하나님께 이르렀다. 땅에서 솟아오르는 신음소리가 하늘의 개입을 부른다는 성서신학의 중요 명제가 이곳에 제시되고 있다. "하나님이…기억하셨다"는 표현은 단순하지만, 그 기억은 사건을 일으키는 기억이다. 역사의 희망은 기억하시는 하나님께 있다.

불붙는 떨기나무

출애굽기 3:1-10

_____ 살다보면 평온한 일상을 꿰뚫고 들어와 삶의 방향을 완전히 되돌려 놓는 순간을 만날 때가 있다. 그것은 일종의 사건이라 할 수 있다. 예기치 않았지만, 삶의 토대 전체를 뒤흔들어놓는 일 말이다. 1970년대 초 전태일 분신사건에 접한 일군의 신학자들은 이전과 같은 방식으로 신학을 전개할 수 없다는 충격에 빠졌고, 그로부터 새로운 신학 운동이 시작되었다. 어쩌면 모든 진정한 만남은 사건적 요소를 가지고 있는 것 같다. 누군가를 만나면 나의 변화가 불가피하기 때문이다.

떨기나무, 왕관도 벗어야 할 신발

양떼를 몰고 미디안 광야 서쪽으로 천천히 이동하던 모세는 하나님의 산 호렙에 이르게 되었다. 호렙은 '황량한 곳, 불모지'를 뜻한다. 호렙은 어쩌면 특정한 장소의 이름이기도 하지

만, 곤고한 우리 삶의 정황을 이르는 말일 수도 있다. 이곳에
서 모세는 문득 낯선 광경을 목격하게 되었다. 떨기나무에 불
이 붙었는데, 그 가지가 스러지지 않았던 것이다. 떨기나무에
불이 붙는 거야 건조한 광야에서 더러 나타나는 현상이니 특
별할 것도 없지만, 어지간히 시간이 지났는 데도 그 나무는 여
전히 빛나고 있다. 모세는 그 나무를 향해 천천히 걸어간다. 그
때 떨기나무 가운데서 모세를 부르는 소리가 들린다. "모세야,
모세야." 반복된 이 부름은 부름의 긴박성을 나타낸다. 비상한
상황임을 직감한 모세에게 하나님의 금지명령이 내린다. "이
리로 가까이 오지 말라. 네가 선 곳은 거룩한 땅이니 네 발에서
신을 벗으라"(3:5).

모세가 선 곳이 거룩한 땅인 까닭은 그곳이 하나님께서 현
현하신 곳이기 때문이다. 눈을 뜬 사람에게는 거룩하지 않는
땅이 없는 법이다. 하나님이 계시지 않은 곳이 없기 때문이다.
구상 시인은 두 이레 강아지만큼 은총에 눈을 뜨니 시들던
만물만상이 저마다 신령한 빛을 뿜더라고 노래했다. 관건은 눈
뜸이다. 하나님의 현존 앞에서는 신을 벗어야 한다. 신은 어쩌
면 불안한 삶을 달래기 위해 우리가 집착하는 일체의 것들을
지칭하는 은유인지도 모르겠다. 유대교 전설에 의하면 느부갓
네살 임금이 전능하신 하나님께 예배드리려 하자, 천사가 나타
나 그의 머리를 때린다. 항의하는 왕에게 천사가 말한다. "네가
왕관을 쓰고 하나님께 예배를 드리겠다는 것이냐?" 왕관도 벗

어야 할 신발일 수 있다.

여기서 한 가지 짚고 넘어가야 할 것이 있다. 떨기나무는 히브리어로 '스네seneh'이다. 그런데 이 단어는 '보잘 것 없는 것'을 뜻하기도 한다. 떨기나무는 그늘을 드리워 지친 사람과 짐승을 품지도 못하고 목재로 쓸 수도 없으니 말이다. 스네는 '보잘 것 없는 사람'을 가리키는 말로도 가용될 수 있다. 하나님이 떨기나무 불꽃 속에서 당신을 드러내셨다는 말은 세상에서 천대받는 이들 속에 임재하셨다는 뜻이라 할 수 있다. 하나님은 스스로 역사의 주체라 생각하는 사람들이 아니라, 자기 입장을 갖지 못한 채 살아가는 이들을 찾아오시는 분이다. 찾아오셔서 그들을 강압하는 것이 아니라, 그들을 빛나게 해주시는 분이시다. 그것이 불붙은 떨기나무라는 상징이 담고 있는 강력한 메시지가 아닐까?

역사에 개입하시는 하나님

하나님은 모세에게 "나는 네 조상의 하나님이니 아브라함의 하나님, 이삭의 하나님, 야곱의 하나님"(3:6)이라고 당신을 소개하신다. 유랑하는 이들과 동행하시고, 후손이 끊어질 위기에 처했을 때 자녀를 보내주시고, 땅을 약속하심으로 미래에 대한 희망을 잃지 않게 하셨던 하나님이 지금 모세 앞에 나타나신 것이다. 그 하나님은 사회적 불의에 민감하신 분이시고, 약자들의 살 권리를 회복시켜 주기 위해 역사 속에 기꺼이 개입하려는 분이시다. 하나님은 "내가 애굽에 있는 내 백성의 고통을 분명히 보고 그들이 그들의 감독자로 말미암아 부르짖음을 듣고 그 근심을 알고"(3:7) 있다고 하신다. 하나님은 땅에서 벌어지는 일을 '보고', '듣고', '알고' 계신다. 하나님은 하늘 위에서 홀로 자족하시는 존재가 아니라는 말이다.

하나님은 당신께서 행동을 개시할 때가 되었다고 말씀하신다. 8절에 나오는 '내가'라는 주어에 이어지는 일련의 동사들은 강력한 의지를 드러내고 있다. '내려가서', '인도하여', '데려가겠다.' 모세에게 자신을 계시하신 하나님은 기득권자들의 편에 서서 제물이나 받으며 자족하는 이방의 신들과는 다르다. 하나님은 불의한 세상에서 벌어지는 일을 바로잡기 위해 직접 역사의 현장에 뛰어드는 분이시다.

그런데 하나님은 홀로 그 일을 수행하려 하지 않으신다. 조력자들을 세워 그들과 함께 해방의 사역을 완수하려 하신다. "내가 너를 바로에게 보내어 너에게 내 백성 이스라엘 자손을 애굽에서 인도하여 내게 하리라." 우리 없이 세상을 지으신 하나님은 우리와 더불어 역사를 새롭게 하기를 원하신다. 이보다 더 큰 은총이 또 있을까?

나 는 나 다

출애굽기 3:11-22

_____ 예기치 않은 시간, 뜻밖의 장소야말로 새로운 삶의 문지방인지도 모른다. 그 황무한 땅에서 하나님은 모세를 찾아오셨다. 성경의 하나님은 특별한 장소에 머물면서 사람들이 찾아오기를 바라는 분이 아니다. 그분은 인간의 시간 속에 돌입하시는 분이시다. 하나님이 모세를 찾아오신 것은 그의 울울한 심사를 위로하고 미래에 대한 희망을 불어넣기 위해서가 아니었다. 역사를 갱신하려는 당신의 뜻을 드러내고, 그 위대한 사역에 동참하도록 하기 위해서였다.

함께 하시는 하나님

느닷없는 부름은 당혹감을 일으킨다. 그것은 일상을 파탄내고, 불확실한 삶으로 우리를 내몰기 때문이다. 자신의 능력으로는 도저히 감당할 수 없는 일일 때 누구나 모세처럼 말할 수밖에 없다. "내가 누구이기에 바로에게 가며 이스라엘 자손을 애굽에서 인도하여 내리이까"(3:11). '내가 아니면 누가?'가 아니다. '내가 누구이기에'이다. 소명 앞에 선 사람은 누구나 자기의 부족함을 먼저 살피게 마련이다. 그는 자신이 부적격자임을 안다. 그런데 하나님은 그런 변명에 부름을 철회하시는 분이 아니다. "내가 반드시 너와 함께 있으리라. 네가 그 백성을 애굽에서 인도하여 낸 후에 너희가 이 산에서 하나님을 섬기리니 이것이 내가 너를 보낸 증거니라"(3:12). '내가 반드시 너와 함께 있으리라.' 소명의 성취는 보냄을 받은 자의 능력에 달린 것이 아니라 보내신 분의 의지에 속하는 것이다.

철학자 임마누엘 칸트는 일평생 많은 책을 읽었지만 언제든 자기 삶을 든든히 세워주었던 것은 네 마디의 말이었다고 말한다. "주께서 나와 함께 하심이라Du bist bei mir."

동행에 대한 약속이 있었음에도 불구하고 모세는 망설인다. 예기되는 여러 가지 상황이 머리에 떠올랐을 것이다. 무엇보다도 동족들이 그의 말을 신뢰할지에 대한 확신이 없었다. 신들에 대한 통칭으로 흔히 사용되던 '조상들의 하나님'이라는 말로는 그들을 설득할 수 없다는 생각도 들었다. 에둘러 말하고 있지만 모세는 어떻게든 그 소명을 거절하고 싶은 것이다. 그럼에도 불구하고 그는 묻는다. "당신의 이름은 무엇입니까?" 하나님은 그에게 간결하게 대답하신다. "나는 스스로 있는 자이니라(에흐예 아쉐르 에흐예)." 매우 존재론적인 진술이다. 철학적

으로 번역되어 있지만 사실은 '나는 나라고 하는 나다'라는 뜻
이다. 가만히 보면 주어에 대해 술어가 아무 것도 설명해주지
않는다. 이 대목을 하나님의 자기 완결성에 대한 진술로 받아
들일 필요는 없다. '나는 나다' 혹은 '나는 나라고 하는 나다'라
는 말은 대답인 동시에 대답의 거절이다. 하나님은 당신이 인
간의 술어로 설명될 수 없는 존재임을 일깨워주고 계신다. 하
나님은 언제나 사건으로 계시되는 분이기에 유한한 인간으로
서는 오롯이 파악할 수 없는 신비이다. 그렇기는 하지만 하나
님의 뜻이 지향하는 바는 알 수 있다.

히브리의 하나님

하나님은 모세에게 이스라엘 자손들에게 해야 할 말을 일러
주신다. 그 내용은 두 가지로 정리될 수 있다. 첫째는 그들이
애굽에서 겪고 있는 일을 하나님이 보셨다는 것이고, 둘째는
하나님께서 그들을 젖과 꿀이 흐르는 땅으로 인도하실 계획
을 세우셨다는 것이다. 하나님께서 '보셨다'는 말은 단순히 사
실에 대한 진술이 아니라 사건을 예기하는 진술이다. 그 사건
이 바로 고난 받는 이들을 이끌어내는 일이다. 하나님은 그들
을 '젖과 꿀이 흐르는 땅'으로 인도하겠다고 말씀하신다. 우리
는 갈릴리 지역이나 일부 해안 지역을 빼고는 팔레스타인 땅
이 매우 척박하다는 사실을 잘 알고 있다. 그럼에도 불구하고
그곳을 '젖과 꿀이 흐르는 땅'으로 표현하는 것은 과장이 아닌

가? 하나님은 그들을 달콤한 말로 꾀어내시려는 것일까? 그렇
지 않다. 억압과 학대 속에 살아본 이들은 안다. 자기 삶의 주
체가 되지 못하는 삶, 자기 삶에 대한 결정권을 갖지 못하고 사
는 삶은 삶이 아니라는 사실 말이다. 젖과 꿀이 흐르는 땅이란
누구나 자기 삶의 주인이 되어 사는 곳을 이르는 말이 아닐까?

하나님은 이제 구체적으로 모세가 해야 할 일을 일러주신다.
백성의 장로들과 함께 애굽 왕을 찾아가 "히브리 사람의 하나
님 여호와께서 우리에게 임하셨은즉 우리가 우리 하나님 여호
와께 제사를 드리려 하오니 사흘길쯤 광야로 가도록 허락하소
서 하라"(3:18)는 것이었다. 여기서 우리가 주목해야 할 사실은
하나님이 자신을 '히브리 사람의 하나님'이라고 말씀하고 계
시다는 사실이다. '히브리'라는 단어는 특정한 민족을 지칭하
는 말이라기보다는 고대 중근동 지역을 떠돌던 날품팔이 노동
자를 비롯한 사회 밑바닥 계층을 지칭하는 말이다. 이로써 우
리는 성경의 하나님이 깊이 관심을 갖고 계신 이들이 누구인
가를 알 수 있다. 그들은 자기 목소리를 갖지 못한 사회적 약자
들이다. 아, 하늘과 땅을 창조하신 하나님께서 언제든 동원될
수 있고, 또 언제든 제거될 수도 있는 사람들의 하나님임을 자
처하고 계시는 것이다.

소명 앞에서 주저하다

출애굽기 4:1-17

_____ 하나님의 부르심을 받는다는 것은 두렵고 떨리는 일이다. 부르심[召]은 곧 그가 완수해야 할 일[命]과 연동된다. 명命이란 한자어는 지붕 아래에서 무릎을 꿇은 채 지시를 경청하는 모습을 형상화한 것이다. 하나님은 이스라엘의 해방이라는 대업을 계획하셨고, 주님의 몸이 되어 그 일을 수행할 모세를 부르신 것이다. 역사의 호출이든 하나님의 부르심이든 소명에 응답한다는 것은 평온했던 지금까지의 일상과 작별하는 일이다. 그것은 마치 본토 친척 아비집을 떠났던 아브람의 경우와도 같다.

자기의 부적격함을 말하다

모세는 주저한다. 백성들이 그를 믿지 않을 것이며 호의적이지도 않을 것이라고 말한다. 그들에게는 낯선 야훼라는 신의 현현을 받아들이지 않을 거라고 말한다. 동족들에게 배척받았던 그 쓰라린 기억에서 모세는 아직 헤어 나오지 못한 것이다. 자꾸 직면하여 자기 삶의 일부로 받아들이지 않는 한 쓰라린 기억은 올무가 되어 사람을 부자유하게 하는 법이다. 하나님은 주저하는 모세에게 당신이 동행하신다는 표징을 보여주신다. 모세로 하여금 손에 들고 있던 지팡이를 땅에 던지게 하시고는 그것이 뱀이 되게 하셨다. 모세가 하나님의 지시에 따라 뱀의 꼬리를 잡자 다시 지팡이가 되었다. 이런 변화의 기적은 비일상적인 것이었기에 신적 능력으로 간주되곤 했다. 모세의 이 지팡이는 출애굽 이야기의 여러 곳에 등장한다.

여전히 결단을 하지 못하고 있는 모세에게 하나님은 손을 품에 넣었다가 빼보라 하신다. 그러자 그의 손에 나병(실은 일반적 피부병을 뜻하는 보통명사가 사용되었다)이 생겼다. 모세가 손을 다시 품에 넣었다 빼자 본래의 모습대로 회복되었다. 이 표징은 하나님의 뜻을 거역하는 이들에게 닥쳐올 일에 대한 상징인 동시에 소명 받들기를 거절하는 모세에 대한 경고라 할 수 있겠다.

하나님은 백성들이 이 두 이적조차 믿지 않거든 나일 강 물을 떠다가 땅에 부으면 그게 피로 변할 것이라고 말씀하신다. 이것은 애굽 땅에 내린 첫 번째 재앙을 통해 실현되었다. 그런데 가만히 살펴보자. '뱀, 나병, 피'는 사람들을 본능적으로 움츠러들게 만드는 것들이다. 하나님은 하고많은 것들 가운데 하필이면 왜 이런 것들을 보여주시는 것인가? 그것은 역사의 변화는 우리를 두렵게 하는 것들과의 대면을 피하지 않는 데서 오는 것임을 암시하려는 것일까? 거기에 한 가지를 더 보태야 하겠다. 그런 꺼림직하고 부정적인 현실조차도 하나님의 질서 가운데 있음을 하나님은 넌지시 보여주고 계신다.

동행을 주시다

모세는 여전히 결단을 미룬다. 좋게 말하면 진중한 것이고, 나쁘게 말하면 우유부단하다. 그는 자기가 하나님의 대의를 수행하기에 부적격자임을 입증하기 위해 자기의 부족한 부분을 고백한다. 자기는 본래 '말을 잘 하지 못 하는 자', '입이 뻣뻣하고 혀가 둔한 자'라고 말한다. 백성을 설득하고 바로와 담판을 지으려면 말이 유창해야 하는데 그럴 자신이 없다는 것이다. 하나님은 단호하게 말씀하신다. "이제 가라 내가 네 입과 함께 있어서 할 말을 가르치리라"(4:12). 일찍이 모세와의 동행을 약속하셨던 하나님은 이제 그의 '입과 함께' 있겠다고 약속하신다. 예수님도 당신이 떠난 후 제자들에게 닥쳐올 고난을 예고하면서 관원들에게 잡혀가더라도 무슨 말을 할까 미리 염려하지 말고 "무엇이든지 그 때에 너희에게 주시는 그 말을 하라"(마가복음 13:11)고 하셨다. 말하는 이는 성령이기 때문이다. 어눌함은 문제가 되지 않는다. 문제는 충실하게 그분의 입이 되는지 여부이다.

이쯤 되면 소명을 받들 만도 한데 모세는 "오 주여, 보낼 만한 자를 보내소서" 하고 탄원한다. 마침내 하나님도 역정을 내신다. "은혜로우시며 긍휼히 많으시며 노하기를 더디 하시며 인자하심이 크신"(시편 145:8) 하나님께 익숙한 사람들에게 하나님의 분노 혹은 역정은 낯설게만 느껴진다. 하지만 신앙이 깊어지기 위해서는 하나님의 분노를 알아야 한다. 사랑이나 기대가 없다면 분노도 없을 것이다. 하나님의 분노는 사랑의 반증이다. 하나님은 모세에게 역정을 내시면서도 그의 불안한 마음을 헤아리시어 그의 입이 되어줄 사람을 보내신다. 모세의 형 아론이다.

모세의 거듭된 소명 거부 이야기는 그의 우유부단함을 입증하기 위한 것이 아니다. 이스라엘의 해방은 영웅적 인물인 모세의 강철 같은 의지가 아니라 계층 질서의 밑바닥에 속한 사람들에게 사람답게 살 권리를 회복시켜주려는 하나님의 의지에서 비롯된 것임을 드러내기 위한 것이다. 하나님은 과도한 자기 확신에 사로잡혀 '내가 아니면 누가 하겠느냐?'고 말하는 사람이 아니라, 진심으로 자신의 부족함을 아는 이들을 세워 당신의 일을 감당하게 하신다.

백성 앞에 서다

출애굽기 4:18-31

_____ 마침내 모세는 하나님의 의지를 받들지 않을 수 없었다. 그는 기꺼이 혹은 들뜬 마음으로 하나님의 역사에 동참한 것이 아니다. '마지못해' 동참했다. 하나님의 뜻에 대한 '아멘'이 되기 위해서는 자기 뜻을 내려놓아야 한다. 자기 삶의 주도권을 주님께 넘겨드려야 한다. 그것은 자기 부정의 길이고 희생의 길이다. 그렇기에 소명을 받드는 일은 거룩하다.

지팡이를 들고 가다

모세는 집으로 돌아가 장인 이드로에게 애굽에 있는 형제들이 걱정되어 돌아가겠다고 말한다. 이드로는 어쩌면 모세에게 일어난 변화의 사건을 알아차렸는지도 모른다. 이드로는 즉시 '평안히 가라'고 축복한다. '가겠다'는 선언과 '가라'는 허락 사이의 이 긴밀한 연결은 모세에 대한 이드로의 깊은 신뢰를 보여준다. 야곱과 그의 외삼촌 라반이 빚었던 불화와 갈등 이야기를 잘 알고 있는 우리에게 이 둘 사이의 관계는 건강하고 아름다워 보인다. 모세는 아내와 아들들을 나귀에 태우고 애굽으로의 귀향을 시작한다. 그의 손에는 지팡이가 들려 있다. 이전부터 들고 다니던 지팡이이지만, 그 지팡이는 이제 하나님의 동행하심을 상기시키는 상징물이 되었다. 보호하시고 인도하시고 권능을 부어주시는 하나님의 존재를 가시적으로 매개하는 상징물이기에 성경은 그것을 '하나님의 지팡이'(4:20)라 이른다.

하나님은 모세가 바로 앞에서 해야 할 말과 행해야 할 일을 상세히 알려주신다. 해야 할 말은 하나님은 이스라엘을 당신의 장자로 여기신다는 것, 따라서 그들을 해방하여 하나님께 예배를 올릴 수 있도록 하라는 것이다. 해야 할 일은 하나님의 현존을 나타내는 이적을 행하라는 것이다. 하나님은 바로가 쉽게 그 명령을 받아들이지 않을 것임을 아신다. 성경은 하나님께서 바로의 마음을 완악하게 하시기 때문이라고 말한다. 이 말을 문자적으로 받아들이면 바로에게 죄를 물을 수 없다. 그의 의사와 관계없이 그는 마음을 닫을 수밖에 없기 때문이다. 하지만 이 말은 자기 존재의 바닥에 이르기까지는 돌이키지 못하는 권력자들의 실상을 나타내는 말이다.

옛 사람은 부드러운 것은 생명의 친구이고 딱딱한 것은 죽음의 친구라 했다. 굳어진 마음은 새로운 것을 향해 자기를 개방하지 못하는 마음이다. 굳은 마음으로는 올바른 판단을 내릴 수도 없고, 다른 이들에게 공감할 수도 없다. 왜 마음을 열지 못할까? 두려움 때문이거나, 뭔가에 중독되어 있기 때문이다. 트레바리(이유 없이 남의 말에 반대하기를 좋아하는 사람)가 심한 사람들일수록 내면이 부실하거나 허약한 경우가 대부분이다.

죽음을 겪다

감당하기 어려운 사명을 띠고 애굽으로 향하는 모세의 마음은 편치 않았을 것이다. 예기되는 어려움으로 인해 그의 발걸음이 저절로 느려졌을지도 모르겠다. 애굽으로 돌아가는 도중에 그는 이상한 경험을 한다. 모세가 숙소에 머물고 있을 때 갑자기 하나님이 그를 죽이려 하셨다(4:24). 성경에서 가장 이해하기 어려운 대목 가운데 하나다. 스스로 오랜 설득 과정을 거쳐 이스라엘의 해방이라는 대의에 헌신하도록 한 모세를 죽이려 하시다니? 하나님의 낯선 얼굴 앞에 선 사람은 당황하지 않을 수 없다. 이미 알고 있다고 생각했던 하나님이 전혀 다른 모습으로 다가올 때 우리 실존에는 깊은 어둠이 드리운다. 16세기의 영성가인 십자가의 성 요한은 이것을 일러 '어둔 밤'의 체험이라 했다. 그는 영혼은 어둔 밤을 거쳐 밝음에 이른다고 말한다. 하나님은 모세에게 당신의 일을 하기 위해서는 먼저 자아에 대해 죽어야 한다는 것을 가르치려 했던 것일까?

그 깊은 고독과 두려움의 순간 십보라가 모세를 도와준다.

십보라는 돌칼을 가져다가 아들의 포피를 베어 그의 발에 갖다 대며 "당신은 참으로 내게 피 남편이로다"(4:25) 하고 말한다. 여기서도 피가 등장한다. 피는 곧 생명을 상징한다. 하지만 이 대목의 핵심은 역시 할례에 있다. 할례는 나중에 유대인들의 정체성을 나타내는 중요한 표징이었다. 바로가 지배하는 애굽 땅에 들어가기 전 모세 일가족은 그들이 하나님께 속한 백성이라는 사실을 그렇게 확인했던 것이 아닐까?

하나님의 낯선 얼굴과 대면했던 모세는 마침내 하나님의 산에서 형 아론과 만난다. 모세는 하나님께서 분부하신 모든 말씀과 보여주신 이적을 아론에게 다 고한다. 동일한 과정이 이스라엘 장로들 앞에서도 반복된다. 백성들은 하나님께서 이스라엘 자손들의 고난을 살피셨다는 말을 듣고 마침내 하나님 앞에 엎드린다. 이전까지는 알지 못했던 하나님, 땅의 신음소리를 '당신의 나라가 임하소서'라는 기도로 들으시는 하나님이 계시다는 사실을 그들은 감격으로 받아들인다.

message 1

불붙은 가시떨기

모세는 미디안 제사장인 그의 장인 이드로의 양 떼를 치는 목자
가 되었다. 그가 양 떼를 몰고 광야를 지나서 하나님의 산 호렙
으로 갔을 때에, 거기에서 주님의 천사가 떨기 가운데서 이는 불
꽃으로 그에게 나타났다. 그가 보니, 떨기에 불이 붙는데도, 그
떨기가 타서 없어지지 않았다. 모세는, 이 놀라운 광경을 좀 더
자세히 보고, 어째서 그 떨기가 불에 타지 않는지를 알아 보아
야 하겠다고 생각하였다. 모세가 그것을 보려고 오는 것을 보시
고, 하나님이 떨기 가운데서 "모세야, 모세야!" 하고 그를 부르
셨다. 모세가 대답하였다. "예, 제가 여기에 있습니다." 하나님
이 말씀하셨다. "이리로 가까이 오지 말아라. 네가 서 있는 곳은
거룩한 땅이니, 너는 신을 벗어라."(출애굽기 3:1-5)

회한의 심연에서

'물에서 건짐을 받은 사람' 모세는 바로의 궁전에서 이집트식 교육을 받으며 자랐습니다. 하지만 유모 역할을 했던 친어머니 요게벳을 통해서 모세의 내면에는 히브리인의 정체성이 은연중에 자리 잡고 있었을 겁니다. 그리고 유년기를 어떻게 보냈느냐가 매우 중요하다고 합니다. 사람은 누구나 다 자신의 유년을 품고 살아갑니다. 나이가 들면서 때가 묻기도 하지만 그는 자기 속에 있는 '아이'로서의 자신과 화해하면서 성장해갑니다. 유년 시절에 가정에서 누리는 정서적 안정감이 그의 삶의 자양분이 되는 경우가 많습니다. 모세가 히브리인들에게 폭력을 행사하는 이집트 사람을 때려죽인 것도 그가 히브리인으로 자랐기 때문입니다.

격분에 못 이겨 저지른 그 일이 빌미가 되어 그는 광야로 피신하지 않을 수 없었습니다. 미디안 광야에 머물면서 그는 그곳의 제사장 이드로의 사위가 되어 양떼를 치는 목자가 되었습니다. 이집트 왕자에서 목동으로 전락하는 과정 속에서 회한과 상실감이 그의 가슴을 짓눌렀을 것입니다. 동족인 히브리인들은 여전히 바로의 압제 아래 신음하고 있는데 자신이 할 수 있는 일은 아무 것도 없습니다. 아내인 십보라와의 사이에서 '게르솜'이라는 아들을 얻었지만, 아내도 아들도 그의 가슴에 박힌 아픔을 씻어내 줄 수 없었습니다. '게르솜'은 '황무지에 사는 손님'이라는 뜻인데, 이 이름 속에는 모세의 심정이 고스란히 담겨 있습니다.

　양떼를 몰고 물과 풀을 찾아 그 뜨거운 광야를 걸어가면서 이따금씩 눈에 띄는 가시떨기를 보면서 어쩌면 한숨을 내쉬었는지도 모르겠습니다. 아무도 주목하지 않는 곳에서 자라고 있는 가시떨기, 또 아무 쓸모도 없는 그 나무야말로 모세 자신의 모습인 듯 보였을 것입니다. 장년의 모세, 그는 자기의 무능을 절감하지 않을 수 없었습니다. 어쩌면 지금의 50대들이 느끼는 상실감 같은 것인지도 모르겠습니다. 자식들은 저 나름의 생활에 분주하고, 직장에서는 언제 쫓겨날지 모르는 신세이고, 건강의 이상 징후가 자주 나타나고, 머리카락도 성기어지고, 가만히 돌아보면 자기 인생을 산 것이 아니라 남들의 기대에 따라 처신해왔던 자신의 초라한 모습만 보입니다. 가시떨기, 그렇습니다. 이게 바로 광야에 살던 모세의 자화상이요, 이 시대 중년들의 모습입니다.

　신을 벗는다는 것

　어느 날 모세는 불에 타는 듯한 가시떨기를 보았습니다. 어쩌면 그것은 메마른 광야에서 드물지 않게 볼 수 있는 광경이었을 것입니다. 뜨거운 사막 바람에 바짝 마른 가시떨기가 자연발화되는 경우가 더러 있었다고 합니다. 그러나 그 가시떨기는 다른 것이 있었습니다. 불붙은 가시떨기가 소멸되지 않고 있었던 것입니다. 그것은 정말 낯선 광경이었습니다. 모세는 좀 더 자세히 보고 싶었습니다. 그리고 어째서 그 떨기가 타서 없어지지 않는지 알아보아야겠다고 생각하여 그 떨기나무에 다가갔습니다. 그때 그를 부르는 소리가 들려왔습니다. "모세야, 모세야." 모세는 엉겁결에 "예, 제가 여기에 있습니다." 하고 대답합니다. 그러자 비상한 명령이 떨어집니다. "이리로 가까이 오지 말아라. 네가 서 있는 곳은 거룩한 땅이니, 너는 신을 벗어라." 야훼 하나님과의 만남의 순간입니다.

하나님은 왜 '신'을 벗으라고 했을까요? 신은 어쩌면 우리가 구성해온 삶 자체를 상징하는 것인지도 모르겠습니다. '이력서'에서 '이履'자는 '신' 또는 '밟다'는 뜻입니다. 그러니까 이력서란 내가 지금까지 밟아온 삶의 내력을 기록한 문서라는 뜻이 됩니다. '신'은 그러니까 외적으로 드러난 '나'라고 할 수 있습니다. 세상 사람들이 알고 있는 '나' 말입니다.

분석 심리학에서 '신을 벗는다'는 것은 자신의 나체를 드러낸다는 뜻으로 해석할 때가 많습니다. 그렇다면 하나님이 모세에게 요구하신 것은 있는 그대로의 너의 모습을 드러내라는 말이 아닐까 싶습니다. 자아를 내려놓지 않고는 하나님의 현존 앞에 설 수 없습니다. 하나님 앞에서는 사회적 신분도 지식도 아무 소용이 없습니다. 내 것이라 여기는 희망과 절망, 경험과 지식, 소유조차도 내려놓고 하나님 앞에 설 때 우리는 새 삶을 시작할 수 있습니다. 《탈무드》에 나오는 이야기입니다. 느부갓네살 왕이 하나님 앞에 경배를 하려는데 천사가 날아와 그의 머리를 쳤습니다. 하나님을 경배하려는 데 왜 그러냐고 항의하자 천사는 "네가 왕관을 쓰고서 하나님을 경배하겠다는 것이냐?" 하고 책망합니다. '왕관'도 '신'과 같이 자신을 드러내는 매개물일 것입니다. 우리의 신앙이 자라지 못하는 까닭은 우리가 하나님의 현존 앞에서 '신'을 벗지 않기 때문이 아닐까요?

하나님의 현존 장소

오늘의 본문에서 우리가 또 하나 주목해야 할 것이 있습니다. 그것은 하나님의 현존 장소가 가시떨기였다는 사실입니다. 호렙산 주변의 미디안 광야에서 흔히 발견되는 키가 작은 관목류인 이 가시떨기는 참 보잘 것 없는 나무였습니다. 하지만 하나님은 그 가시떨기 속에서 당신을 드러내고 계십니다. 이 사실은 이미 아주 중요한 두 가지 신학적인 의미를 내포하고 있습니다.

첫째, 하나님은 스스로 크다고 자부하는 이들이 아니라 보잘 것 없고, 연약한 사람들에게 당신을 드러내신다는 것입니다. 우리는 하나님께서 고역살이를 하고 있던 히브리인들의 부르짖음과 탄식소리를 보시고 그들의 처지를 불쌍히 여기셨음을 알고 있습니다. 물론 하나님은 모든 이들의 하나님이십니다. 하지만 스스로를 돌볼 능력이 없는 이들에게 우선적인 관심을 가지시는 분입니다. 우리가 하나님을 아버지라 믿는다면 아버지의 마음을 저리게 하는 또 다른 형제자매들을 사랑으로 돌보는 것은 우리의 마땅한 책임입니다.

둘째, 하나님은 가시떨기 가운데 머무시면서 그 나무를 소멸시키기는커녕 오히려 그 나무를 지켜주고 계십니다. 하나님은 우리가 큰 나무가 되지 못했다고 책망하지 않으십니다. 오히려 우리의 아픔 속에 화육하셔서 우리를 지켜주십니다. 도올 김용옥 선생께서 기독교인들이 구약을 폐기해야 한다고 말했다는데, 그것은 적절한 생각이 아닙니다. 그는 구약의 하나님이 전쟁과 폭력을 정당화하는 호전적인 하나님이라고 지적하고 있습니다. 물론 구약에는 그런 부분이 있습니다. 하지만 그것은 국가의 존폐를 걸고 싸울 수밖에 없었던 이스라엘 사람들의 절박함이 만들어낸 이미지입니다. 성서의 하나님을 부족적인 신tribal God으로 만든 것은 이스라엘 사람들이지 하나님 자신이 아닙니다. 목욕물을 버린다고 그 속에 든 아기까지 버려서는 안 됩니다. 성서의 하나님은 가난하고 약하고 소외된 사람들 가운데 임재하시면서 그들을 지키고 보호하시는 분이십니다.

불붙은 가시떨기로 살기

그렇다면 가시떨기 속에 임하신 하나님은 오늘 우리에게 어떤 의미가 있습니까? 우리가 가시떨기 속에 임하신 하나님을 믿는다는 것은 무슨 뜻입니까? 그것은 하나님께서 우리의 연약함과 부족함 때문에 우리를 외면하시는 일은 없음을 알아차리는 것입니다. 우리가 할 일은 하나님의 현존 앞에서 신을 벗었던 모세처럼 우리 속에 있는 부정적인 것조차 숨김없이 하나님 앞에 드러내고 맡기는 것입니다. 하나님은 이미 나의 가시떨기 안에, 나의 상처, 나의 불안, 나의 공허함 가운데 계십니다. 있는 그대로의 내 모습을 하나님께 바칠 때 하나님은 우리들 속에 있는 나약함과 비루함까지도 당신의 영광을 드러내는 도구로 삼으실 것입니다. 믿음의 눈으로 우리 자신을 바라볼 때 우리 삶은 전혀 다른 빛으로 다가오게 마련입니다.

모세가 가시떨기 가운데 임하신 하나님과 만난 사건을 '문지방門地枋을 넘은 체험'이라고 말하고 싶습니다. 요즘은 문지방을 보기 어렵지만, 옛날 초가집이나 한옥에는 문설주 사이의 문 밑에 나무를 가로 놓아 문지방으로 삼았습니다. 그것은 안과 밖을 가르는 것입니다. 안으로 들어가든 밖으로 나가든 문지방이라는 경계를 넘어야 합니다. 종교학에서 문지방을 넘는 체험이란 세상을 바라보는 방식의 철저한 변화를 뜻합니다. 모세는 가시떨기 가운데 임하시는 하나님과 만나 이전과는 전혀 다른 삶을 살게 되었습니다. 문지방을 넘어선 것입니다. 하나님 없이 지내온 좌절과 실의의 시간은 지나고, 하나님 안에서 살아가는 희망과 책임의 시간이 시작된 것입니다.

저는 요즘 박어진이라는 주부의 글을 즐겨 읽습니다. 며칠 전 신문에 배달된 그의 글을 읽으면서 마음을 새롭게 할 수 있었습니다. 그는 28년 동안이나 일하던 직장을 겉으론 호탕하

게, 속으로는 부들부들 떨며 그만둔 지 1년이 되었습니다. 그
는 지난 1년을 돌아보며 '걷자, 웃자, 놀자'의 구호를 꽤나 성
실하게 실천했다고 자평했습니다. 그는 퇴직 2년차를 어떻게
보낼까 생각하다가 한 가지 목표를 세웠습니다. 그것은 어린
시절 마을의 온갖 허드렛일에 불려 다니던 '종대 삼촌'처럼 자
기도 마을의 여유분 노동력이 되는 것입니다. 동네에서 잠깐
아기 보기 서비스, 무료 영어회화 강사, 미등록 불법 체류 여성
노동자들의 상담 도우미 훈련 받기…. 생각해보면 할 일이 참
많다고 고백합니다. 그의 목소리를 들어보시지요.

"이제부터 내 쓸모는 내가 결정한다. 숨어 있던 잠재능력을 새롭
게 발견할 수도 있겠지. 어쩌면 나는 내가 생각하는 것보다 유능
할지도 몰라. 반드시 겸손해야 할 만큼 잘나지도 않았으니 이 또
한 자유 아닌가? 나는 진화하고 있다. 지난 50년과 전혀 다르게
살아보겠다는 내 야심, 달성 가능할 것 같다."

멋지지 않습니까? 그가 하나님을 믿는 사람인지는 모르겠
습니다. 하지만 그는 자기가 의식하든 안 하든 하나님의 현존
안에서 살아가는 사람임은 분명합니다. 하나님을 믿는 우리의
삶도 이래야 하지 않겠습니까? 어쩌면 우리는 한 달란트를 받
은 종인지도 모릅니다. 하지만 그것을 땅에 묻어 두지는 말아
야 합니다. 봄바람이 불자 벌써 나무에 움이 돋아나고 있습니

다. 비록 마른 등걸 같은 우리들이라 해도 하나님의 기운이 임하면 새로운 생명의 꽃을 피워낼 수 있습니다. 연약한 자를 들어 강한 자를 부끄럽게 하시는 하나님께 우리 자신을 맡길 때 우리는 불붙은 가시떨기가 될 수 있습니다. 하나님의 현존의 징표가 될 수 있습니다. 이 멋진 꿈을 품고 사순절 순례의 길을 잘 걸어 나가시기를 기원합니다.

바로 앞에 서다

출애굽기 5:1-21

_____ 강고한 애굽 왕 앞에 나아가 노역에 시달리는 이들을 풀어달라고 말하는 것은 달걀로 바위를 치는 격 아닌가? 그럼에도 불구하고 모세와 아론은 어떤 운명적인 힘에 떠밀려 바로 앞에 서게 된다. 그들은 맨 몸이다. 바로로 하여금 그들의 청을 받아들이지 않을 수 없게 할 만한 어떤 강압적 수단도 그들에게는 없다. 하나님의 이름을 내세우고는 있지만 애굽에서 여호와 하나님은 아직 알려지지 않은 신일뿐이다. 그런데도 모세와 아론은 하나님을 의지하여 두렵고 떨리는 마음이지만 바로 앞에 선다. 그의 손에는 하나님의 권능과 동행의 상징인 지팡이가 들려 있었을 것이다.

무망한 요청

두 형제는 바로에게 이스라엘의 하나님 여호와의 명령을 전한다. "내 백성을 보내라 그러면 그들이 광야에서 내 앞에 절기를 지킬 것이니라"(5:1). 여기서 하나님은 애굽의 영토 밖에서 만나야 할 신으로 제시되고 있다. 고대 세계는 다신多神적 세계였다. 신들은 저마다 관장하는 역할이 있었고, 장소 규정적 존재였다. 신을 만나려는 이들은 특별한 장소에 가야만 했던 것이다. 하지만 이스라엘의 하나님은 사람을 찾아오시는 분이라는 점에서 특별하다. 그럼에도 불구하고 모세와 아론은 하나님의 주재 영역을 광야라고 소개하고 있다. 물론 이것은 하나님을 만나기 위해서는 이스라엘 백성들이 광야에 나갈 수밖에 없다는 사실을 바로에게 인식시키기 위한 의도적 배치이다. 하지만 광야는 삶의 위기에 직면했던 성경의 인물들이 하나님과 만났던 장소임을 생각해보면 모세와 아론의 말이 전혀 근거 없는 말은 아닌 것 같다.

바로의 반응은 예상대로 매우 냉소적이다. "여호와가 누구이기에 내가 그의 목소리를 듣고 이스라엘을 보내겠느냐." 모르는 게 당연하다. 그는 앞으로 아주 비싼 대가를 치르며 그분이 누구인지를 조금씩 배우게 될 것이다. 애굽인들이 섬기던 신들의 계보 어디에도 속하지 않은 신의 말에 순종한다는 것은 신의 아들을 자처하는 바로의 입장에서는 있을 수 없는 일이었다. 모세와 아론은 여호와가 내릴지도 모르는 재앙을 언급하며 바로를 설득하려 하지만 소용없는 일이었다.

긁어 부스럼이라 하였던가? 바로는 모세와 아론을 쫓아내는

동시에 백성의 감독들과 기록원들에게 히브리인들의 노동 강
도를 높이라고 명령한다. 큰 나라를 다스리는 사람답게 그의
지시는 매우 구체적이고 또 전략적이다. 그는 감독관들에게 벽
돌에 들어갈 짚의 공급을 중단시킬 것을 명령한다. 그러면서도
할당량은 줄여주지 않는다. 그는 즉자적 대중들의 속성을 잘
알고 있다. 삶이 곤고해지면 그들은 누군가를 원망하게 마련이
고 그 원망은 그들에게 헛된 꿈을 심어주었던 이에게 집중되
리라는 사실을 바로는 꿰뚫어 보았다.

제국과 자본의 유사점

"그들이 게으르므로 소리 질러 이르기를 우리가 가서 우리 하
나님께 제사를 드리자 하나니 그 사람들의 노동을 무겁게 함
으로 수고롭게 하여 그들로 거짓말을 듣지 않게 하라"(5:8b-9).

억압자들의 언어는 언제나 동일하다. 그들은 백성들이 겪는
고통에는 무관심하다. 괴로움 때문에 저절로 터져 나오는 신음
소리를 '게으름'의 소치로 받아들인다. 조금이라도 인간다운 삶
을 누리고 싶어 하는 약자들의 꿈은 편안하기에 하는 헛소리로
취급된다. 제국의 언어와 자본의 언어는 그런 면에서 매우 닮
아 있다. 거기에는 인간에 대한 연민이나 존중이 끼어들 틈이
없다. 제국은 폭력을 통해 민중들의 꿈을 유린하고, 탐욕스러운
자본은 고용의 불완전을 통해 노동자들을 길들이려 한다.

바로의 전략은 성공적이다. 노동 강도가 높아지면서 백성들

사이에 원망하는 소리가 터져 나왔다. 물론 그 원망은 곧 출구를 찾았다. 모세와 아론이었다. 현실적인 어려움은 해방의 단꿈을 이렇게 속절없이 무너뜨렸다. 바로는 이스라엘 백성의 생명을 쥐락펴락 할 수 있는 힘이 누구에게 있는지를 그들에게 각인시켜 주었다. 이런 의미에서 바로의 승리는 이중적이다.

젖과 꿀이 흐르는 땅에 이르는 길은 어쩌면 가시밭 위를 걷는 일인지도 모르겠다. 외부의 적과 싸우는 일도 힘들지만 더 큰 싸움은 내면에 깃든 무기력과 싸우는 일이다. 모세와 아론은 그렇기에 바로의 체제에 맞서는 동시에 백성들의 무너진 마음을 세우는 일에 공력을 기울이지 않으면 안 되었다. 느헤미야 시대의 이스라엘 사람들이 한 손에는 무기를 들고 외부의 적을 막아내고, 다른 손에는 건설 장비를 들고 무너진 성벽을 보수해야 했던 것과도 비교할 수 있겠다. 지금 모세는 절해고도에 갇힌 듯 외롭다. 그러기에 그는 하나님 앞에 엎드릴 수밖에 없다. 이것이 하나님의 일을 하는 이들의 운명이다.

나 는 여 호 와 이 니 라

출애굽기 6:1-30

_____ 혹 떼러 갔다가 혹 붙인 격이라는 말 그대로다. 백성의 해방을 요구하는 모세와 아론의 청에 대해 바로는 더욱 가혹한 노동조건으로 응답했다. 백성들을 인격적 주체가 아니라 지푸라기 강아지처럼 여기는 압제자들의 전형적인 모습이다. 손이 흰 자들은 몸으로 살아가는 이들의 신음소리를 들으려 하지 않는다. 일사불란과 총화단결을 지향하는 제국에서 '다른 소리'를 내는 이들은 용납되지 않는다. 일이 더 악화되었다고 불퉁거리는 모세에게 하나님은 '내가 바로에게 하는 일을 네가 보리라'고 말씀하신다. 더불어 강조되는 것이 하나님의 '강한 손'(6:1)인데, 그것은 역사 속에 역동적으로 개입하시는 하나님에 대한 은유이다.

전능의 하나님 그리고 여호와

하나님은 낙심한 모세를 격려하고 히브리인들에 대한 해방 계획은 어김없이 진행될 것이라는 사실을 납득시키기 위해 노력하신다. 여기서 주목해야 할 것은 "나는 여호와이니라"(6:2, 6)라는 구절이다. "나는 여호와"라는 이 단호한 자기 표명 속에는 말할 수 없는 긴장이 깃들어 있다. 주어와 서술어 사이의 틈 없는 일치, 바로 그 속에서 구원 역사가 일어난다. '나의 나됨은 나의 백성을 구원하는 데서 정위 된다'는 의지가 느껴진다.

하나님은 아브라함과 이삭과 야곱에게는 엘 샤따이El-Shaddai 곧 '전능의 하나님'으로 스스로를 드러내셨다고 말씀하신다. 전능의 하나님이라는 표현을 두고 어떤 이들은 '산山 신'의 이름일 거라고 말하기도 하고, 겹쳐 있는 산 모양에 착안하여 '어머니 젖가슴'에서 연유한 이름이라고 말하는 이도 있다. 어느 쪽이 되었든 전능의 하나님은 어머니처럼 지키시고 품어주시는 분의 이미지가 강하다. 그러나 하나님은 이제 당신을 여호와/야훼로 소개하고 계신다. 이 이름은 주로 하나님께서 이스라엘과 맺은 계약의 맥락 속에서 등장한다. 여호와는 사람들을 비인간화시키는 모든 억압과 착취를 물리치기 위해 역사 속에 기꺼이 개입하시는 전사warrior이시다.

하나님은 이스라엘 자손들의 신음소리를 들으시고 그 조상들과 맺은 언약을 기억하셨다고 말씀하신다(6:5). 하나님은 땅에서 들려오는 신음소리를 기도로 들으신다. 땅에 배어든 모든 아벨의 핏 소리는 하나님의 개입을 요구하는 기도이다. 하나님은 땅의 현실과 무관한 절대 타자가 아니다. 하나님은 이치나 법칙 혹은 진리라는 말로 환원될 수 없다. 인간의 죄와 탐욕과 갈등으로 인해 더러워진 세상에 개입하셔서 뒤집힌 질서를 바로 잡으시는 분이시다.

"내가 애굽 사람의 무거운 짐 밑에서 너희를 빼내며 그들의 노역에서 너희를 건지며 편 팔과 여러 큰 심판들로써 너희를 속량하여 너희를 내 백성으로 삼고 나는 너희의 하나님이 되리니 나는 애굽 사람의 무거운 짐 밑에서 너희를 빼낸 너희의 하나님 여호와인 줄 너희가 알지라"(6:6b-7).

연속하여 등장하는 세 개의 동사 '빼내다', '건지다', '속량하다'는 하나님의 구원 의지가 얼마나 단호한 것인지를 인상 깊게 보여준다. 하나님은 그들을 빼낼 뿐만 아니라 조상들에게 주기로 맹세한 땅으로 인도하여 그 땅을 기업으로 삼게 하겠다고 말씀하신다. 믿음이란 그 약속을 믿고 그곳을 향해 길을 떠나는 것이다. 하지만 백성들은 모세를 통해 전달된 하나님의 약속을 신뢰하지 못한다. 고통에 사로잡힌 이들의 비극이다.

잇따른 거절에 낙심한 모세는 바로에게 가서 '이스라엘 자손을 그 땅에서 내보내게 하라'는 메시지를 전하라는 하나님의 명령조차 수행하려 하지 않는다. "이스라엘 자손도 내 말을 듣지 아니하였거든 바로가 어찌 들으리이까 나는 입이 둔한 자니이다"(6:12). '입이 둔한 자'라는 말 속에서 소명을 완수하지 못한 사람의 자조가 배어 있다. 나아가 하나님의 뜻으로부터 달아나고 싶은 숨겨진 욕망도 담겨 있다.

느닷없이 등장하는 족보

소명 앞에서 다시금 뒤로 물러서려는 모세와 기어코 그를 바로 앞에 세우려는 하나님의 의지가 팽팽한 긴장을 유지하고 있는 순간, 성경은 느닷없이 모세와 아론의 조상들의 족보를 언급한다. 이 족보는 12지파의 맏이인 르우벤으로부터 시작하여 시므온 레위 가문 순으로 소개되고 있지만, 사실 이 족보의 중심은 레위 지파, 그중에서도 아론이다. 물론 모세의 이름도 언급되고 있지만 다만 그 뿐이다. 그는 마치 부차적인 인물로 보일 정도다. 이러한 족보가 이 자리에 끼어든 이유를 정확히 알기는 어렵지만 그래도 그 뜻을 유추해 볼 수는 있을 것 같다. 첫째, 모세의 머뭇거림과 관계없이 이스라엘 백성들을 구원하시려는 하나님의 의지가 무언중에 표현되고 있다. 둘째, 모세가 중심인물로 소개되지 않은 것은 해방과 구원의 주도권이 하나님께 있다는 사실을 암시하기 위한 것이다.

　사람은 넘어지고 일어서기를 반복하지만 하나님은 뜻하신 바를 기어코 이루시는 분이시다. 그렇기에 우리는 자주 넘어지더라도 낙심하지 않는다.

제 국 의 맨 얼 굴

출애굽기 7:1-25

_____ 광야에서 돌아와 바로 앞에 섰던 모세는 바로의 냉담한 반응에 낙심했다. 동족들의 원망도 커졌다. 자신이 할 수 있는 일은 아무 것도 없다는 무기력함이 그를 사로잡았다. 하지만 하나님은 절망의 자리에 선 사람을 찾아오시는 분이시다. 하나님은 바로에게 쫓겨나고 백성들에게 거절당해 의기소침해진 모세를 다시 부르신다. 히브리인들을 해방시키려는 하나님의 꿈은 지연될 수는 있어도 무화될 수는 없기 때문이다. 하나님은 모세와 아론을 다시 바로에게 보내시면서 모세는 신적인 대리자답게 위엄을 가지고 바로와 맞서고 아론은 그를 대신하여 말을 해야 한다고 말씀하신다.

나를 여호와인 줄 알리라

새로운 세계는 저절로 오는 법이 없다. 그래서 한 시인은 "개

똥 같은 내일이야/꿈 아닌들 안 오리오마는/…/진주 같은 꿈
으로 잉태된 내일이야/꿈 아니곤 오는 법이 없다네"(문익환, 〈꿈
을 바는 마음〉)라고 노래했던 것이다. 진주는 보드라운 살을 바늘
에 찔린 듯한 상처에서 자라는 법이다. 해산의 고통 없이는 새
로운 세상을 볼 수 없다. 히브리인의 해방이라는 대업을 이루
기 위해 하나님은 먼저 완악한 바로의 마음을 꺾으셔야 했다.
그래서 그 땅에 많은 표징과 이적을 행하시려 하신다. '표징'과
'이적'은 이스라엘의 해방을 지향하지만 그보다 근본적인 목
표가 있다. 그것은 하나님의 위엄과 영광을 드러내는 것이다.

> "내가 내 손을 애굽 위에 펴서 이스라엘 자손을 그 땅에서 인도
> 하여 낼 때에야 애굽 사람이 나를 여호와인 줄 알리라 하시매"
> (7:5).

  1절에서 7절 사이에는 하나님의 단호한 의지를 반영하듯
'내가' 혹은 '내 손', '내 백성'이라는 단어가 자주 등장한다. 출
애굽 사건은 모세와 아론의 탁월한 지도력으로 인해 가능했던
것이 아니라 역사를 갱신하시려는 하나님의 의지 때문이었음
을 상기시키는 대목이다.

지팡이가 지팡이를 삼키다

마침내 모세와 아론은 바로 앞에 섰다. 그들은 여호와를 알지

못하는 바로에게 자기들이 하나님의 메시지를 가지고 왔다는 사실을 입증해야 했다. 아론이 모세의 지시를 받아 바로와 그 신하 앞에 지팡이를 던지자 곧 뱀으로 변했다. 그러자 바로도 현인들과 마술사를 불러 같은 일을 하게 한다. 그들이 보인 마술은 단순한 여흥거리가 아니다. 마술은 자연의 일상적 질서를 깨뜨린다. 마술은 눈속임으로서의 요술일 수도 있고, 일반 백성들이 알지 못하는 기술일 수도 있다. 어떤 경우이든 사람들은 그런 낯선 현상을 두려움으로 대할 수밖에 없다.

지금도 사람들은 과학자들의 말을 맹신하는 경향이 있다. '아는 것이 힘'이라는 말은 우리 현실 속에서도 고스란히 작동된다. 권력자들이 정보를 독점하려는 것은 거기에서 권력이 나온다는 사실을 잘 알기 때문이다. 지금도 그러니 고대세계에서는 더 말할 것도 없었을 것이다. 마술사는 언제든 재앙을 가져올 수 있는 사람으로 인식되었다. 왕은 그런 이들을 수하에 둠으로써 백성들이 감히 넘볼 수 없는 권력의 아우라를 만들어냈다.

바로는 모세와 아론을 통해 나타난 변화의 이적을 대수롭지 않게 생각했을 수도 있다. 하지만 성경은 아론의 지팡이가 그들의 지팡이를 삼켰다고 말한다. 그것은 애굽의 마술사들이나 바로가 쓰고 있던 특권의 가면을 찢어내는 일이었다. 이 사건은 그들의 권력이 얼마나 일시적이고 덧없는 것인지를 상징적으로 보여준다. 이런 두려운 경고를 받고도 바로는 모세와 아론의 말을 듣지 않는다. 아직은 때가 이르지 않았기 때문이다.

물이 피가 되다

하나님은 모세에게 아침에 바로에게 가보라고 이르신다. 바로가 나일 강가로 나올 터이니 거기서 그를 만나라는 것이다. 아침 산책이었을까? 그렇지 않을 것이다. 국토의 대부분이 사막인 애굽에서 나일 강은 그야말로 생명의 젖줄이었다. 나일 강이 없다면 그 땅은 죽음의 땅이 되었을 것이다. 그렇기에 그들은 나일 강을 신으로 섬겼다. 나일 강이 범람하는 때는 오시리스가 영광을 드러내는 때라고 여기기도 했다. 바로가 나일 강으로 나간 것은 그런 신들의 가호를 빌기 위해서였을 것이다.

모세는 나일 강가에서 '히브리 사람의 하나님 여호와'(7:16)의 이름으로 히브리인들을 해방하라고 요구한다. 모세와 아론이 하나님의 단호한 의지를 보여주기 위해 나일 강을 비롯한 애굽의 모든 물 근원을 지팡이로 치자 그 물은 모두 피로 변했다. 고기가 죽었고, 물에서는 악취가 났다. 그런데 애굽의 물이 피로 변했다는 말은 어떤 뜻일까? 생명의 젖줄인 그 나일강물이 사실은 노예노동에 시달리던 이들이 흘린 피라는 뜻이 아닐까? 그렇다면 이 사건은 제국의 본질을 여실히 보여준 사건이라 하겠다. 하지만 바로는 그런 일을 겪고도 자기 궁으로 태연하게 돌아간다. 그 일에 관심을 갖지도 않는다. 백성들이 겪는 고통에는 아랑곳하지 않는다. 이것이 바로 제국의 맨 얼굴이다.

재앙이 시작되다

출애굽기 8:1-32

_____ 닥쳐올 일은 닥쳐오게 마련이다. 애굽 땅에 내렸던 재앙에 관한 이야기는 아마도 민중들의 입에서 입으로 전해 내려온 민담이었을 것이다. 나라에 큰 위기가 닥쳐와 바로를 비롯한 관료들이 그 상황을 통제하지 못한 채 허둥거리는 모습은 하층민들에게 묘한 쾌감을 주었을 것이다. 불편함을 참지 못한 채 어쩔 줄 몰라 하던 그들의 모습을 떠올리며 허약하기 이를 데 없는 그들을 숨어서 비웃었는지도 모른다. 어린 시절 우리는 어머니의 무릎을 벤 채 많은 이야기를 들으며 자랐다. 그 이야기는 대개 삶 속에 닥쳐온 느닷없는 위기를 민중들이 지혜를 모아 슬기롭게 극복한다는 서사구조를 가지고 있었다. 이야기는 그 이야기를 듣는 사람의 에토스를 구성하기도 한다. 어떤 이야기를 듣고 자라느냐에 따라 세상과 이웃을 대하는 태도가 달라질 수 있다는 말이다. 출애굽기를 기록한 이

는 민중들 사이에서 전승되고 있던 이야기 가운데서 애굽의 지도층을 통제 불능의 상태로 몰아넣었던 일들을 출애굽 이야기 속에 끌어들임으로서 그 사건을 극적으로 만들고 있다.

개구리 재앙

하나님은 모세를 통해 바로에게 메시지를 보내신다. "내 백성을 보내라 그들이 나를 섬길 것이니라." 만일 그 요구를 거절하면 "내가 개구리로 온 땅을 치리라"는 경고도 함께 주신다. 여기서 말하는 '온 땅'은 물론 애굽이다. 그러나 이 말은 결코 평범하지 않다. 애굽은 신격화된 바로의 성역이었다. 즉 바로의 의지가 지배하는 곳이었다는 말이다. 그런데 개구리를 보내 그 땅을 치겠다는 말은 바로가 그 땅을 통제할 수 없다는 사실을 폭로하겠다는 말씀이다. 친다는 것은 벌한다는 뜻이다. 벌을 내리는 이는 벌 받는 이보다 우월적 지위에 있다. '온 땅을 치리라'는 말 속에 담긴 속뜻은 바로가 태양신의 아들을 자처하지만 결국 하나님의 심판 아래 있는 인간에 지나지 않는다는 것이다.

　　바로는 물론 하나님의 경고를 심각하게 받아들이지 않는다. 아론이 애굽 물들 위에 손을 내밀자 무수한 개구리 떼가 나일강에서 올라와 바로와 그 신하들과 백성들의 삶의 공간을 가득 채운다. 질서 있게 운행되던 창조질서가 일시에 뒤흔들린 것이다. 애굽의 요술사들도 개구리를 끌어올리는 마술을 부리지만 결국 그들이 하는 일은 자기들의 곤경을 더 크게 만드는 일이었다. 우리는 여기서 지배층에 대한 민중들의 풍자를 볼 수 있다. 결국 바로는 여호와라는 존재를 인정할 수밖에 없었다. 모세의 중보를 통해 개구리 재앙이 물러갔다. 한숨을 돌릴 수 있게 된 바로는 다시 마음이 완고해져서 이스라엘의 해방을 거절한다.

이 재앙, 파리 재앙

재앙은 계속된다. 아론이 지팡이로 땅의 티끌을 치자 애굽의 모든 티끌이 이가 되어 가축과 사람을 괴롭힌다. '이'라고 번역되기는 했지만 학자들에 따라서는 이것을 곤충 혹은 모기라고 주장하는 이들도 있다. 그것이 무엇이든 중요한 것은 하나님의 의지가 바로의 성역에서 제한 없이 작동되고 있다는 사실이다. 애굽의 요술사들이 이전처럼 자기들의 능력을 보이려 하지만 실패하고 만다. 그들은 즉시 그 사실을 인정한다. 그래서 바로에게 "이는 하나님의 권능이니이다"(8:19) 하고 말한다. '권능'이라고 옮겨진 말은 사실은 '손가락'을 뜻한다. 그러니까 이 일은 우연히 발생한 일이 아니라 신의 손이 하신 일이라는 것이다. 일이 이쯤 되었는데도 바로는 그 사실을 인정하려 하지 않는다. 그 사실을 인정하는 순간 자기의 권위가 흔들린다고 여겼기 때문일까? 재앙은 어쩌면 우매한 자의 숙명인지도 모르겠다.

　똑같은 일이 반복된다. 히브리인들을 해방하라는 요구와 거절할 경우에 닥쳐올 재앙이 예고된다. 이번에는 파리 재앙이다. 그런데 한 가지 달라지는 점이 있다. 이전까지 일어났던 재앙은 온 애굽 땅에 무차별적으로 내렸지만, 이제는 하나님의 백성이 사는 곳에는 그 재앙이 미치지 않게 된다. 이러한 '구별'은 두 방향의 메시지를 내포하고 있다. 바로에게는 이 재앙이 우연이 아니라는 사실을 일깨우려는 것이고, 여전히 모세의 말을 신뢰하지 못하는 백성들에게는 하나님의 권능에 대한 확신을 심어주려는 것이다.

　이번에는 바로도 손을 들고 만다. 그는 모세와 아론을 불러 '이 땅'에서 '너희 하나님'께 제사를 드리라고 말한다. 여호와 하나님을 애굽의 제신 가운데 하나로 받아들이겠다는 말이다. 하지만 모세는 자기들과 애굽인들 사이에서 발생할지도 모를 갈등을 핑계로 그런 제안을 단호히 거절한다. 기어코 광야로 나가서 예배를 드리겠다고 말한다. 바로는 마침내 너무 멀리 가지는 말아달라는 단서 조항을 단 채 이들이 광야로 나가는 것에 동의한다. 자기를 위하여 간구해달라는 부탁도 빼놓지 않는다(8:28). 그의 부탁은 개인적인 행복을 위해 빌어달라는 것이 아니다. 제국과 바로의 안위를 위해 빌어달라는 것이다. 얼마나 역설적인가. 하나님은 지금 제국과 바로의 체제를 뒤흔들고 계신다. 그런데 바로가 자기를 위해 기도해 달라고 한다. 그는 여전히 지금 벌어지고 있는 일의 의미를 깨닫지 못하고 있다.

계 속 되 는 재 앙

출애굽기 9:1-35

_____ 지금까지 애굽땅에 내린 재앙은 생활에 불편함을 가져오는 정도에 지나지 않았다. 하지만 재앙은 점차 생명에 대한 직간접적인 타격으로 전환된다. 여러 차례 표징을 통해 경고가 주어졌음에도 불구하고 바로는 자신의 완악한 마음을 꺾지 않는다.

'완악하다'는 말로 번역된 히브리어 동사 '하자크'는 '달라붙다'라는 뜻이다. 집착하는 마음을 일컫는 말이다. 집착이란 사로잡힌 상태이기도 하다. 사로잡혔기에 부자유하다. 마음이 완악하다는 말은 그렇기에 둔감하다는 말이고, 변화를 받아들이지 못한다는 말이다.

바울 사도는 죄가 초래하는 가장 무서운 일 가운데 하나로 '굳어짐'을 들었다. "또한 그들이 마음에 하나님 두기를 싫어하매 하나님께서 그들을 상실한 마음대로 내버려 두사 합당하

지 못한 일을 하게 하셨으니"(로마서 1:28). '내버려 두심'이야말
로 심판의 다른 표현인지도 모른다.

가축의 죽음, 악성 종기

다섯째 재앙은 애굽 사람들이 들에서 기르던 가축들에게 닥쳐
온다. 말, 나귀, 낙타, 소, 양이 죽기 시작했다. 그런데 네 번째
재앙 때 그랬던 것처럼 하나님은 애굽 사람과 이스라엘 사람
들을 구별하신다. 애굽 사람들의 가축은 죽었지만 이스라엘 사
람들의 가축은 죽지 않았다. 바로는 사람을 보내 이 같은 사실
을 확인할 뿐 아무런 조치도 취하지 않았다. 그것이 예시적 사
건이라는 사실을 알았겠지만 그렇다고 하여 쉽게 굴복하고 싶
지도 않았고, 또 굴복할 수도 없었을 것이다. 굴복하는 순간 자
신에게 덮씌워진 태양신의 대리자라는 가면이 벗겨지게 되리
라는 사실을 그는 잘 알고 있었던 것이다. 바로는 오랫동안 가
면을 쓰고 산 이들의 보편적 운명을 고스란히 보여주고 있다.

　여섯째 재앙은 악성 종기 재앙이다. 하나님의 지시에 따라
모세는 화덕의 재 두 움큼을 가지고 바로 앞에 나아가 그 재를
하늘을 향하여 날렸다. 그 재가 온 땅의 티끌이 되었고, 그것
이 사람과 짐승에게 붙어서 악성 종기가 생겼다. 마침내 재앙
은 사람들의 생명을 위협하는 지경에 이르렀다. 애굽의 요술사
들의 몸에도 악성 종기가 돋아났다. 이것은 바로의 체제가 흔
들리고 있음을 상징한다. 애굽의 모든 지식을 다 동원해도 도

무지 통제할 수 없는 혼란이 닥쳐온 것이다. 하지만 바로는 여전히 고집을 부린다. 우리는 바로에게서 고난 받는 이의 대명사가 된 욥의 뒤집힌 이미지를 본다. 욥은 가축들이 죽고, 자기 몸에 악성 종기가 났을 때에도 하나님에 대한 믿음을 상실하거나 하나님을 원망하지 않았다. 하지만 바로는 그런 일을 겪고도 여전히 하나님 앞에 엎드릴 생각이 없다.

우박 재앙

일곱 번째 재앙은 우박이다. 하나님은 모세를 통해 돌림병으로 바로와 그 백성들을 치지 않으신 까닭을 밝히신다. "내가 너를 세웠음은 나의 능력을 네게 보이고 내 이름이 온 천하에 전파되게 하려 하였음이니라"(9:16). 하나님은 당신의 능력을 입증하기 위해 혹은 재앙 자체를 위해 재앙을 내리시는 분이 아니다. 재앙은 마치 통 속에 든 감자껍질을 벗기듯 사람들의 마음의 완악함을 벗겨내는 역할을 할 때가 있다. 재앙이나 시련을 겪으면 사람들은 대개 자신의 유한함을 절감한다. 바로는 자신을 우주의 중심 혹은 균형이라고 생각했다. 하나님은 거듭되는 재앙을 통해 그런 생각이 얼마나 어리석은지를 드러내 보이셨다. 인간의 가장 큰 비극은 경외심을 잃어버린 채 사는 것이다.

하나님께서 바로에게 계속해서 경고를 하신 까닭은 그도 또한 하나님의 섭리 가운데 있는 사람이기 때문이다. 하나님은 바로가 자기 권력이 누구로부터 주어진 것인지를 알아차리고 돌이키기를 바라셨다. 하나님은 우박 재앙을 예고하시면서 그 재앙이 '내일 이맘때'에 시작될 것이라고 말씀하신다. 돌이킬 수 있는 기회를 주신 것이다. 바로의 신하들 가운데는 여호와의 말씀을 두려움으로 받아들이고, 자기 종들과 가축을 집으로 들여놓은 이들이 있었다. 물론 그러한 경고에 귀를 기울이지 않은 이들도 있었다. 이렇게 해서 바로가 의지하고 있던 관료체제가 내적으로 흔들리기 시작한다.

기약된 시간이 이르자 모세는 하늘을 향하여 지팡이를 든다. 그러자 우렛소리와 우박, 그리고 번갯불이 애굽 땅 위를 가득 채웠다. 애굽 온 땅에서 우박이 사람과 짐승은 물론이고 밭에 있는 모든 채소를 치고 들에 있는 모든 나무를 꺾었다. 하지만 이스라엘 백성들이 머물고 있던 고센 땅만은 피해를 입지 않았다. 바로는 비로소 자신의 죄를 시인하고 여호와의 의로우심을 인정한다(9:27). 그리고 이스라엘 백성의 해방을 약속한다. 모세가 여호와를 향하여 손을 펴자 우렛소리와 우박과 비가 그쳤다. 결정적 위기가 지나가자 바로는 또다시 마음이 완악하게 되어 약속을 헌신짝처럼 저버린다.

기득권을 내려놓는다는 것은 이렇게 어렵다. 권력에의 탐닉도 일종의 중독이라 할 수 있다. 자기와 주변을 피폐하게 만들기 전까지는 그 중독상태로부터 벗어나지 못한다. 아직 바로가 마셔야 할 진노의 잔은 다 비워지지 않았다.

온 땅에 내린 흑암

출애굽기 10:1-29

_____ 고집은 타고난 무지이다. 또는 자신의 입장 혹은 자리를 지키기 위해 변화를 받아들이려 하지 않는 심리다. 사람들은 변화에 대한 두려움을 신념으로 포장하는 경우가 있다. 바로는 여러 가지 재앙을 겪으며 혼돈스러웠다. 그럼에도 불구하고 그는 고집을 꺾지 않는다. 영어로 '불합리하다' 혹은 '어리석다'는 뜻의 'absurd'에는 '귀머거리'를 뜻하는 'sardus'가 들어 있다. 어리석음이란 들으려 하지 않음이라 말할 수 있다. 하나님이 보내주신 표징적 사건을 보면서도 바로는 애써 눈을 감곤 한다. 춘추시대의 현인인 노자는 부드러운 것이 능히 굳센 것을 이긴다柔能制剛고 말했다. 부드러움은 생명의 친구이고, 딱딱함은 죽음의 친구다.

메뚜기 재앙

지금까지의 재앙은 바로로 하여금 여호와를 알고 온 세상이 여호와께 속한 것임을 인정하게 하기 위한 것이었다면 여덟째 재앙의 동기는 이스라엘 후손들이 대대로 여호와의 업적과 이야기를 나눌 수 있도록 하기 위함이다(10:2). 바로 앞에 선 모세와 아론은 바로의 교만함을 중히 꾸짖으며 하나님의 명령을 받아들이지 않으면 메뚜기 떼가 온 땅을 뒤덮고 우박을 면한 남은 모든 것을 먹어치울 것이라고 경고한다. 앞서 우박 재앙 이야기는 밀과 쌀보리는 아직 자라지 않았기 때문에 피해를 입지 않았다고 말함으로써 여운을 남겨두었다. 희망의 조짐일 수도 있고, 또 다른 재앙의 서곡일 수도 있다. 그것은 전적으로 바로의 태도에 달린 문제였다. 실낱같은 희망이었던 밀과 쌀보리는 결국 메뚜기 떼를 불러들이는 계기가 될 수도 있는 상황이었다.

　메뚜기 떼의 공포를 잘 알고 있던 신하들은 '왕은 아직도 애굽이 망한 줄을 알지 못하시나이까'(10:7)하고 말하며 바로에게 압력을 가한다. 결국 바로와 신하들은 히브리들이 자기들의 신에게 예배를 드리기 위해 애굽을 벗어나는 것을 허용하기로 한다. 하지만 그 범위 때문에 회담은 또 결렬되고 만다. 바로는 장정들만 가라고 했고, 모세는 남녀노소와 양과 소를 모두 데리고 가겠다고 했기 때문이다. 격앙된 바로는 모세를 쫓아낸다. 이스라엘의 해방은 양보와 타협을 통해 이루어질 수 없는 문제였다. 옛 세계가 무너지고 새 세계가 도래할 때는 언제나 큰 혼란과 고통이 따르게 마련이다.

"메뚜기가 온 땅을 덮어 땅이 어둡게 되었으며 메뚜기가 우박에 상하지 아니한 밭의 채소와 나무 열매를 다 먹었으므로 애굽 온 땅에서 나무나 밭의 채소나 푸른 것은 남지 아니하였더라"(10:15).

시인 천상병은 하나님이 초록색을 좋아하시는 것 같다고 노래한 바 있다. 녹음이 우거진 세상은 생명의 기운이 충일하다. 그런데 본문은 '푸른 것이 사라진 세상'을 보여준다. 죽음의 세상이다. 메뚜기로 인해 땅이 어둡게 되었다는 말은 다음에 나올 흑암 재앙을 예고하고 있다. 후회는 언제나 뒤늦게 찾아오기 마련이다. 바로는 비로소 모세와 아론을 불러 하나님께 중보의 기도를 올려달라고 부탁한다. "이번만 나의 죄를 용서하고… 이 죽음만은 내게서 떠나게 하라"(10:17). '이번만'이라는 말이 참 구차하게 느껴진다. 하나님은 강력한 서풍을 불게 하셔서 메뚜기 떼를 몰아내신다. 그러자 바로는 또 다시 고집을 부린다.

흑암 재앙

아홉 번째 재앙은 사전경고도 없이 즉시 시행된다. 모세가 하늘을 향하여 손을 내밀자 애굽 땅 위에 흑암이 내린다. 이것은 창조 이야기를 정확히 거꾸로 반영하고 있다. 하나님은 혼돈과 공허와 흑암이 가득 찬 세상에서 빛을 이끌어내셨다. 하지만 지금 하나님은 마치 장막을 펼치듯 애굽 온 땅에 어둠을 내리셨다. 다만 이스라엘 사람들이 머물고 있던 곳에는 빛이 있었다(10:23).

사흘 동안 계속된 어둠은 단순한 어둠 이상의 의미를 갖고 있다. 사람들은 서로 볼 수 없었을 뿐만 아니라, 움직일 수도 없었다. 어둠 때문이기보다는 공포심 때문이었을 것이다. 애굽 사람들에게 해는 최고신(Re, Ra 혹은 Amon Re)이었다. 아멘호테프 4세는 태양신을 유일신으로 숭배하면서 태양을 찬양하는 노래를 짓기도 했다. 태양신은 인간과 소떼, 새의 무리는 말할 것도 없고 인간과 하늘을 날아다니는 미물마저도 모두 창조했고, 푸른 초목과 물고기 그리고 새들까지도 한결같이 돌보신다는 내용이다. 애굽 사람들은 그 땅에 내린 흑암을 태양신의 사라짐으로 이해할 수밖에 없었다. 흑암은 그들의 내면을 떠받쳐주고 있던 세계가 덧없이 스러진 것과 같은 공포를 안겨주었다. 그 어둠은 '사흘' 동안 지속되었다. 그 사흘이 사람들에게는 영원처럼 느껴졌을 것이다. 그런데 성경에서 사흘은 언제나 새로운 사건이 벌어지는 시간이다.

바로는 모세를 불러, 가서 여호와를 섬기되 양과 소는 남겨두고 장정들과 어린 아이들만 함께 가라고 말한다. 하지만 모세는 전혀 타협할 생각이 없다. 가축 한 마리도 남길 수 없다고 말한다. 바로는 대노하여 다시 자기 앞에 나타나면 죽이겠다고 위협하고는 모세를 쫓아낸다. 길고 긴 협상이 최종적으로 결렬되고 말았다. 바로가 내뱉은 '죽이겠다'는 위협은 역설적으로 마지막 재앙인 장자의 죽음을 예비하고 있다. 아이러니다.

message 2

우리가 들려줄 이야기

모세가 백성에게 선포하였다. "당신들은 이집트에서 곧 당신들이 종살이하던 집에서 나온 이 날을 기억하십시오. 주님께서 강한 손으로 거기에서 당신들을 이끌어 내신 날이니, 누룩을 넣은 빵을 먹어서는 안 됩니다. 첫째 달인 아빕월의 오늘 당신들이 이집트를 떠났습니다. 주님께서 당신들의 조상에게 주신다고 맹세하신 젖과 꿀이 흐르는 땅 곧 가나안 사람과 헷 사람과 아모리 사람과 히위 사람과 여부스 사람의 땅에 이르게 하시거든, 당신들은 이 달에 다음과 같은 예식을 지키십시오. 당신들은 이레 동안 누룩을 넣지 않은 빵을 먹어야 하며, 이렛날에는 주님의 절기를 지키십시오. 이레 동안 당신들은 누룩을 넣지 않은 빵을 먹어야 하며, 당신들 영토 안에서 누룩을 넣은 빵이나 누룩이 보여서는 안 됩니다. 그 날에 당신들은 당신들 아들딸들에게, '이 예식은, 내가 이집트에서 나올 때에, 주님께서 나에게 해주신 일을 기억하고 지키는 것이다' 하고 설명하여 주십시오. 이 예식으로, 당신들의 손에 감은 표나 이마 위에 붙인 표와 같이, 당신들이 주님의 법을 늘 되새길 수 있게 하십시오. 주님께서 강한 손으로 당신들을 이집트에서 구하여 내셨기 때문입니다. 그러므로 당신들은 이 규례를 해마다 정해진 때에 지켜야 합니다(출애굽기 13:3-10).

참 교육을 향한 여정을 시작해야

기독교교육진흥주일인 오늘 저는 국가공무원법과 선거법 위반으로 재판을 받던 전교조 소속 교사들이 법정에서 행한 최후진술 가운데 나오는 한 증언을 소개하는 것으로 설교를 시작하려고 합니다.

"얼마 전 10일짜리 자원봉사 활동을 다녀왔다. 학생들의 농촌 체험 활동인데 교사로서 자원봉사를 했다. 그런데 자원봉사를 하는 동안 놀라운 장면을 목격했다. 한 학생이 개미들을 밟아죽이고 있는 것이었다. 다가가서 그러지 말라고 하면서 왜 약한 개미들을 죽이냐고 물었다. 죽여도 된다고 대답한다. 너는 너보다 힘센 사람이 너를 괴롭혀도 좋으냐고 물었다. 그래도 좋단다. 여기까지도 많이 놀랐는데 더 놀라운 대답이 이어졌다. 힘센 니가 개미를 죽이듯이 너보다 힘센 사람이 너를 괴롭히면 너는 죽을지도 모른다. 그래도 좋으냐고 물으니 아이는 대답한다. "나는 죽어도 좋아요"라고. 왜 그러냐고 물으니 아이는 대답한다. "학원을 안 가도 되잖아요." 나는 너무 놀랐다. 그 아이는 8살 초등학교 1학년이었다. 그런데 그 아이는 학원을 다섯 개를 다닌다고 한다. 우리가 사는 현실이 이렇다. 이런 교육을 바꾸자는 것이 나의 소망이다. 이것이 죄인가?(〈녹색평론〉 108호 김종철의 〈민주주의를 위하여 2〉에서 재인용)

이념과 생각의 차이를 넘어서 아이들을 이렇게 모질고 거칠게 만드는 현실이 참 두렵습니다. 어린 시절부터 공부에 대한 중압감에 시달리는 아이들은 스트레스를 풀기 위해 파괴적인 행동을 보이기도 합니다. 어떤 이는 그런 아이들의 변화된 모습에서 일종의 묵시록적인 공포를 느낀다고 말합니다. 교육제도는 수시로 바뀌고, 그 변화를 따라갈 수 없는 학부모들은 그 변화에 맞춰 맞춤형 대비를 해주는 사교육시장에 목을 맵니다. 그러지 못하는 부모들의 자괴감은 깊어갑니다. 초등학교 6학년, 중학교 3학년, 고등학교 1학년을 대상으로 실시되는 일제고사는 학교 간의 서열을 확고하게 자리매김할 것이 틀림없고, 공부를 못하는 아이들은 그 학교의 '평균점수를 갉아먹는' 골칫덩이로 취급받게 될 것입니다. 어떻게든 자녀들을 좋은 학교에 넣고 싶은 부모들은 거주지를 이전하느라 정신이 없을 테고, 아이들은 어릴 때부터 자기가 다니는 학교와 주거지로써 자신의 사회적 신분을 확인하게 될 것입니다.

요즘 인사청문회에 나오는 고위 공직자 후보자들의 도덕성 문제가 연일 제기되고 있습니다. 논문 중복 게재, 세금 탈루, 다운 계약서 작성, 재산 등록 누락, 위장 전입…. 이게 우리 사회 상층부 사람들이 살아가는 법입니다. 빈곤의 경계선상에서 간신히 살아가는 이들은 그저 허탈할 뿐입니다. 지도층의 탈선 가운데 자녀교육을 잘 시키려는 마음에서 하는 위장전입 쯤은 눈감아 줘야 한다고 말하는 이들도 있습니다. 정말 그런 것일까요? 위장전입조차 하지 못하는 부모를 둔 아이들은 부모의 무기력을 원망하지는 않을까요? 신앙생활을 하는 이들조차 이건 어쩔 수 없는 현실이라면서 이 잘못된 시대적 관행을 따라갑니다. 우리 아이가 경쟁에서 뒤쳐질지 모른다는 보이지 않는 공포가 스멀스멀 부모들의 마음에 파고들어 그들을 지배하고 있습니다. 좋은 교육 기회를 부여하고 싶은 마음이야 왜 모르겠습니까만, 우리가 잠시라도 물어야 할 질문은 정말 좋은 교육이 무엇인가 하는 것입니다.

기억의 전승 매체인 부모

오늘의 본문은 출애굽 사건이 막 감행된 시점에 모세가 그 백성들에게 신신당부하는 내용을 담고 있습니다. 놀랍게도 모세는 종살이에서 해방된 기쁨에 대해서도, 저들이 누리게 될 황금빛 미래에 대해서도 말하지 않습니다. '자유로의 긴 여정' 가운데 겪게 될 여러 가지 어려움에 대해서도 말하지 않습니

다. 그가 탈출 공동체에서 세 번이나 거듭해서 당부하는 것은
유월절과 무교절을 잘 지키고 후손들이 그것을 잊지 않도록
잘 가르치라는 것이었습니다.

> "당신들은 이집트에서 곧 당신들이 종살이하던 집에서 나온 이
> 날을 기억하십시오."(3a)

유다인들이 이 절기를 지킨 것은 아빕월 열나흘 날 해질 무
렵이었습니다. 아빕Abib이라는 말은 곡식의 '귀' 즉 이삭을 뜻
하는 말인데, 이맘때가 보리 추수가 시작되는 달이었기에 이런
명칭이 붙은 것 같습니다. 그 달 열흘에 사람들은 흠없는 일 년
된 수양이나 새끼를 골라두었다가, 열 나흗날 해질 무렵에 잡
았고, 그 피는 받아다가 그 양을 먹을 집의 좌우 문설주와 상인
방에 우슬포 묶음에 묻혀서 발랐습니다. 양은 머리, 다리, 내장
모두 불에 구워야 했고, 뼈는 하나라도 꺾어서는 안 되었습니
다. 그들은 쓴 나물merorim과 누룩없는 빵matzot을 함께 준비했
다가, 허리에 띠를 띠고, 발에 신을 신고, 손에 지팡이를 들고,
서둘러서 음식을 먹었습니다.

식사를 하기 전 아이들은 유월절 식사의 의미를 설명하고
있는 의식서인 하가다haggadah에 따라서 아버지에게 네 가지
질문을 해야 했습니다. 그 중의 하나는 "오늘 밤이 다른 날 밤
들과 다른 까닭은 무엇입니까?"입니다. 아버지는 유월절에 일

어난 일들을 아이들에게 들려주어야 했습니다. 아버지는 '기억
의 전달자'로서의 역할을 담당했던 것입니다. 아이들은 유월절
식사에 동참하면서 자연스럽게 자기들의 역사를 알게 되고, 지
향해야 할 목표를 명심하게 됩니다. 아이들은 누룩이 들지 않
는 빵과 쓴 나물을 먹으면서 자유가 아무런 대가도 없이 저절
로 주어진 것도 아니고, 하루아침에 얻을 수 있는 것도 아니라
는 사실을 배우게 됩니다.

  이 날의 의식을 통해 아이들은 자기들의 뿌리가 무엇이고,
조상들이 어떤 대의를 위해 싸워왔으며, 그 과정에서 얻은 교
훈이 무엇인지를 배웠습니다. 매년 반복하는 그 의례를 통해
아이들은 자기 민족의 기억 속에 합류하는 것입니다. 성경을
유심히 읽은 분들은 '너희가 이집트의 노예였던 시절을 기억
하라'는 말이 많이 나온다는 사실을 알고 있을 것입니다. 우리
는 수치스러운 과거는 한시라도 빨리 잊거나 자식들에게 숨기
는 게 낫다고 생각합니다. 그래서 부모들은 자기들의 족보를
날조하기도 합니다. 물어보십시오. 조상 가운데 조선시대에 양
반 아니었던 사람이 있는지. 모두가 다 대단한 집안사람들일
겁니다.

우리가 합류할 이야기는?

  유대인들은 어쩌자고 자기들의 그 부끄러운 기억을 자꾸만
상기시키는 것일까요? 그것은 자유가 얼마나 소중한지를 알기

때문입니다. 그들은 아브라함, 이삭, 야곱 등 성조聖祖들의 이야기, 출애굽 이야기를 통해 하나님의 백성으로서의 정체성을 재확인하곤 했습니다. 부모로부터 조상들의 이야기, 출애굽 이야기를 듣는 순간 아이들은 바로 그 역사의 현장에 서있다는 느낌을 받습니다. 그렇기에 기억은 '내가 그것의 한 부분으로 존재하는 이야기'라고 말하는 것인지도 모릅니다. 그 이야기들은 옛날에 일어난 일입니다. 하지만 그 이야기들은 나의 정체성의 일부이기도 한 것입니다.

알래스데어 매킨타이어Alasdair MacIntyre의 말이 참 크게 다가옵니다. 그는 "'나는 무엇을 해야 하는가?'라는 질문은 '나는 어떤 이야기, 혹은 어떤 이야기들의 일부로 존재하는가?'라는 보다 앞선 질문이 해명될 때에만 비로소 대답될 수 있다"고 말했습니다. 돈을 많이 벌고 세상에서 성공하고 출세한 사람들이 만들어가는 이야기에 매혹된 사람들은, 그들처럼 살기 위해 노력할 것입니다. 서점마다 처세술을 가르치는 책을 모아놓은 코너가 생긴 것을 보면 현대인들의 관심이 어디에 있는지를 알 수 있습니다. 예수님을 믿는다는 것은 그분으로부터 비롯된 생명의 이야기에 합류하는 것을 의미합니다. 주님은 지금도 당신의 손과 발이 되어줄 이를 찾고 계십니다. 우리가 몸과 마음과 뜻을 다하여 하나님의 뜻을 받들 때 우리는 비로소 예수님의 구원사의 일부가 됩니다.

이 시간 한번 생각해 보십시오. 우리 삶은 과연 하나님의 뜻에 대해 '아멘'입니까? 우리는 자녀 세대들에게 들려줄 신앙의 이야기를 갖고 있습니까? 예수 믿었더니 모든 게 잘 되더라는 이야기 말고, 예수를 제대로 믿기 위해 분투하고 고생하고 손해 본 이야기 말입니다. 예수의 정신을 따르기 위해 오해받고, 따돌림 받은 이야기 말입니다. 너무나 많은 이들이 신앙을 너무 사사로운 차원으로 받아들입니다. 신앙은 개인이 누리는 정신적 편안함이나 욕구의 충족으로 환원될 수 없습니다. 신앙은 함께 만들어가는 이야기입니다. 예수님이 시작하셨고, 우리가 주님과 더불어 만들어가는 하나님 나라 이야기, 바로 그것이 신앙생활의 기쁨이요 보람입니다.

이 자리에는 젊은 세대들이 많습니다. 여러분은 부모님들이 살아온 삶의 내력을 알고 있습니까? 그렇지 못한 이들이 많을 겁니다. 부모들도 자녀들에게 자신들의 삶의 이야기를 들려줄 생각을 하지 못했을 겁니다. 저 역시 마찬가지입니다. 자녀에게 좋은 교육 여건을 만들어주기 위해 애를 쓰면서도, 우리가 겪었던 신산스런 과거, 즉 민주주의를 이루기 위해 우리가 어떻게 싸웠고, 경제 발전을 위해 어떻게 애썼는지, 또 확고한 신앙을 갖기 위해 어떤 노력을 했는지를 들려주지 않는다면, 그것은 매우 중요한 교육적 기회를 상실하는 것이라 하겠습니다.

참 사람의 씨앗을 뿌리는 사람들

기독교 교육이 출발해야 할 지점은 바로 여기입니다. 부모세대들이 살아가는 동안 느낀 기쁨과 슬픔, 공포와 희망, 그리고 그 속에서 경험했던 하나님의 은총과 위로를 전해주는 것이 그 시작이 되어야 합니다. 아브라함 조수아 헤셸은 유대인의 교육 과제를 몇 가지로 요약하고 있는데(《누가 사람이냐》, 종로서적, 1996, 176쪽) 그것은 그대로 우리에게도 해당하는 이야기라 생각되어 소개합니다.

첫째, 교육은 학생에게 살아 있는 존재의 신비와 놀라움을 느끼게 해주는 일이어야 합니다. 이것은 생명에 대한 감수성을 길러주는 일일 것입니다. 물 한 잔을 마셔도, 식탁 앞에 놓인 음식이나 과일을 맛보면서도, 그것이 우리 앞에 오기까지 온 우주가 참여해 마련한 것임을 안다면 어찌 감사한 마음이 일지 않겠습니까? 놀람을 가로막는 것은 '당연하다'는 생각입니다. 하지만 세상에는 당연한 것이 없습니다. 놀랄 줄 모르고 경탄할 줄 모르는 이들이 만들어내는 세상이 어떠할 것인가를 생각해보면 끔찍합니다. 학원에서는 이런 것을 가르쳐주지 않습니다. 이런 감성은 자연 속에서 오랜 시간을 보낼 때만 얻어집니다.

둘째, 자신이 무한하게 값진 존재이면서 동시에 모든 것을 빚으로 얻은 존재라는 사실을 깨닫게 해야 합니다. 경쟁에 시달리며 사는 많은 이들은 자존감을 갖지 못합니다. 경쟁에서의 패배는 곧바로 인생의 실패처럼 인식하기 때문입니다. 하지만 잘났든 못났든 우리는 하나님의 형상대로 지음 받은 소중한 존재입니다. 그리고 우리가 누리며 살고 있는 필수적인 것들은 거저 얻은 것이거나 다른 이들을 통해 주어진 것들입니다. 이걸 알면 지나친 비애에도 빠지지 않고, 오만함에 빠질 수도 없습니다. 자기에게 품부된 삶의 몫을 감사함으로 살아낼 뿐입니다.

셋째, 시간 속의 성聖, 곧 거룩함을 깨닫게 해주어야 합니다. 하나님은 "너희의 하나님인 나 주가 거룩하니, 너희도 거룩해야 한다"(레위기 19:2)고 하셨습니다. 일상의 모든 순간 하나님의 현존을 자각하고 살 때 우리 삶은 거룩해집니다. 맑아지고 순수해집니다.

넷째, 축제의 능력을 길러주어야 합니다. 하나님은 우리가 생을 경축하며 살기를 바라십니다. 요한은 예수님이 행하신 첫 번째 기적이 갈릴리 가나의 혼인잔치에서 물을 포도주로 바꾼 것이라고 말합니다. 요한이 굳이 그 사건을 예수님의 첫 번째 이적으로 기록한 까닭은 무엇일까요? 주님이 계신 곳에는 삶이 즐거운 축제로 변한다는 사실을 가르치고 싶었던 것은 아닐까요? 축제는 혼자서는 누릴 수 없습니다. 다른 이들을 우리 삶 속에 맞아들이고, 또 우리 자신도 기꺼이 손님이 되려는 열린 마음이 있을 때 축제는 시작됩니다.

사회가 요구하는 특정한 기능을 갖춘 사람이 되도록 하는 데서 그칠 뿐 참 사람이 되도록 돕지 못한다면 교육이 무슨 소용이 있겠습니까? 지금 이야기한 내용들은 오늘의 교육 현실이 거의 포기한 것들입니다. 하지만 그것보다 더 소중한 가치가 어디 있겠습니까? 너무 늦기 전에 우리의 교육이 지향해야 할 바에 대한 사회적 논의를 시작해야 합니다. 기독교 교육은 바로 공교육이 놓치고 있는 이 지점에 주목해야 합니다. 교회학교 교사들의 사명이 중대합니다. 바울 사도는 갈라디아 교인들에게 "나는 여러분 속에 그리스도의 형상이 이루어지기까지 다시 해산의 고통을 겪습니다"(갈4:19)라고 말합니다. 교사들은 이 마음을 가져야 합니다.

날이 갈수록 세상은 인간성의 황무지로 변하는 것 같습니다. 하지만 울면서라도 그 황무지에 참 사람됨의 씨앗을 뿌리는 이들이 필요합니다. 경쟁과 출세에 관한 이야기가 압도적인 세상이지만, 사랑과 섬김과 돌봄을 통해 이루어가는 하나님 나라 이야기를 들려주는 이야기꾼들이 사라지지 않는 한 희망은 있습니다. 자녀 세대에게 들려줄 신앙의 이야기가 아직 없다면 이제부터라도 그 이야기를 만들며 사십시오. 주님께서 그 여정 가운데 동행해 주실 것입니다.

깊은 고요 속의 간주곡

출애굽기 11:1-10

_____ 물이 피로 변하는 재앙에서부터 흑암 재앙에 이르기까지 숨 가쁘게 이어지던 이야기가 잠시 중단된다. 마치 오케스트라의 연주가 피날레를 앞두고 돌연 뚝 끊어지는 것과 같다. 그 멈춤의 순간 깊은 고요 속에서 청중들은 장엄하기 이를 데 없는 마지막 소리를 기다린다. 요한계시록도 비슷한 정황을 보여준다. 어린 양이 봉인을 하나하나 뗄 때마다 땅에 대한 심판이 즉각 시행되곤 했는데, 일곱째 봉인을 뗄 때는 하늘이 반 시간쯤 고요했다고 한다(요한계시록 8:1). 그 짧은 휴지부는 최후의 타격이 찾아오기 전 숨을 돌릴 수 있는 시간인 동시에, 성찰과 돌이킴의 기회이기도 하다. 출애굽을 앞둔 공동체에게는 먼 길을 떠날 채비를 해야 하는 시간이다.

탈출 준비

하나님은 모세에게 마지막 재앙이 내리면 바로는 즉시 히브리인들을 애굽에서 내보낼 것이라고 말씀하신다. 내보낸다는 말이 부족하다고 여기셨는지 쫓아낼 것이라는 말을 덧붙이고 있다. 그러니 백성들이 각기 이웃들에게 은금 패물을 구하게 하라고 이르신다. 과연 애굽 사람들이 그런 요구를 순순히 받아들일까? 하나님이 우리에게 뭔가를 지시하실 때는 그것을 수행할 수 있는 능력도 함께 주시는 법이다. 하나님께서 길 없는 곳에서 '가라' 하실 때는 이미 길을 예비하고 계신다. 본문은 그것을 이렇게 표현하고 있다.

> "여호와께서 그 백성으로 애굽 사람의 은혜를 받게 하셨고 또 그 사람 모세는 애굽 땅에 있는 바로의 신하와 백성의 눈에 아주 위대하게 보였더라"(11:3).

애굽 사람들이 관대하고 푼푼하기 때문이 아니다. 그들은 신적 공포에 질려 있었다. 모세가 바로의 신하와 백성에게 위대하게 보였다는 말은 찬탄이라기보다는 두려움을 자아내는 인물이었다는 뜻일 것이다. 애굽 사람들은 히브리인들이 자기들의 눈앞에서 사라지지 않는 한 연이은 재앙으로부터 벗어날 길이 없다는 사실을 직감했다. 오직 한 사람, 바로만 그 사실을 받아들이려 하지 않는 것이다.

히브리인들이 애굽 사람에게 은금 패물을 요구했다는 것은 나중에 나온 신명기 법전을 반영한 것인지도 모르겠다. 이스라엘 사람들이 히브리 남자나 여자를 종으로 삼았다면 일곱째 해에는 그를 자유인으로 돌려보내야 했다. 그때 주인은 그를 빈손으로 돌려보내면 안 된다. 그가 또다시 종으로 전락하지 않아도 될 만큼 넉넉하게 주어야 한다(신명기 15:12-15). 하나님은 출애굽 공동체가 새로운 삶을 시작하기 위해 필요한 것이 무엇인지를 잘 알고 계셨다.

맏이 혹은 맏배의 죽음 예고

이제 모세는 바로에게 나아가 최후의 통첩을 한다. 부탁도 협상도 아니다. 단호한 선언이다. 미구에 벌어질 일을 모세는 순차적으로 언급한다. 하나님이 한 밤중에 애굽 가운데로 들어가실 터인데, 그러면 애굽 땅에 있는 모든 처음 난 것이 다 죽으리라는 것이다. '바로의 장자'부터 '맷돌 뒤에 있는 몸종의 장자'에 이르기까지 예외는 없다. 그러면 애굽 역사상 전무후무한 큰 부르짖음이 일어날 것이다. 재앙의 날 어머니들의 비통한 울음소리가 귀에 들리는 듯하다. 출애굽의 서장에서 우리는 보았다. 아들을 낳은 히브리 여인들은 그 아기가 죽임을 당하는 것을 속절없이 지켜볼 수밖에 없었다. 애굽 땅에는 한 맺힌 여인들의 피울음이 배어 있다. 그런데 그 땅에서 또 다른 피울음이 터져 나오려 한다. 비극은 이렇게 반복된다. 하나님의 뜻을 받아들이려 하지 않는 바로와 제국의 강고한 태도는 결국 애굽 땅을 장례식장으로 만들고 만다.

모세는 그 재앙이 이스라엘 자손은 물론이고 그들에게 속한 가축들도 해를 입히지 않을 것이라고 말한다. 그것은 그런 재앙이 우연이 아니라 하나님의 단호한 의지에서 비롯된 일임을 보여주기 위한 것이다. 모세는 장자의 죽음이라는 마지막 재앙이 그 땅에 내린 후에 일어날 일들도 예견한다. "왕의 이 모든 신하가 내게 내려와 내게 절하며 이르기를 너와 너를 따르는 온 백성은 나가라 한 후에야 내가 나가리라"(11:8). 관계의 역전이 일어난다. 히브리인들을 도구적 존재로만 대하던 사람들이 이제 모세 앞에 내려와 절을 할 것이고, 한사코 그들을 붙잡으려 하던 이들이 이제는 제발 나가달라고 부탁할 것이다.

하지만 아직 그런 일은 일어나지 않았다. 장자의 죽음이라는 비극을 경험한 후에나 나타날 일들이다. 후회는 언제나 너무 늦게 찾아온다. 심연으로 추락하기 전에 돌이키는 이들은 많지 않다. 아집 때문이기도 하지만 더 근본적인 이유는 불신앙이다. 사람들은 눈에 보이지 않는 하나님보다는 눈에 보이는 것들을 더 소중히 여긴다. 그런데 가장 소중한 것은 눈에 보이지 않는다. 눈에 보이지 않는 것을 보는 것이 믿음이다.

유월절, 무교절

출애굽기 12:1-20

_____ 하나님의 시간은 다가온다. 더딘 것처럼 보일 때도 있지만 그날은 반드시 오고야 만다. 그날은 어떤 이들에게는 구원의 시간이고 또 어떤 이들에게는 심판의 시간이다. 아홉 번의 재앙을 겪고도 바로는 그것을 표징으로 받아들이려 하지 않았다. 그만한 위기로 무너질 제국이 아니라는 자신감 때문이었을 것이다. 수천 년을 이어온 나라 아닌가? 그 동안 위기가 얼마나 많았겠는가? 그때마다 그들은 위기를 해결해 오늘에 이르렀다. 바로는 이번에도 그 위기를 결국 돌파할 것이라고 스스로를 격려했을 것이다. 하지만 그것이 얼마나 근거 없는 자신감인지 곧 드러날 것이다. 돌이킬 시간을 주기 위해 유보되었던 마지막 재앙이 서서히 다가오고 있었다. 하지만 그 전에 꼭 해야 할 일이 있었다. 애굽을 탈출할 사람들을 하나의 공동체로 묶는 의식 말이다.

구원 체험을 상기시키는 유월절

하나님은 결정적 사건, 곧 이스라엘의 해방이 벌어질 그 달을 달의 시작, 한 해의 첫 달이 되게 하라 이르신다. 이것은 전적으로 새로운 역사가 시작됨을 상징한다. 이 달은 이스라엘력으로 아빕월인데 태양력으로 환산하면 3-4월 경이 된다. 애굽 혹은 팔레스타인 땅과 위도가 비슷한 나라에서는 봄철에 해당된다. 만물이 생장하는 계절을 한 해의 시작으로 잡는다는 생각이 근사하다. 하나님은 유월절 규례를 상세히 일러주신다. 이것은 출애굽 당시의 상황을 반영하기보다는 유월절 의식이 완전한 형태를 이룬 후대의 상황을 반영하고 있다. 글을 쓰는 이들은 시간적 순차에 따라서 정확하게 쓰는 것보다 그 의미를 드러내는 데 관심을 기울일 때가 많다.

아빕월 열흘째 되는 날 이스라엘의 모든 가족들은 어린 양이나 염소 한 마리를 선택해야 한다. 그것은 흠이 없어야 하고 일년 된 수컷이어야 한다. 굳이 수컷이어야 한다고 적시한 까닭은 애굽 땅에 닥쳐올 장자의 죽음을 암시하기 위해서일 것이다. 물론 다른 이유도 있었을 것이다. 암컷은 봄이 되면 새끼를 낳아야 했다. 식구가 적어 그 제물을 다 먹기 어려운 이들은 이웃들과 상의해서 적절한 분량을 계산해야 했다. 그러한 나눔은 공동체의 일치와 화합을 다지는 계기가 되었을 것이다.

어린 양은 바로 잡는 것이 아니라 잘 간직해 두었다가 열 나흗날 해질 무렵에 잡아야 했다. 선택에서 도살에 이르기까지

나흘이라는 시간의 간격이 있다.

유목민들에게 가축은 가족이나 마찬가지였을 텐데 오며가며 자기들을 위해 도살당할 짐승을 바라보며 그들은 어떤 생각을 했을까? 나의 생명은 다른 생명의 희생 덕분에 유지된다는 것을 절감했을까? 여하튼 그들은 어린 양을 잡아서 피는 양을 먹을 집 좌우 문설주와 인방에 발라야 했고, 고기는 불에 구워 무교병과 쓴 나물과 함께 먹어야 했다. 무교병은 누룩을 넣어 반죽을 부풀게 할 수 없을 정도의 급박한 정황을 상기시키는 것이고, 쓴 나물은 애굽에서 그들이 겪었던 극심한 고통을 상기시키는 것이었다.

유월절 음식을 먹을 때는 허리에 띠를 띠고 신을 신고 지팡이를 잡고 급히 먹으라는 말도 마찬가지다. 유월절 공동식사는 하나님의 구원 역사를 상기시키는 기억의 매체였다. 유월절 음식은 그날 저녁에 다 먹어야 했고, 다음 날 아침까지 남겨두지 말아야 했다. 부득이 남은 것은 아침에 태워 없애야 했다.

하나님은 그 밤에 애굽 땅을 두루 다니면서 사람이나 짐승을 막론하고 애굽 땅에 있는 모든 처음 난 것을 다 치고 애굽의 모든 신을 심판할 것이라고 예고하신다. 다만 문설주와 상인방에 피가 묻어 있는 집은 그냥 '넘어갈 것'이라 약속하셨다. '넘을 유踰' 자와 '넘을 월越'자가 결합된 유월절이라는 절기 이름은 여기에서 나온 것이다. 하나님의 사람들은 이처럼 시간 속에 마디[節]를 만들어 자기들이 경험한 구원 체험을 상기하곤 했다.

무교절, 하나님의 백성으로 구별됨

사실 유월절이나 무교절은 농경문화 축제와 관련된 절기였다. 그것이 이스라엘 사람들의 역사적 경험과 결합되면서 새로운 의미를 부여받게 된 것이다. 유월절은 아빕월에 행하는 절기인데 '아빕'이라는 단어는 '보리의 풋이삭'을 일컫는 말이다. 사람들은 이맘때가 되면 새해 소출이 많아지기를 빌면서 잡귀들이 틈타지 못하도록 하기 위해 어떤 의례를 행했다. 그것이 이스라엘의 해방 경험과 결합되어 주님의 구원을 상기하는 절기로 지켜졌다.

무교절은 아빕월 십오일부터 칠일 간 지내는 축제였다. 이 절기에는 누룩을 넣지 않은 빵(마짜 matsah)를 먹어야 한다. 그 까닭은 무엇일까? 누룩은 밀이나 보리 옥수수 등의 곡물을 찐 후 누룩곰팡이를 번식시킨 것이다. 누룩은 반죽 속에 들어가 뭔가 변화를 일으켰다. 그 때문에 사람들은 하나님께 바치는 제물에는 누룩이 들어가서는 안 된다고 믿었다. 누룩은 살림살이에 사용될 때는 유용한 것이지만, 상징으로 사용될 때는 부패와 타락의 대명사처럼 여겼다. 신약에서도 누룩은 인간이 경계해야 할 악덕을 상징할 때가 많다(마태복음 16:6, 고린도전서 5:8). 이스라엘 백성들은 누룩이 들지 않은 빵을 이레 동안 먹으면서 자기들이 하나님의 백성으로 구별되었다는 사실을 재확인하곤 했을 것이다. 일상적인 식사가 종교적 의례가 되고 있는 것이다.

마침내 찾아온 해방

출애굽기 12:21-51

_____ 출애굽 사건이 막 벌어지려는 순간 모세는 이스라엘의 장로들을 소집한다. 어떤 이야기를 하려는 것일까? 유월절 규례를 어떻게 지켜야 할지에 대해 세세히 설명하기 위한 것이었을까? 억압의 쇠사슬을 끊는 일은 결코 쉽지 않다는 사실을 주지시키면서 함께 인내하자고 말하려는 것이었을까? 아니면 자유에 이르는 길은 멀고 험하지만 그 길의 끝에서 그들을 기다리고 있는 젖과 꿀이 흐르는 땅에 대해 말하려는 것이었을까? 그렇지 않다. 당대인들은 물론이고 아직 태어나지도 않은 세대에게 전해야 할 기억에 대해 말하기 위해서였다.

　이스라엘 사람들은 가정이야말로 하나님의 구원 사역에 대한 기억을 전승하는 중대한 매체라고 생각했다. 유월절 예식에서 가장은 사제가 되어 의례를 집행할 뿐 아니라 교사가 되어 자녀들에게 하나님의 구원 이야기를 반복적으로 들려준다. 의례를 통해 각인된 구원의 기억은 삶이 아무리 힘겨워도 하나님이 함께 하신다는 사실을 일깨워주었을 것이다. 구원의 기억은 어떤 유형적인 자산보다도 귀한 유산이다.

처음 난 것들의 죽음

이스라엘 사람들이 하나님의 명령에 따라 모든 것을 다 행한 후에 마침내 그 무서운 마지막 재앙이 시작되었다. 그것은 모세나 아론을 통해 나타난 것도 아니었고, 자연질서의 파괴를 통해 나타난 것도 아니었다. 그것은 하나님의 직접적인 개입이라 말할 수밖에 없다. 그 밤에 애굽 땅에서는 신분 고하를 막론하고 모든 처음 난 것은 다 죽임을 당했다. 하필이면 왜 처음 난 것이었을까? 고대인들은 땅에서 돋아난 식물이나 과일의 맏물과 가축의 맏배와 마찬가지로 여인에게서 태어난 맏이는 하나님의 자비로운 선물이라고 생각했다. 그렇기에 그것을 하나님께 돌려드리는 것이 마땅하다고 여겼던 것이다. 지금도 불교권에서는 이런 전통을 지키는 나라들이 있다.

그렇다면 맏배와 맏이의 죽음은 생명의 하나님이 은총을 거두어들이셨음을 상징적으로 보여준다. 하나님은 당신의 뜻을 거역한 나라와 체제, 백성들을 잘 보살피기는커녕 그들을 수단으로 삼는 문명의 죽음을 선언하셨다. 체제 안정을 명분삼아 영아 학살을 획책하고, 하층민들의 정당한 삶의 권리를 인정하지 않는 세계, 죽임 당한 자들의 피가 땅에서 소리를 지르고 고역에 시달리는 이들의 신음소리가 하늘을 울리는 그런 세상을 하나님은 더 이상 두고 보실 수가 없었던 것이다. 돌이킬 수 있는 기회가 여러 번 주어졌지만 바로는 고집스럽게 그 기회를 붙잡지 않았다. 결국 그 땅은 죽음을 애도하는 곡성이 가득 찬 곳으로 변하고 말았다.

마침내 바로는 모세와 아론을 불러 '떠나라'고 말한다. 허락처럼 보이지만 사실은 부탁이다. 제발 빨리 떠나달라는 것이다. 그래서 이스라엘 사람들은 아직 발효되지도 않은 반죽 그릇을 옷에 싸서 어깨에 메고 황급히 그 땅을 떠났다. 이스라엘 백성들은 애굽을 떠나기 전에 애굽 사람들에게 은금 패물과 의복을 달라고 요구했다. 그것은 그동안의 무보수 노동에 대한 대가를 요구한 것일 수도 있고, 전쟁에서 승리한 이들이 거두어들이는 전리품일 수도 있다. 이때 성경은 하나님께서 개입하심을 통해 애굽 사람들은 별다른 저항없이 그들에게 필요한 것을 내주었다고 기록하고 있다.

자유를 향한 행진

해방을 위한 길고 긴 싸움 끝에 마침내 이스라엘은 애굽을 떠날 수 있게 되었다. 하지만 그것은 해방의 완성이 아니라 시작일 뿐이었다. 라암셋을 떠나 숙곳에 이르자 출애굽의 행렬은 계속 늘어났다. 유아 외에 보행하는 장정만 육십만 명이 되었다. 게다가 '수많은 잡족과 양과 소와 심히 많은 가축이 그들과 함께 하였다"고 한다. 여기서 말하는 '잡족erev rah'이란 해방 투쟁에 참여하지 않은 이들을 일컫는 말로 보인다. 그럼에도 불구하고 출애굽 공동체는 애굽의 전제정치 하에서 신음하던 그들을 배제하지 않았다. 고통의 연대가 일어난 것이다. 출애굽이라는 과실은 누군가가 독점할 수 있는 것이 아니었다. 전적으로 하나님께서 일으키신 일이었으니 말이다. 새로운 역사는 가장 연약한 이들까지 품고 가려는 마음을 통해 나타난다.

430년 전 애굽에 내려간 야곱의 일족이 70명이었는데, 그 사이에 인구가 그렇게 불어날 수 있겠느냐고 문제를 제기하는 이들이 있다. 고대 세계의 인구 증가 추세를 살피건대 그런 문제제기는 당연한 것이다. 하지만 숫자의 사실성에만 매이다 보면 출애굽 사건의 본질을 놓치게 된다. 우리가 주목해야 할 것은 사람 숫자가 아니라, 사람들을 자유의 길로 이끄시는 하나님의 의지이다. 육십만 명이 탈출하면 대단한 사건이고, 수 천 명이 탈출하면 사소한 사건일 수는 없지 않겠는가?

우회로로 인도하시다

출애굽기 13:1-22

기억 투쟁

탈출 공동체를 향해 여호와의 명령이 주어진다. 태에서 난 모든 것은 거룩히 구별하여 바치라는 것이다. '거룩', '구별', '바침'은 사실상 같은 의미 계열을 가진 말들이다. 거룩한 것은 구별된 것이고, 바치는 것은 거룩하게 하는 것이다. 하나님이 쓰실 수 있도록 드리는 것이기 때문이다. 11-16절은 1-2절의 확장이다. 탈출 공동체가 들어가 살게 될 땅에 이르면 그곳에서 태어난 모든 맏이나 맏배를 하나님께 봉헌해야 한다. 수컷은 하나님께 속한 것이기 때문이다. 그러나 나귀의 첫 새끼는 어린 양으로 대속할 수 있었다.

출애굽기 본문에서는 맏이를 대속하라는 말만 있을 뿐 어떻게 하라는 말은 나오지 않지만 민수기는 성전 세겔 다섯을 내라고 규정하고 있다(민수기 18:16). 대속代贖이란 대신 값을 치렀다는 뜻이다. 왜 이런 대속이 필요한 것일까요? 애굽에서 일어 났던 만배와 만이의 죽음을 기억하도록 하기 위해서다. 여기서 도 역시 '기억'이 중요하다. 잊지 말아야 할 것을 잊는 것이 인 간의 우매함이다. 망각은 애써 극복했던 과거를 다시 불러온 다. 시간은 모든 기억을 퇴색시킨다. 어떤 이는 과거를 반복하 지 않기 위해서는 '기억 투쟁'을 해야 한다고 말한다. 투쟁이라 는 말이 다소 호전적으로 들리지만, 망각과의 싸움이 쉽지 않 다는 사실을 지시하는 말로 받아들이면 될 것 같다. 성경은 도 처에서 망각에 저항하는 기억 투쟁으로서의 의례에 대해 말하 고 있다. 하나님의 백성들이 기억해야 할 것은 여호와의 구원 역사이다.

12장에서도 언급되었던 무교절 규정이 13장에서도 반복 된다. 그것 역시 기억 투쟁을 위한 장치라 할 수 있다. 하나님 께서 약속하신 대로 젖과 꿀이 흐르는 땅에 이르거든 아빕월 의 정해진 날에 무교병을 먹는 의식을 행하라는 것이다. 7절에 "네 땅에서 누룩을 네게 보이지 아니하게 하라"는 명령을 생 각해 보라. 행여라도 묵은 누룩이 집안에 남아 있을까 싶어 곳 곳을 뒤지는 가족들의 모습이 떠오른다. 그것은 번거롭고 성가 신 일이었을지는 몰라도 몸으로 기억을 되새기는 좋은 기회가 되었을 것이다. 부모는 자녀들과 함께 누룩을 찾으며 출애굽을 선물하신 하나님의 은혜를 가르쳐야 했다. 무교절기를 지키라 는 명령과 태에서 처음 난 것을 바치라는 명령을 마무리하는 구절은 거의 같은 내용이다.

"이것이 네 손의 기호와 네 미간의 표가 되리라 이는 여호와께서 그 손의 권능으로 우리를 애굽에서 인도하여 내셨음이니라 할지니라"(13:16, 참조 13:9-10).

구름 기둥과 불 기둥

하나님은 탈출 공동체를 지중해 해변인 블레셋 길로 인도하시지 않고 홍해의 광야 길로 인도하신다. 블레셋 길은 애굽에서 가나안으로 가는 최단거리다. 도보로 4-5일 정도 밖에 걸리지 않았다. 그 길은 대상들이 오가는 국제 교역로였다. 애굽 왕들이 북쪽의 적들을 정벌하기 위해 사용하던 작전도로이기도 했다. 문제는 바로 이것이다. 그 길은 북쪽의 적들이 애굽을 공격할 때도 사용할 수 있었다. 애굽은 이 길을 지키기 위해 수에즈 지협을 따라 방어선을 구축해놓았다. 애굽의 문헌은 이 방어선을 '호루스의 장벽'이라고 불렀다. 애굽 신화에 따르면 호루스는 오시리스와 이시스의 아들로 매의 형태로 표현되었다. 고대 애굽의 주신이었던 호루스는 바로의 왕권을 보호하는 역할을 자임했다. 호루스의 장벽이라 불리는 곳에는 도처에 애굽의 군사요새가 있었다. 하나님께서 탈출 공동체를 우회로로 인도하신 것은 예기되는 전투가 그들의 사기를 떨어뜨릴까 염려하셨기 때문이다. 하나님은 이스라엘 백성들이 큰 시련과 고난에 맞설 준비가 되어 있지 않다는 사실을 너무나 잘 알고 계셨다. 우회로는 먼 길이지만 때로는 가장 가까운 길일 수도 있다. 정치적 변화는 빠를 수 있지만 사람이 변화하는 데는 시간이 걸린다. 급하다고 해서 바늘을 실에 매어 쓸 수는 없는 법이다. 지향만 분명하다면 더디고 빠른 것에 너무 예민할 필요가 없다.

우리가 한 가지 더 주목해야 할 것이 있다. 출애굽이라는 그 긴박한 순간에 모세는 요셉의 유골을 수습한다. 굳이 그 이야기를 기록한 것은 출애굽 이야기를 성조聖祖들의 이야기와 연결시키기 위해서다. 요셉은 임종의 자리에서 하나님께서 약속의 땅으로 그 백성들을 인도하실 것이라고 확언한 후에 자기 해골을 메고 올라가 달라고 부탁한다(창세기 50:22-26). 그러니까 요셉의 유골은 출애굽 사건이 우연히 일어난 일이 아니라 하나님의 섭리 속에서 일어난 일임을 가시적으로 보여주는 징표이다.

탈출 공동체는 숙곳을 떠나 광야 끝 에담에 장막을 쳤다. 여호와께서 앞서 가시며 낮에는 구름 기둥으로 그들의 길을 인도하시고, 밤에는 불기둥으로 그들의 길을 밝혀주셨다. 구름 기둥과 불기둥은 당신의 백성과 함께 계시는 하나님을 사실적으로 묘사한 하나의 표상이라 할 수 있다. 이런 표현은 어떤 의미에서 시적인 표현이라고 하겠다. 시편 기자는 하나님의 세계를 이렇게 노래한다.

"주께서 옷을 입음 같이 빛을 입으시며 하늘을 휘장 같이 치시며 물에 자기 누각의 들보를 얹으시며 구름으로 자기 수레를 삼으시고 바람 날개로 다니시며"(시편 104:2-3).

이스라엘 사람들은 언제나 자기들과 동행하시고 든든한 보호자가 되어 주시는 하나님의 현존을 구름 기둥과 불기둥이라는 멋진 은유로 드러내고 있다.

가만히 서서 구원을 보라

출애굽기 14:1-14

의도적 방황

애굽을 탈출한 공동체는 행군 경로를 변경해야 했다. 임의의 선택이 아니라 "바다와 믹돌 사이의 비하히롯 앞 곧 바알스본 맞은편 바닷가에 장막을 치게 하라"(2절)는 여호와의 지시에 따른 것이었다. 믹돌, 비하히롯이 어딘지는 정확히 알 수 없다. 그러나 바알스본이라는 곳은 매우 상징적인 장소다. '바알'은 가나안의 최고신이었고, 스본은 바알 제의의 중심이었다. 탈출 공동체는 아직 가야 할 곳에 이르지 못했지만 바알스본 맞은 편에 장막을 쳐야 했다. 또 다른 대결을 예고하는 것인지도 모르겠다.

그러나 역사의 주도권을 쥐고 있는 분은 하나님이시다. 하나님은 히브리인들이 원래의 행군 경로를 이탈하여 우왕좌왕하고 있다는 보고를 받으면, 바로는 그들이 광야에 갇혔다고 판단하고 무모한 용기를 낼 것임을 내다보고 계신다. 하나님이 다시 한 번 바로의 마음을 완악하게 만드시면 바로가 군대를 이끌고 탈출 공동체를 추적할 것이고, 하나님은 그들을 물리치심으로 당신의 영광을 드러내시리라는 것이다. 영광으로 번역된 단어의 원래 의미는 '무게'이다. 하나님은 '헛것'에 불과한 우상들과는 달리 스스로 무게를 지니신 분이시다.

추격자들

히브리인들이 탈출했다는 사실이 알려지자 바로와 그의 신하들은 아차 싶었던 것 같다. 거듭되는 재앙이 야기했던 불편과 두려움이 사라지자 그들은 현실의 득실을 따지기 시작했다. 이스라엘 백성들을 고이 놓아 보내는 것은 여러 면에서 손해라고 판단했다. 일차적으로는 애굽의 부를 만들어내던 노동력의 상실이 떠올랐을 것이다. 게다가 바로의 체제가 밑바닥부터 흔들리고 있다는 사실은 차마 인정하기 싫었을 것이다. 그래서 바로는 선발된 병거 육백 대와 애굽의 모든 병거에 동원령을 내렸다. 최강을 자랑하는 애굽의 병거 부대가 무장조차 하지 않은 탈출 공동체를 뒤쫓는다. 이스라엘 백성들의 운명은 풍전등화와 같았다. 그런데 성경은 "여호와께서 애굽 왕 바로의 마음을 완악하게 하셨으므로 그가 이스라엘 자손의 뒤를"(8절) 따랐다고 말한다. 단순한 듯 하지만 이 말은 강력하다. 이 말은 모든 일들이 하나님의 계획 속에서 벌어지고 있다는 뜻이다.

즉 하나님께서 그 상황을 통제하고 계시다는 말이다.

이런 사실을 깨닫고 보면 "애굽 사람들과 바로의 말들, 병거들과 그 마병과 그 군대가 그들의 뒤를 따라 바알스본 맞은편 비하히롯 곁 해변"(9절)에 미쳤다는 말은 더 이상 위협이 되지 않는다. 바로는 여전히 자기 한계를 인식하지 못한다. 인권을 유린당하는 이들에 대한 하나님의 깊은 관심을 깨닫지 못하고 있다. 성서 기자가 바로의 지시를 받던 군대의 위용을 저렇듯 상세하게 묘사하는 것은 그들의 허망한 패배를 암시하기 위한 극적인 장치인지도 모르겠다. 허세가 심할수록 추락이 더 아찔한 법이다.

그런데 우리는 일의 결말을 알고 있기에 긴박함 속에서도 느긋하게 이 대목을 읽고 있지만 탈출 공동체는 그러지 못했을 것이다. 바로가 보낸 추격자들의 모습이 보이고, 요란한 말발굽소리가 지축을 울리자 이스라엘 백성들은 공포에 사로잡혀 울부짖는다. 느닷없이 닥쳐온 위협이 그들의 기억을 지워 버렸다. 그들은 자기들 가운데 계시면서 자기들을 해방의 길로 인도하신 하나님을 까맣게 잊었던 것이다. 공포에 사로잡힌 사람은 비난할 대상을 찾게 마련이다. 자기들 속에 들끓고 있는 분노와 공포를 타인에게 전가하려는 것은 약자들의 버릇이다. 이스라엘 백성들은 왜 우리를 이끌어 내서 광야에서 죽게 하느냐며 모세를 비난했다. 이렇게 허망하게 죽기보다는 차라리 애굽 사람을 섬기며 사는 것이 낫겠다고까지 말한다. 그들은 아직 자기 삶의 주체가 되지 못했다. 참된 자유인으로 살기 위해서는 대가를 지불할 용기가 필요하다. 하지만 아직은 때가 아니다. 그들은 여전히 정신적으로 독립하지 못한 어린아이들이다. 그렇기에 모세는 그들의 마음을 위무憫撫하며 말한다.

"너희는 두려워하지 말고 가만히 서서 여호와께서 오늘 너희를 위하여 행하시는 구원을 보라 너희가 오늘 본 애굽 사람을 영원히 다시 보지 아니하리라"(13절).

'가만히 서서'라는 말은 동요하지 말라는 뜻이다. 백성들이 할 일은 오직 하나님을 신뢰하는 것뿐이다. 신뢰는 믿고 맡기는 것이다. 사실 그 압도적인 애굽의 병거 부대 앞에서 그들이 할 수 있는 일은 아무 것도 없었다. 저항을 한다 해도 금방 궤멸될 게 뻔했다. 하지만 옛 말에도 있듯이 호랑이에게 물려가도 정신만 차리면 사는 법이다. 정신을 차린다는 말을 신앙적 언어로 번역하면 '하나님의 마음에 접속한다'가 되지 않을까?

모세는 그들이 믿기만 하면 전무후무한 일을 경험하게 될 것임을 예고한다. 그의 백성을 위해 싸우시는 하나님에 대한 절대적 신뢰에서 나온 확언이다. 이 믿음이 있어야 삶이 든든해진다.

갈 라 진 바 다

출애굽기 14:15-31

눈에 보이지 않아도

어느 신학자는 믿음을 일러 '불가능의 가능성'impossible possibility이라고 했다. 이 세상에서 하나님의 아가페적 사랑을 실천하며 산다는 것은 현실적으로 불가능하다. 인간의 뿌리 깊은 죄성 때문이다. 하지만 그런 꿈과 지향이 없다면 인간 공동체는 무너지고 말 것이다. 불가능해 보이지만 기어코 이루어야하는 것이 있다.

믿음이란 바라는 것을 실현하는 것이고, 눈에 보이지 않는 것을 꿰뚫어보는 것이다. 아무리 눈이 좋아도 우리는 바다에난 길을 볼 수 없다. 하지만 세상을 만드신 하나님은 그 길을보고 계신다. 우리 눈에 보이지 않는다고 하여 없는 것이 아니다. 하나님 안에서는 있음과 없음의 경계가 사라진다. 하나님은 모세에게 그가 해야 할 일을 지시하신다.

"이스라엘 자손에게 명령하여 앞으로 나아가게 하고 지팡이를
들고 손을 바다 위로 내밀어 그것이 갈라지게 하라 이스라엘 자
손이 바다 가운데서 마른 땅으로 행하리라"(15b-16절).

넘실거리는 물을 향해 가라는 명령처럼 부당한 명령이 어디
에 있겠는가? 모세에게는 바로의 군병과 병거가 없었지만, 함
께 하시는 하나님에 대한 기억의 매개물인 지팡이가 있었다.
그가 손을 바다 위로 내밀면 바다가 갈라지리라는 것이다. 전
대미문의 사건이 예고되었지만 그것을 마음으로 받아들이기
란 여간 어려운 일이 아니었을 것이다. 자칫하면 놀림감이 될
수도 있는 순간이었다. 하지만 모세는 하나님의 명령대로 행한
다. 믿음이란 반지빠른 계산이 아니다. 모험이다.

이스라엘 진 앞에 가던 하나님의 사자가 그들의 뒤로 옮겨
가자 구름 기둥도 그곳으로 이동했다. 자연스레 애굽 진과 이
스라엘 진 사이에 경계가 생겼다. 하나님이 그어놓으신 그 경
계는 누구도 철폐할 수 없다. 애굽 진영에는 구름과 흑암이 있
었고, 이스라엘 진영에는 빛이 있었다. 마치 그들의 운명을 예
고하는 것 같다.

예기치 않은 사건

마침내 모세가 바다 위로 손을 내밀자 동풍이 불어왔다. 그리
고 그 바람에 밀려 바닷물이 물러갔고, 바다가 마른 땅과 같이

되었다. 이스라엘 백성들은 좌우에 벽처럼 일어선 바다 사이를 걸었다. 과학적 무신론자들은 성경에 나오는 이런 이야기를 근거로 해서 종교는 미숙한 영혼들을 사로잡고 있는 거짓이라고 비웃는다. 근본주의자들은 하나님의 전능하심을 강변하면서 인간에게는 불가능한 일도 하나님께는 가능하다고 주장한다. 둘 사이의 접점은 없다. '벽처럼 일어선 물'이 사실인지 아닌지는 중요하지 않다. 그런 표현을 통해 이스라엘 사람들은 절박한 상황 속에서 그들 속에 현존하시며 구원해주신 하나님을 드러내고 있기 때문이다. 이사야는 그런 구원 체험을 이렇게 표현했다.

"네가 물 가운데로 지날 때에 내가 너와 함께 할 것이라 강을 건널 때에 물이 너를 침몰하지 못할 것이며 네가 불 가운데로 지날 때에 타지도 아니할 것이요 불꽃이 너를 사르지도 못하리니"(이사야 43:2).

우리가 주목해야 하는 것은 그 다음에 일어난 일이다. 이스라엘 백성들이 물벽 사이로 난 길을 따라 바다를 건널 때 추격자들도 그 뒤를 따라왔다. 그 위험한 순간 애굽 진을 내려다보시던 주님이 그들을 혼란에 빠뜨리셨다. 병거 바퀴가 갯벌에 박혀 앞으로 나갈 수도 뒤로 물러설 수도 없게 된다. 고대 세계의 가장 강력한 군대가 옴쭉달싹 못하는 상황에 빠진 것이다.

갑작스러운 신적 공포가 그들을 사로잡았다. 그들은 비로소 여호와께서 이스라엘 백성들과 함께 하신다는 사실을 깨달았다. 황급히 도망하려 했지만 그럴 수 없었다. 모세가 바다 위로 손을 내밀자 물의 힘이 회복되어 그들을 덮었다.

오늘 본문의 중심은 '기적'이 아니라 '아이러니'다. 애굽이 자랑하던 무기와 장비가 한 순간에 무용지물이 되었다. 가장 강력한 제국의 군대가 무력하기 이를 데 없음이 드러났다. 강함과 약함이 뒤집혔다. 하나님은 당신을 조롱하고 거스르는 세력들을 조롱거리로 만드신다. 하나님은 인간의 교만hubris을 꺾으시는 분이시다. 알랭 바디우는 '존재론적 단절'로서의 '사건' 개념을 제안한 바 있다. 바다가 갈라지는 사건이야말로 세계의 운명을 바꿔놓는 일대 사건이었다. 하나님의 시간이 다가오면 불의는 정죄 받고 정의가 회복된다. 바울 사도는 십자가의 도가 구원받는 사람들에게는 하나님의 능력이지만 멸망당할 자들에게는 어리석은 것이라고 말했다. 진짜 어리석음은 자기가 지혜로운 줄 아는 것이다. 진짜 무력함은 자기가 강한 줄 아는 것이다.

바다의 저편에서 하나님에 대한 신뢰를 저버렸던 이스라엘 백성들은 하나님의 큰 능력을 몸으로 경험한 후에야 비로소 여호와를 경외하게 되었다. 물론 그것으로 그들의 믿음이 반석처럼 든든해진 것은 아니다. 아직도 가야 할 길이 멀기만 하다.

message 3

믿음이 곧 길이다

바로가 다가오고 있었다. 이스라엘 자손이 고개를 들고 보니, 이 집트 사람들이 그들을 추격하여 오고 있었다. 이스라엘 자손은 크게 두려워하며, 주님께 부르짖었다. 그들은 모세를 원망하며 말하였다. "이집트에는 묘 자리가 없어서, 우리를 이 광야에다 끌어내어 죽이려는 것입니까? 우리를 이집트에서 끌어내어, 여기서 이런 일을 당하게 하다니, 왜 우리를 이렇게 만드십니까? 이집트에 있을 때에, 우리가 이미 당신에게 말하지 않았습니까? 광야에 나가서 죽는 것보다 이집트 사람을 섬기는 것이 더 나으니, 우리가 이집트 사람을 섬기게 그대로 내버려 두라고 하지 않았습니까?" 모세가 백성에게 대답하였다. "두려워하지 마십시오. 당신들은 가만히 서서, 주님께서 오늘 당신들을 어떻게 구원하시는지 지켜보기만 하십시오. 당신들이 오늘 보는 이 이집트 사람을 다시는 볼 수 없을 것입니다. 주님께서 당신들을 구하여

주시려고 싸우실 것이니, 당신들은 진정하십시오." 주님께서 모
세에게 말씀하셨다. "너는 왜 부르짖느냐? 너는 이스라엘 자손
에게 명하여, 앞으로 나아가게 하여라. 너는 지팡이를 들고 바다
위로 너의 팔을 내밀어, 바다가 갈라지게 하여라. 그러면 이스라
엘 자손이 바다 한가운데로 마른 땅을 밟으며 지나갈 수 있을 것
이다"(출애굽기 14:10-16).

사람은 누구나 후회를 하면서 살아갑니다. 인생이란 선택이
고, 선택은 취할 것[取]과 버릴 것[捨]을 가리는 것입니다. 삶
이란 모호한 것이기에 우리의 선택이 늘 옳을 수는 없습니다.
'그때 그 인연을 소중히 했어야 했는데', '그때 그 기회를 꼭 잡
아야 했는데', '그를 택하는 게 아니었는데…' 후회 없이 살았
다고 말하는 사람도 있지만 그건 거짓말이든지, 망각의 결과이
든지, 자기 합리화의 과정일 것입니다. 저는 많이 후회하며 살
고 있습니다. 그런데 살아가면서 후회도 하는 것이 인생이지
만, 그 후회가 퇴행적인 삶을 부른다면 그건 이중의 실패입니
다. 물론 잘못된 것을 고치는 것은 빠를수록 좋습니다. 우리는
그것을 회개라고 부릅니다. 회개의 목적은 바른 길을 찾아 나
아가기 위함입니다.

바로의 후회

본문은 두 종류의 후회를 상징적으로 보여줍니다. 첫 번째는

바로의 후회입니다. 열 가지의 재앙을 경험하면서 그는 신적인 공포에 사로잡혔습니다. 하지만 히브리인들이 광야로 나가는 것을 허용한 것은 그 때문이었습니다. 히브리인들이 썰물처럼 애굽을 떠나 광야로 향했을 때 뒤늦은 후회가 그를 사로잡았습니다. 대제국의 왕으로서 신적인 존재로 추앙 받기까지 하는 자기가 제대로 힘 한번 못 써보고 굴복했다는 사실을 도저히 받아들일 수가 없었습니다.

"우리에게 종살이하던 이스라엘 백성을 이렇게 풀어 주어 놓아 보내다니, 어쩌자고 이렇게 하였는가?"(14:5)

노예를 해방한다는 것은 애굽의 경제에도 막대한 영향을 끼치는 일대 사건이었습니다. 경제적 어려움은 곧바로 바로의 지도력에 대한 의혹으로 이어질 것이고, 민심은 급격히 이반될 것임을 그는 알아차렸습니다. 그래서 그는 자기 결정이 잘못된 것이었다고 판단했습니다. 그는 군사 동원령을 내립니다. 장군들로 하여금 특별 병거 육 백승과 애굽의 모든 병거를 몰고 나가 히브리인들을 몰아오라는 것입니다. 무장도 하지 않고, 군사 훈련도 받지 않은, 그리고 어린아이부터 노인까지 뒤섞여 있는 노예들을 붙잡기 위해 이런 군사력이 꼭 필요했을까요? 아닐 겁니다. 바로는 자기 힘을 과시하고 싶었던 것입니다. 애굽의 백성들에게, 히브리인들에게, 그리고 자기 자신에게 말입니다.

백성들의 후회

후회하는 것은 히브리인들도 마찬가지입니다. 소풍을 떠나듯 흥겹지는 않았겠지만, 젖과 꿀이 흐르는 땅으로 간다는 사실에 그들의 마음은 어지간히 설레였을 것입니다. 갈대 바다 옆에 진을 치고, 좋은 꿈꾸라고 서로 축복하면서 잠자리에 들 무렵, 그들은 멀리서부터 지축을 흔드는 요란한 소리를 들었습니다. 그 소리는 점점 가까이 다가오고 있었습니다. 젊고 건강한 이들이 달려 나가 소리의 진원지를 찾았을 겁니다. 그리고 그들은 하얗게 질린 채 진영으로 달려옵니다. 큰 일 났다고, 이제는 다 죽었다고, 애굽의 군병들이 끝도 없이 밀려오고 있다고, 그들은 아예 울부짖으며 외칩니다. 그들의 울부짖음은 백성들을 급격한 공포와 두려움의 벼랑으로 몰아갔을 겁니다.

두려움은 일쑤 원망의 대상을 찾기 마련입니다. 그들의 두려움은 보이지 않는 하나님을 향하지도 않았고, 그들에게 또 다시 노예의 멍에를 안기려는 바로와 그의 군대를 향하지도 않았습니다. 압도적인 힘 앞에서 자유의 꿈은 꽁꽁 얼어붙었습니다. 그들의 원망은 자기들을 그런 운명으로 인도한 모세를 향합니다. 누구라 할 것도 없이 사람들은 외칩니다.

"이집트에는 묘 자리가 없어서, 우리를 이 광야에다 끌어내어 죽이려는 것입니까?"(14:11)

죽음의 공포가 몰려오자 자유의 금빛 꿈은 돌연 빛을 잃고 굴종과 생존이 매력적으로 보이게 된 것입니다. 억압과 공포에 길들여진 노예들의 슬픈 모습입니다. 이것은 수천 년 전 중동의 변방에서 일어난 몽매한 과거사가 아닙니다. 이것은 지금도 역사 속에서 되풀이되고 있습니다. 우리 속에 있는 속물은 시도 때도 없이 우리를 유혹합니다. 괜히 어려움을 자초할 게 뭐냐고, 가늘고 길게 사는 게 제일이라고 말입니다. 세상을 굳이 모나게 살 게 뭐냐고, 타협도 할 줄 알아야 한다고 말입니다. "이 몸이 죽고 죽어/일 백 번 고쳐 죽어/넋이라도 있고 없고/임 향한 일편단심이야 가실 수가 있으랴" 하는 정몽주의 단심가丹心歌보다는 "이런들 어떠하리, 저런들 어떠하리, 만수산 드렁칡이 얽혀진들 어떠하리. 우리도 이같이 얽혀져 백년까지 누리리라" 하는 이방원의 하여가何如歌가 인기를 얻고 있습니다.

실상 자유의 길은 위험과 불확실함으로 가득 차 있습니다. 히브리인들은 바로의 힘을 잘 압니다. 바로라는 단어만 들어도 그들의 몸은 반응을 일으킵니다. 기억은 몸에도 새겨집니다. 매 맞고 자란 개는 막대기만 보아도 꼬리를 사립니다. 구체적인 두려움과 떨림이 그들을 사로잡았습니다. 거기에 비해 하나님은 너무 멀리 계신 것 같습니다. 그리고 눈에 보이지도 않습니다. 후회와 원망과 아우성, 이건 믿음에 굳게 서지 못한 어쩔 수 없는 히브리인들의 한계입니다.

모세의 선택

이제 바로와 백성들 사이에 서있는 모세에 주목해 볼 필요가 있습니다. 성경은 모세의 두 얼굴을 보여줍니다. 하나는 담대한 모습이고 다른 하나는 두려워하는 모습입니다. 모세는 백성들을 안돈시키면서 염려하지 말라고 말합니다.

"두려워하지 마십시오. 당신들은 가만히 서서, 주님께서 오늘
당신들을 어떻게 구원하시는지 지켜 보기만 하십시오. 당신들
이 오늘 보는 이 이집트 사람을 다시는 볼 수 없을 것입니다"
(14:13).

모세는 출애굽 사건의 주체가 하나님이심을 상기시킵니다. 계획하신 분도 하나님이시고, 이끌어 가실 분도 하나님이니 안심하라는 것입니다.

"주님께서 당신들을 구하여 주시려고 싸우실 것이니, 당신들은
진정하십시오"(14:14).

참으로 대책 없는 믿음입니다. 말발굽 소리와 병거의 요란한 굉음에 비해 이 말은 얼마나 연약합니까? 아무리 억누르려고 애써도 속절없이 두려움이 찾아와 슬며시 그의 가슴을 짓누릅니다. 백성들 앞에서는 그리 할 수 없지만 홀로 있는 자리에서

모세는 하나님 앞에 부르짖습니다.

"하나님, 어찌 해야 합니까?"

아무도 그를 대신해서 선택할 수 없는 절대절명의 자리에서 그는 처절한 고독을 경험합니다. 그것은 영혼의 어둔 밤입니다. 그가 할 수 있는 일이라고는 그저 엎드리는 것뿐입니다. 마침내 하나님의 음성이 들려옵니다.

"너는 왜 부르짖느냐?"(14:15).

그의 연약한 믿음에 대한 책망처럼 들리지만, 이 음성은 하나님이 함께 하신다는 확약이기도 합니다. 부르짖음을 통해 모세는 하나님이 개입하실 수 있도록 마음을 열었고, 하나님은 기꺼이 그의 마음에 들어와 두려움을 몰아내십니다. 밤이 낮보다 밝다는 말이 있습니다. 육안으로는 아무 것도 볼 수 없는 밤에 영혼이 눈을 뜨기 때문입니다. 모세는 고독의 심연에서 살아 계신 하나님을 향한 굳은 믿음을 붙잡았습니다. 살다보면 어려운 일도 겪게 마련입니다. 아무도 도와줄 이 없는 절체절명의 순간, 오직 하나님을 향할 수밖에 없을 때 하나님은 우리 삶에 개입해 주십니다.

언젠가 들은 노래 가운데 "슬픔의 파도에 떠밀려도 희망의 해안에 닿는다"는 노랫말이 있습니다. 모세는 두려움의 파도에 떠밀리면서도 오히려 하나님의 마음이라는 희망의 해안에 당도했습니다. 모두가 두려움에 밀려 아우성을 치는 그 혼돈의 시간에 홀로 희망의 등불 하나를 밝히는 사람, 모두가 뒤로 돌아서 바로의 위세를 바라볼 때 홀로 하나님을 향해 서는 사람, 바로 그들이야말로 세상을 새롭게 하는 이들입니다. 이제 모세는 명령을 받을 준비가 되어 있습니다.

믿음이 곧 길이다

"이스라엘 자손에게 명하여, 앞으로 나아가게 하여라"(15절).

어디로 가란 말입니까? 그들 앞에는 넘실거리는 물 밖에 없습니다. 길은 없습니다. 하지만 그들은 앞으로 나가라는 명령을 받고 있습니다. 믿음 없이는 따를 수 없는 명령입니다. 믿음은 모험입니다. 거래가 아닙니다. 계산에 재빠른 사람들은 믿음의 길을 걷기 어렵습니다. 우직한 사람이라야 믿을 수 있습니다. 아브라함은 갈 바를 알지 못한 채 '떠나라'는 명령에 순종했습니다. 베드로는 '오라'는 명령에 사납게 일렁이는 바다에 뛰어들었습니다. 예수님은 이해할 수 없는 하나님의 침묵을 응답으로 알고 죽음을 향해 온 몸을 내던졌습니다. 백척간두진일보百尺竿頭進一步, 이게 믿음입니다.

이스라엘 백성들은 바로의 군대가 바로 등 뒤에 닥쳐온 그 순간, 진퇴양난의 위기 상황에서 믿음을 요청 받고 있습니다. 순종에 이르는 믿음 말입니다. 하나님에 대한 믿음을 가지고 바다로 걸어 들어가든지, 현실적인 위협에 굴복하여 무릎을 꿇든지 이제 둘 중의 하나입니다. 그들은 노예적인 굴종의 과거보다는 위험이 따르는 자유의 미래를 택했습니다. "무릎을 꿇고 사느니보다 서서 죽기를 원하노라." 우리는 압니다. 그들 앞에 바다가 길을 열어 준 것을 말입니다. 믿음이야말로 길입니다. 모두가 불가능하다고 말할 때에도 믿음의 사람들은 뚜벅뚜벅 걸어갑니다. 자신의 힘을 믿는 것이 아니라, 하나님의 능력을 믿기 때문입니다.

우리가 걸어가야 할 길

"춤추는 별을 낳기 위해서는 혼돈이 필요하다." 프리드리히 니체의 말입니다. 혼돈을 거치면서 우리는 더 큰 질서를 만들어갑니다. 만물은 흔들리면서 흔들리는 만큼 튼튼한 줄기를 얻는다지요? 때로 우리 마음이 흔들릴 때에도 "여호와께서 너희를 위하여 싸우시리니 너희는 가만히 있을지니라" 하는 음성에 귀를 기울이십시오.

인권이 유린되고, 사상과 표현의 자유를 박탈당했던 과거로 회귀해서는 안 됩니다. 다양한 삶의 방식들이 존중되고, 몸과 마음에 장애를 안고 살아가는 우리 이웃들, 비정규직 노동자,

노인과 어린이, 그리고 소외계층들이 인간대접을 받으며 사는 새 역사를 이루기 위해, 우리는 믿음을 가지고 꾸준히 걸어가야 합니다.

우리는 이미 한 발을 물속에 들여놓았습니다. 우리가 가야 할 그 길은 주님께서 이미 앞서 걸으신 길입니다. 눈에 보이진 않지만 하나님의 권능은 바로의 군사력보다 위대합니다. 이건 비교조차 할 수 없습니다. 세상일을 보면서 이따금 속상할 때도 많지만, 마침내 정의를 이루실 하나님이 계시기에 낙심하지 않습니다. 바울 사도의 말이 우리의 고백이 되기를 원합니다.

"하나님이 우리 편이시면 누가 우리를 대적하겠습니까?"(로마서 8:31b).

모 세 의 노 래

출애굽기 15:1-18

찬양의 이유

사람들은 슬퍼도 노래를 부르고, 기뻐도 노래를 부른다. 노래
는 힘을 북돋기도 하고, 상처 입은 마음을 어루만지기도 하고,
흩어졌던 이들의 마음을 하나로 묶어주기도 한다. 홀로 부르는
노래도 아름답지만 함께 부르는 노래는 더 아름답다. 굳이 화
음을 이루지 않아도 괜찮다. 노래를 함께 부르는 이들은 기억
과 정서를 공유하는 이들이다. 찬양은 우리 삶을 하늘의 렌즈
를 통해 바라보도록 해준다.

　　바다를 건넌 이스라엘 백성들은 함께 노래를 불렀다. '나'라
는 일인칭으로 불리기에 사람들은 그것을 모세의 노래라고 명
명했다. 하지만 그것은 모세가 작사·작곡했다는 말이 아니라,
모세로 대표되는 구원받은 공동체의 노래라는 뜻이다. 일단 노
래로 불리는 순간 그것은 한 개인이나 특정한 세대의 경험에

국한되는 것이 아니라 노래를 부르는 이들의 보편적 경험과 고백이 된다. 찬송의 이유는 단순하다.

> "내가 여호와를 찬송하리니 그는 높고 영화로우심이요 말과 그 탄 자를 바다에 던지셨음이로다"(1절).

높고 영화로우신 하나님은 말과 그 탄 자를 바다에 던지신 분이시다. 정지용의 시 가운데 "말아, 다락 같은 말아,/너는 점잖은 하다만은/너는 왜 그리 슬퍼 뵈니?"(〈말〉 부분) 하는 시구가 있다. 어린아이의 눈으로 보면 말은 다락처럼 높아 보일 것이다. 억압당하는 이들도 마찬가지였을 것이다. 말을 탄 자는 사람들 속에 두려움을 자아낸다. 그런 이들을 하나님이 바다에 던져버리셨기에 찬양을 하지 않을 수 없다는 것이다. 바다로부터 구출받기 위해 그들이 한 일은 아무 것도 없었다.

그렇기에 이스라엘 백성들은 자기들을 구원하신 하나님을 표현하기 위해 다양한 은유를 사용한다. '나의 힘', '노래', '나의 구원', '나의 하나님', '용사'(2-3절). 하나님은 인식의 대상이 아니라 경험의 대상이다. 그렇기에 하나님은 '서술어'로만 표현될 수 있다. 각각의 은유가 탄생하게 된 삶의 절실함을 생각해볼 필요가 있다. 무력함에 사로잡히지 않았다면 어떻게 그분을 '힘'이라고 표현할 수 있겠으며, 절망의 심연에서 말을 잃어버린 경험이 없다면 어떻게 그분을 '노래'라고 표현할 수 있겠는가.

하나님의 승리

하나님의 위대하신 구원을 찬양하던 노래는 하나님이 어떻게 원수를 물리치셨는지를 고백한다. 하나님은 큰 위엄으로 주를 거스르는 자를 엎으신다. 성경이 증언하는 하나님은 억압받는 이들의 신음소리가 들려올 때마다 분노하시는 분이시다. 하나님은 때로 격렬한 감정을 드러내신다. 마음의 평정을 최고의 덕으로 여기는 스토아 철학자들이나 에피큐로스 학파 사람들이 보기에 격렬한 감정을 드러냄은 미성숙의 징표이다. 그러면 하나님도 미성숙하신 것일까? 하나님의 분노는 그 백성들에 대한 사랑에서 나온다. 사랑하지 않는 사람은 화를 낼 필요가 없다. 노자는 '천지는 불인하다'天地不仁고 말했다. 하늘과 땅이 어질지 않다는 말이라기보다는, 사람에 따라 두길 보기를 하지 않는다는 말이다. 그러나 하나님은 기꺼이 한편에 서신다. 무너진 공의를 회복하기 위해 사회적 약자의 편에 서신다. 자기의 욕망을 채우기 위해 사람을 수단으로 삼는 이들과 맞서 싸우기 위해 칼을 빼시는 분(9절)이시다. 이것이 성경이 일관되게 보여주는 하나님의 모습이다. 그런 하나님을 경험한 사람들은 그래서 이렇게 노래하지 않을 수 없다.

"여호와여 신 중에 주와 같은 자가 누구니이까 주와 같이 거룩함으로 영광스러우며 찬송할만한 위엄이 있으며 기이한 일을 행하는 자가 누구니이까"(11절).

사지에서 그 백성을 구원하신 하나님은 그들을 살 땅으로 인도하신다. 물론 그 길을 열어 가시는 분은 하나님이시다. 하나님의 위엄에 대한 소문은 빠르게 세상에 퍼져나간다. 그 소문을 듣고 블레셋 주민들이 두려움에 사로잡히고, 에돔 두령들이 놀라고 모압 영웅들이 떨림에 잡히고, 가나안 주민들이 다 낙담한다(14-15절). 그들은 출애굽 공동체를 호의적으로 받아들이지 않던 나라들이다. 주민들도 놀라지만 '두령'과 '영웅'들이 더 놀란다. 그들은 지켜야 할 기득권이 많았기 때문이다. 주의 크신 팔 앞에서 그들은 돌 같은 침묵에 빠졌다(16절). 시인은 놀람에 사로잡힌 이들, 낙담한 이들의 상태를 나타내기 위해 광물적 상상력을 동원하고 있다. 이스라엘은 바다에서 물벽 사이를 걸었던 것처럼 적들의 한복판을 걸어 약속의 땅에 이를 것이다. 노래는 그것을 기정사실로 여기고 있다.

하나님은 그 백성을 인도하셔서 주의 기업의 산에 심으실 것이다. 이것은 꼭 성전을 뜻하는 말이 아니다. 이스라엘 사람들은 자기들이 사는 땅을 하나님이 머무시는 곳으로 인식했다. 땅의 주인은 하나님이시기 때문이다. 그 사실을 인식하는 순간 하나님의 다스리심을 받아들이지 않을 수 없다. 오늘, 우리가 살고 있는 삶의 자리도 하나님이 머무시는 땅임을 잊지 말아야 한다.

수르 광야에서

출애굽기 15:19-27

미리암의 노래

19절은 바다에서 구원받은 사건을 간략하게 요약하고 있다. 바로의 말과 병거와 마병이 맞은 운명과 이스라엘 자손들의 운명이 극단적으로 대조되고 있다. 그런 후에 20-21절에 나오는 것이 미리암의 노래이다. 미리암은 이 대목에서 처음으로 실명 등장한다. 출애굽기 2장에서는 '그의 누이'(4, 7절) 혹은 '그 소녀'(8절)로 지칭되고 있다. 그런데 흥미로운 것은 미리암이 아론의 누이라고 소개될 뿐 모세와의 관계가 암시되지 않고 있다는 사실이다. 학자들은 이 부분을 아주 오래된 전승층에 속한 것으로 본다. 오래된 전승에서는 모세와 아론과 미리암의 관계가 아직 확실하게 정리되지 않았다는 것이다. 미리암의 노래에서 모세가 등장하지 않는 것은 그 때문이다.

그런데 미리암은 '여선지자'neb-ee-yaw로 소개되고 있다. 사실이 단어는 '노래 부르는 능력을 부여받은 여자'라는 뜻으로 해석하는 게 좋겠다. 옛 사람들은 사람들 앞에서 노래를 선창하는 사람은 신과 접촉하는 사람이라고 생각했던 것 같다. 그리스 철학자인 플라톤도 신적인 능력에 사로잡힐 때 비로소 시를 쓸 수 있다고 생각했기에 철학자가 다스리는 이상 국가에는 시인의 자리가 없다고 말했다. 시는 자칫하면 광기와 결합될 수 있다는 판단 때문이었다.

한 사람이 먼저 노래를 메기고 다른 사람들이 그 노래를 받는 형식은 전투에서 승리를 거둔 남자들을 춤과 노래로 맞이하던 고대 이스라엘 여인들의 관습을 반영한다. 사사인 입다의 딸이 소고를 잡고 춤을 추며 승리하고 돌아오는 아버지를 맞아들였던 것도 그런 사실을 반영하고 있다(사사기 11:34). 그 노래는 매우 간결하다.

"너희는 여호와를 찬송하라 그는 높고 영화로우심이요 말과 그 탄 자를 바다에 던지셨음이로다"(21절).

기억하기도 쉽고 함께 부르기도 쉽다. 이렇게 역사는 노래를 통해 사람들의 기억 속에 각인된다.

역경의 시간이 지나면

홍해를 건넌 탈출 공동체는 구원의 흥분이 채 가시기도 전에 수르 광야에 접어들었다. 광야는 척박한 불모지이다. 사람도 동물도 살기에 적합하지 않은 곳이다. 이따금 서 있는 싯딤나무만이 그 단조로운 풍경을 견디게 해준다. 그들은 사흘 길을 걸었다. 광야가 주는 최초의 공포가 그들을 엄습했다. 물이 없어서 죽을 수도 있겠다는 생각이 들었을 것이다. 물기를 향해 뿌리를 내리는 식물들처럼 그들은 허위단심으로 물을 찾는 데 진력했다. 마라(쓰다)에 이르렀을 때 그들은 비로소 물을 발견했다. 하지만 그 물은 '마라'라는 뜻이 암시하듯이 써서 마실 수가 없었다. 아마도 소금기가 많았던 것 같다. 그들이 느꼈을 좌절감이 느껴진다. 백성들은 또 다시 모세를 원망한다. 바로의 손아귀에서 벗어나기만 하면 시련 끝, 행복 시작인 줄 알았다. 그런데 그들은 지금 또 다른 죽음의 공포 앞에 서게 된 것이다. 그러니 불평이 터져 나올 만하다.

모세 역시 어찌 할 바를 몰랐다. 그래서 여호와께 부르짖었다. 그러나 주님은 나무 한 그루를 보여주셨다. 모세가 그 나무를 물에 던져 넣자 물이 달게 되었다. 그 신비한 나무를 찾기 위해 광야로 달려갈 필요가 없었다. 그 나무는 하나님이 함께 하신다는 사실을 드러내는 성사聖事의 도구였으니 말이다. 주님이 제정하신 성만찬을 떠올리면 된다. 성찬에 사용되었던 빵과 포도주는 그들이 식탁에서 늘 대하던 것이었다. 하지만 새로운 의미가 부여되자 그 빵과 포도주는 주님의 현존을 드러내는 도구가 된 것이다. 광야와 같은 인생을 살아가면서 '마라'

와 같은 위기가 없을 수는 없다. 하지만 주님이 함께 하시면 그 위기를 능히 넘어설 수 있다.

쓴 물을 마실 수 있는 물로 바꾸어주신 주님은 법도와 율례를 백성들에게 주시며 그들을 시험하셨다. '법도'mishpat는 공동체 구성원 누구나 지켜야 하는 공의로움을 일컫는 말이고, 율례는 자기 제한을 받아들이는 것을 가리킨다. 이전까지 하나님은 그들의 필요에 늘 응답해주셨다. 아직 미성숙한 어린아이 단계를 지나고 있었기 때문이다. 그런데 이제 그들을 조금씩 성숙의 길로 이끌고 계신다. 마땅히 해야 할 일을 가르치시기 시작한 것이다. 하나님은 백성들이 말씀에 순종하고, 의를 행하고, 계명에 귀를 기울이고, 모든 규례를 지키면 애굽 사람들에게 내렸던 질병을 그들에게 내리지 않겠다고 약속하신다. 여기서 주님은 당신을 '치료하는 여호와'로 새롭게 계시하신다.

그들은 조금 더 진행하여 가다가 물 샘 열둘과 종려나무 일흔 그루가 있는 오아시스 엘림에 이르러 물 곁에 장막을 쳤다. 마라와 엘림은 그리 멀지 않다. 가장 어두운 새벽 미명 속에 이미 빛이 숨어드는 법이다. 지금 마라에 있다고 누구를 원망할 필요가 없다. 그 시련의 시간은 지나갈 것이다. 지금 엘림에 있다고 하여 자만할 필요 없다. 마라의 시간이 또 다가올 것이다. 참 삶이란 그 두 가지 삶의 계기를 통합할 줄 아는 영혼의 능력에서 나온다.

신 광야에서

출애굽기 16:1-12

우리는 삶이 힘겹다고 느낄 때마다 '산 너머 산'이라는 말을 떠올린다. 어려움은 종종 연이어 찾아와 쓰라림을 배가시키곤 한다. 평안하고 한적한 길을 가든하게 걸을 때도 있지만, 그늘 한점 없는 돌밭을 걸어야 할 때도 있다. 엘림에 장막을 친 채 머물던 탈출 공동체는 또 다시 길을 떠나야 했다. 그곳은 잠시 쉬어 가는 곳이지 정착하여 살아갈 곳은 아니었던 것이다. 술 광야를 벗어나면 이제 좀 편안해질까 싶은 순간 그들을 기다리고 있던 것은 신 광야다. 황량하기 이를 데 없는 광야, 바람이 세차게 불어오면 몸을 숨길만한 곳조차 없는 그곳을 터벅터벅 걷는다는 것은 참 암담한 일이었을 것이다.

성경은 그들이 엘림과 시내 산 사이에 있는 신 광야에 들어선 때를 "애굽에서 나온 후 둘째 달 십오일"이라고 적시하고 있다(1절). 굳이 여정과 시간을 명토박아 둔 것은 이야기에 신

빙성을 더하려는 의도 때문일 것이다. 그런데 생각해보면 그들은 상당히 긴 시간을 광야에 머물고 있었다. 그렇다고 하여 그들이 광야 생활에 적응된 것 같지는 않다. 어려움이 중첩되다 보면 사람들은 비전을 붙들기보다는 현실의 어려움에 사로잡히게 마련이다. 어려움은 그래서 부자유이다.

반복되는 원망

술 광야에서 탈출 공동체가 직면했던 어려움이 목마름이었다면 신 광야에서 마주친 어려움은 굶주림이었다. 애굽을 벗어나면서 가지고 나왔던 음식이 동나기 시작하자 불안감이 고조되었다. 딱히 먹을거리를 구할 수 있는 방법도 없었다. 그러자 사람들은 모세와 아론을 원망하기 시작한다. 멀쩡하게 잘 있는 자기들을 그런 사지로 끌어들였다는 것이었다. 심리학에서 이런 것을 일러 투사(投射, projection)라고 한다. 자기의 불안이나 불만의 원인을 해소시키기 위해 그 원인을 남에게 뒤집어씌우는 것이다. '남 탓하기'라고 요약할 수도 있겠다.

투사의 버릇이 있는 이들은 일쑤 퇴행(退行, regression) 현상을 보이기도 한다. 퇴행이란 살아가면서 큰 위험이나 갈등 상황에 놓이게 될 때 거기에 능동적으로 대처하기보다는 안전하고 즐거웠던 이전 단계로 물러섬으로써 불안을 완화시키려는 태도를 이르는 말이다. 이스라엘 백성들도 예외는 아니었다. 그들은 종살이하던 자기들의 과거를 미화한다. 기억의 왜곡인 셈이다. '채찍'과 '할당량'으로 상징될 수 있었던 삶이 '고기 가마'와 '떡'으로 치환되고 있다. 자기 삶의 주체로 서지 못한 이들은 언제나 이런 환상의 집을 만들어 거기에 머무르려고 한다. 신앙은 '일어서는 것'이다. 하지만 이스라엘 백성들은 아직 독립적인 주체로 설 준비가 되지 못했다.

신뢰로의 초대

하나님은 당신을 신뢰하지 못하는 그들에게 역정을 내시기보다는 그들을 곤경으로부터 벗어나게 해주신다. 하나님은 모세에게 그 백성이 먹을 것을 하늘에서 비처럼 내려 줄 터이니, 백성들이 날마다 나가서 그날 그날 먹을 만큼 거두어들이게 하라고 이르신다. 먹을 것을 준비하시는 분은 하나님이지만 그것을 거두어들이는 책임은 각자에게 있다는 것이다. 평범해 보이지만 이 지시는 중요하다. 그 지시를 수행함으로써 그들은 하나님에 대한 신뢰도 배우고, 어려움에 맞서는 영혼의 근육도 키우게 될 것이다. 자식을 진정으로 사랑하는 부모는 안쓰럽다 하여 자식이 해야 할 일을 대신 해주지 않는다. 시행착오를 겪고, 눈물을 흘리면서라도 해야 할 일을 해보는 경험이 축적되지 않으면 성인이 될 수 없기 때문이다. 그들은 날마다 이른 아침에 일어나 하늘에서 내린 음식을 거두어들여야 한다. 그런 리듬이 몸에 밸 때 하나님에 대한 감사와 신뢰도 깊어질 것이다. 여섯째 날에는 날마다 거두던 것의 갑절이 될 것(5절)이라

는 말씀은 아직 정식화되지 않은 형태의 안식일 규정이라 할
수 있다. 모세와 아론은 이스라엘 백성들에게 하나님의 계획을
일러주면서 의미심장한 말을 한다.

> "저녁이 되면 너희가 여호와께서 너희를 애굽 땅에서 인도하여
> 내셨음을 알 것이요 아침에는 너희가 여호와의 영광을 보리니"
> (6b-7a).

창조 이야기의 한 장면을 보는 듯하다.

> "저녁이 되고 아침이 되니 이는 첫째 날이니라"(창세기 1:5b).

이 두 이야기는 직접적으로 연관된 것으로 볼 수는 없지만,
간접적인 연관은 있다. 출애굽기 기자는 하나님이 행하시는 일
을 마치 창조 사건처럼 표현하고 싶은 것이다. 창조는 전적으로
하나님의 영역이다. 이스라엘 백성들은 이제 곧 저녁에는 고기
를 주어 먹게 하시고, 아침에는 떡으로 배불리시는 하나님의 구
원을 몸과 마음으로 자각하게 될 것이다. 하늘에서 비처럼 내려
올 먹을거리는 그 백성들의 곤경을 모른 체 하지 않으시는 사
랑의 하나님을 드러내는 징표이다. 신산스런 광야 생활로 인해
'원망'하던 백성들은 광야 저 편 구름 속에서 나타나는 여호와
의 '영광'을 보게 되었다(10절). 하나님의 일하심이 이러하다.

광야의 경제 원리

출애굽기 16:13-36

만 후? 만나

적막한 광야 위로 후두둑 비가 내리듯 메추라기가 날아온다. 그리고 해가 떠올라 아침 이슬이 잦아들 무렵 광야 지면에 작고 둥글며 서리 같이 가는 것이 눈에 띤다. 광야생활을 경험해 보지 못한 이들에게 그것은 예기치 않은 낯선 풍경이었다.

그들은 주위의 사람들에게 "이것이 무엇이냐?"man hu고 묻자 모세가 대신하여 대답했다. "이는 여호와께서 너희에게 주어 먹게 하신 양식이라"(15절). 나중에 사람들은 그 양식을 만나manna라고 지칭했다.

'만 후'와 '만나'는 한 뿌리에서 나온 단어임이 분명하다. 그뿐만 아니라 그 두 단어는 질문과 대답으로 긴밀하게 연결되어 있다. 많은 이들이 만나를 하나님께서 그 백성을 위해 일으키신 초자연적인 기적이라고 믿고 싶어 한다. 하지만 만나는 광야생활을 하는 이들은 익히 알고 있던 자연현상이었다.

> "만나라는 것은 위성류_{渭城柳}, 또는 더 정확하게 말해서, 만나 위
> 성류_{tamarix mannifera}라는 사막에서 자라는 나무 내지 관목의 잎
> 사귀에 맺히는 이슬 모양의 형성물인데, 이것은 연지벌레의 침_針
> 을 통하여 나오는 분비물에서부터 생성되어 나뭇잎에 맺혔다가
> 땅바닥에 떨어진다. 그리고 이것은 밤에 기온이 내려가면 비교
> 적 단단하게 굳어져서 사람들이 주워 모을 수 있게 된다"(국제성
> 서주석2, M. Noth,《출애굽기》, 한국신학연구소, 1981, 157쪽).

만나가 특별할 것 없는 자연 현상이라고 하여 실망할 필요
는 없다. 중요한 것은 탈출 공동체가 그것을 하나님이 그들에
게 주시는 은총의 선물로 받아들였다는 사실이다. 삶의 곤경을
경험해본 사람들은 세상의 어떤 것도 우연히 그 자리에 있지
않다는 사실을 새삼스럽게 자각하곤 한다.

우리가 마음의 눈을 떠 바라보면 하나님의 숨결이 머물지
않은 곳은 세상 어디에도 없다는 사실을 알 수 있다. 사람들은
예수님이 바다 위를 걸은 것을 기적이라고 말한다. 하지만 우
리가 대지를 딛고 걷는다는 것 그 자체가 기적이라는 사실은
알지 못한다. 죽은 자가 살아나는 것은 기적이라고 말하지만
우리가 지금 여기에 있다는 사실이 기적임을 알지 못한다. 그
때문에 사람들은 경탄을 잊고 산다. 경탄을 잊은 이들의 헛헛

한 마음을 채우는 것은 원망과 탄식이다.

먹을 만큼만 거두라

우리에게 정말 중요한 것은 '만나'라는 대상물의 실체를 파악하는 것이 아니라 하나님께서 만나를 통해 그 백성들에게 가르치시려는 것이 무엇인가를 이해하는 것이다. 모세는 백성들에게 각 사람은 먹을 만큼만 거두되 한 사람에 한 오멜씩만 거두라고 말한다. 한 오멜은 약 2리터에 해당된다. 그 정도면 한 사람의 일용할 양식으로 넉넉할 것이다. 사람들은 광야를 걸으며 그 하얀 결정체를 거두어 들였다. 가족 수에 따라서 더 많이 거둔 사람도 있고 그렇지 않은 사람도 있었지만, 신기하게도 오멜로 되어 보면 많이 거둔 사람도 남지 않고 적게 거둔 사람도 모자라지 않았다.

이것을 무슨 마술적 사건으로 이해할 필요는 없다. 이 이야기 속에는 출애굽 공동체가 하나의 나라로 지어져가는 단초가 숨어 있다. 더 많이 거두어도 남지 않고 적게 거두어도 모자라지 않았다는 것을 그들이 자기들의 욕망에 충실하기보다는 다른 이들을 함께 살아가야 할 이웃으로 보고 각자에게 필요한 것을 피차 나누었다는 뜻이 아닐까? 욕망의 원리가 지배하는 곳에서는 불화와 갈등이 일어나고, 나눔과 공감의 원리가 작동되는 곳에서는 공동체가 세워진다. 오늘 우리가 살고 있는 세상은 불공평한 세상이다. 세상의 20%의 사람들이 세계 자원의 80%를 누리고, 80%의 사람들이 20%의 자원을 가지고 살아간다. 현재 세계에는 하루 1달러 미만으로 살아가는 절대빈곤층이 약 20억 명에 달한다고 한다. 유엔 특별식량조사관을 지낸 장 지글러의 말은 시사하는 바가 많다.

"영양 결핍과 기아로 목숨을 잃는 사람이 수백만 명에 달한다는 사실은 21세기 최대의 비극이다. 이는 그 어떤 이유나 정책으로도 정당화될 수 없는 부조리와 파렴치의 극치다. 나아가 이는 끝없이 되풀이되어온 반인류 범죄에 해당한다"(장 지글러,《탐욕의 시대》, 115쪽).

모세는 거두어들인 것을 아침까지 남겨두지 말라고 하였다. 그의 말을 어기고 음식을 여퉈뒀던 이들은 낭패스런 일을 만났다. 남겨 둔 것에 벌레가 생기고, 악취가 풍겼기 때문이다. 욕망을 절제하여 남겨 두는 것을 꾸짖기 위해 이런 구절을 기록한 것이 아니다. 문제는 그들의 불안감이었다. 남겨둔 만나는 불확실한 삶에 대한 그들의 불안을 보여주는 징표이다. 그들은 여전히 하나님을 신뢰하지 못한다.

모세는 그들에게 몹시 화를 냈다. 여섯째 날에는 먹을거리를 두 배씩 거두어들였다가 안식일에 먹으라는 권고를 따르지 않고, 안식일에 음식을 구하러 나갔던 사람도 엄중한 꾸지람을 들었다. 하나님의 백성으로 세워져가기까지는 많은 시간이 걸

리는 법이다. 하지만 시행착오를 통해 배울 수만 있다면 그래
도 다행이다.

message 4

오늘 우리가 먹는 만나

안개가 걷히고 나니, 이럴 수가, 광야 지면에, 마치 땅 위의 서리처럼 보이는, 가는 싸라기 같은 것이 덮여 있는 것이 아닌가! 이스라엘 자손이 그것을 보고, 그것이 무엇인지 몰라서, 서로 "이게 무엇이냐?" 하고 물었다. 모세가 그들에게 말하였다. "이것은 주님께서 당신들에게 먹으라고 주신 양식입니다. 주님께서 당신들에게 명하시기를, 당신들은 각자 먹을 만큼씩만 거두라고 하셨습니다. 당신들 각 사람은, 자기 장막 안에 있는 식구 수대로, 식구 한 명에 한 오멜씩 거두라고 하셨습니다." 이스라엘 자손이 그대로 하니, 많이 거두는 사람도 있고, 적게 거두는 사람도 있었으나, 오멜로 되어 보면, 많이 거둔 사람도 남지 않고, 적게 거둔 사람도 모자라지 않았다. 그들은 제각기 먹을 만큼씩 거두어들인 것이다. 모세가 그들에게 아무도 아침까지 그것을 남겨 두지 말라고 하였다. 그런데 어떤 사람들은 모세의 말을 들지 않고, 아침까지 그것을 남겨 두었다. 그랬더니, 남겨 둔 것에서는 벌레가 생기고 악취가 풍겼다. 모세가 그들에게 몹시 화를 내었다. 그래서 그들은 아침마다 자기들이 먹을 만큼씩만 거두었다. 해가 뜨겁게 쪼이면, 그것은 다 녹아 버렸다(출애굽기 19:7-12).

구호의 세상

오지 여행가로 널리 알려진 한비야 씨는 지금 〈월드 비전〉의 긴급구호팀장으로 일하고 있습니다. 세계 어디에서든 도움을 필요로 하는 상황이 발생하면 그는 48시간 이내에 그곳에 도착해야 합니다. 사서 고생을 하는 셈입니다. 그런데 그 고된 일을 왜 하느냐고 물으면 한비야 씨는 그것이 '자기 가슴을 뛰게 하는 일'이기 때문이라고 말합니다. 그러면서 우리에게 되묻습니다. 당신이 하고 있는 일은 정말 가슴을 뛰게 하는 일이냐고? 그의 저서 중에 《지도 밖으로 행군하라》는 책이 있습니다. 그 책의 들어가는 말에서 저자는 우리가 알고 있는 것과는 전혀 다른 세상이 있다고 말합니다. 그것은 구호의 세상입니다.

"구호의 세상은 우리가 아는 세상과 완전히 다르다는 것도 깨달았다. 우리는 학교나 사회에서 세상을 지배하는 건 무한 경쟁의 법칙, 정글의 법칙이라고 배운다. 이런 세상에서의 생존법은 딱 두 가지. 이기거나 지거나, 먹거나 먹히거나다. 그러나 구호의 세상은 경쟁의 장場이 아니었다. 우리 서로는 경쟁의 대상이 아니라 사랑해야 할 대상, 가진 것을 나누는 대상이었다. 세상에는 절대 강자도 절대 약자도 없다. 같은 사람이 어떤 때는 강자였다가, 다른 때에는 한없는 약자가 된다. 이렇게 얽히고설켜 있으니 서로 도와야 마땅하다는 것이 구호 세상의 법칙이었다. 멋있었다. 그리고 나도 그런 세상에 발을 들여놓고 싶어졌다."

그는 긴급구호 최전선에서 일하고 있는 현장 운동가 로즈가 사용하는 말 가운데 반은 다음의 세 마디가 차지한다고 말합니다.

"내가 뭐 해 줄 것 없어요?"

"그거 한번 해볼까요?"

"와, 참 잘했어요."

진심어린 배려, 도전 정신, 칭찬과 격려의 말이 구호의 세상에서 통용되는 말입니다. 저는 우리 모두가 긴급 구호의 현장에 갈 수는 없지만, 우리 삶의 자리 어디에서나 누군가의 필요에 응답하는 사람은 될 수 있다고 생각합니다. 우리가 예수님에게 배운 것이 무엇입니까? 다른 이에 대한 배려이고, 불가능을 가능으로 만드는 것이고, 북돋고 일으키는 것이 아니겠습니까?

만나, 맛나

애굽 땅에서 종살이를 하던 이스라엘 백성들은 난감한 상황

을 만났습니다. 애굽에서 준비해 온 음식이 다 떨어져버린 것
입니다. 낮에는 뜨거운 태양과 싸워야 하고, 밤이면 광야의 추
위와 싸워야 했던 그들은 극도의 피로를 느낄 수밖에 없었습
니다. 배불리 먹어도 힘겨운 광야에서 그들은 먹을 것도 마실
물도 없이 힘겨운 행군을 계속해야 했습니다. 그런 상황에서
는 사람들의 심정이 거칠어지게 마련입니다. 허리케인 카트리
나로 말미암아 생지옥으로 변한 뉴올리언즈에서 사람들이 상
점을 약탈했다는 보도를 보았습니다만, 먹을 것이 없어 생사의
갈림길에 선 이들에게 도덕적인 판단의 잣대를 들이밀 수는
없는 노릇입니다. 저는 히브리인들의 절망을 충분히 이해할 수
있습니다. 작년에 저는 이집트로부터 이스라엘까지 이어진 광
야를 지나면서, 광야를 방황하던 이스라엘 사람들의 고통이 떠
올라 가슴이 먹먹해짐을 느꼈습니다.

　그 난감한 처지를 어떻게 풀어가야 할지 아무도 방도를 찾
을 길이 없었습니다. 아침에 떠오르는 태양은 더 이상 희망이
아니었습니다. 배고픔과 두려움이라는 현실에 직면할 수밖에
없었기 때문입니다. 하지만 도움은 위로부터 왔습니다. 하나님
은 당신의 백성들에게 양식을 비처럼 내려주시겠다고 약속하
셨습니다. 그리고 어느 날 아침 그들은 광야에 가는 싸라기 같
은 것이 덮여 있는 것을 보았습니다. 그것은 마치 땅 위에 내린
서리와 같았습니다. 사람들은 서로의 얼굴을 쳐다보며 물었습
니다. "이게 뭐지?" 히브리말로는 '만후'입니다. 그들은 싸라기

같은 그것을 모아 입에 넣어보았습니다. 달콤했습니다. 그때서야 그들은 그것이 하나님이 약속하신 양식인 것을 알았습니다. 우리는 그들이 먹은 그 양식을 '만나'라고 합니다. 그것은 '만후'에서 유래된 단어입니다. '이게 뭐지?' '하나님이 주신 양식이지.' 광야의 이스라엘 백성들은 만나의 은총을 경험했습니다. 예수님은 제자들에게 "일용할 양식을 주십시오"라고 기도하라고 가르치셨습니다. 우리가 그렇게 기도할 때 우리가 먹는 음식은 하나님의 내리신 양식이 됩니다. 하지만 자기만족에 겨운 사람들은 그렇게 기도할 수 없습니다. 그래서 그들은 밥을 함부로 먹습니다. 남기고, 버리는 일에 주저함이 없습니다.

하늘의 양식을 먹는 그들은 또 하나의 기적을 경험했습니다. 하나님은 만나를 식구 수대로 식구 한 명에 한 오멜(약 1.4리터)씩을 거두라고 하셨습니다. 백성들이 그렇게 하자 많이 거두는 사람도 있고, 적게 거두는 사람도 있었는데, 오멜로 되어 보면, 많이 거둔 사람도 남지 않고, 적게 거둔 사람도 모자라지 않았습니다. 욕심을 부려서 만나를 여퉈두는 사람들도 있었지만, 다음날 해가 떠오를 무렵이 되면 벌레가 생기고 악취가 풍겨서 먹을 수가 없게 되었습니다.

이 사건이 우리에게 들려주는 메시지는 명백합니다. '독(獨)'차지는 '독(毒)'차지라는 사실입니다. 남을 배려할 줄 모른 채 자기 몫 이상의 것에 욕심을 내면 그것은 독이 될 수밖에 없다는 것입니다. 쉬운 이야기는 아니지만 기독교인의 경제윤리는 '만나'의 나눔에 그 기반을 두어야 합니다. 하루하루 우리가 먹는 음식과 누리는 모든 것을 하나님이 주신 선물로 여겨야 합니다. 또 남이 누려야 할 몫까지 싹쓸이를 해서는 안 됩니다. 내가 조금 여유가 있으면 이웃과 나눠야 합니다. 그래야 '맛나'게 먹을 수 있습니다. 나눠먹으려면 이웃과 사랑으로 '만나'야 합니다. 좋은 것을 함께 나누기 위해 우리가 만날 때 하나님은 하늘의 양식으로 우리를 배부르게 해주십니다.

마음 따뜻한 이야기 둘

오늘 저는 스스로 만나가 된 사람들의 이야기를 들려드리고 싶습니다. 텔레비전을 통해 보신 분도 계시겠습니다만 예전에 〈우리말 겨루기〉라는 퀴즈 프로그램에 참여한 50대의 어느 교사 이야기는 우리 가슴에 훈훈한 봄바람을 불어넣어주었습니다. 그는 어느 날 부친의 사업 실패로 동생들과 함께 비닐하우스에서 생활하는 최 양에 관한 이야기를 듣게 되었습니다. 어렵게 살아가면서도 밝은 웃음을 잃지 않던 최 양이 경제난으로 말미암아 그토록 원하던 교사의 꿈을 포기할 형편에 놓였다는 것이었습니다. 자신도 넉넉한 형편이 못되었던 그는 자신이 할 수 있는 일이 없을까 생각하다가 퀴즈 프로그램에 참가해 상금을 타면 되겠다고 생각했고, 그는 퀴즈 프로에 출연 신청을 했습니다. 망신을 당할지도 모른다는 생각이 들었지만, 최 양을 생각하며 용기를 냈습니다. 그는 퇴근 후의 모든 약속을 접어둔 채 귀가하여 늦은 시간까지 공부를 했고, 마침내 300여만의 상금을 타서 최 양에게 보냈습니다.

　이야기를 하나 더 하겠습니다. 올해 73세인 농부 홍한표 할아버지의 이야기입니다. 그는 얼마 전 자비로 쌀 천 가마를 사서 북한에 보냈습니다. 거기에는 사연이 있습니다. 지난 1984년에 큰 물난리를 겪은 할아버지는 먹을 것조차 없어 실의의 나날을 보내고 있었습니다. 그런데 그해 북한이 이재민들을 위해 쌀과 구호품을 보내왔고, 할아버지는 북한 쌀 40킬로그램을 받아 두 달 여를 살 수 있었습니다. 살아생전에 꼭 그날의 고마움을 갚아야겠다고 생각하고 있었는데, 마침 그 기회가 왔습니다. 오랫동안 살아온 집과 농토가 미군기지의 이전지에 편입되게 되었고, 그는 편입보상금을 받았습니다. 할아버지는 그 돈으로 인근에서 쌀을 사들였습니다. 천 가마니, 21년 전 그가 받은 쌀의 2천 배에 달하는 양입니다. 가격으로는 무려 1억 7천 만 원 어치입니다. 그는 개인 자격으로는 처음으로 그 쌀을 25톤 트럭 4대에 실어 북한에 전달했습니다.

　삶이란 고마움을 아는 것입니다. 잘 살고 못 살고의 차이는 소유의 많고 적음에 있지 않습니다. 고마움을 안다면 소유가 적어도 그는 행복한 사람입니다. 낯모르는 소녀의 꿈을 지켜주기 위해 최선을 다한 50대의 교사나, 20여 년 전의 고마움을 잊을 길 없어 기어코 그것을 갚고자 하는 70대의 할아버지나 다 행복한 사람들입니다. 억만금을 가져도 다른 이들에게 나누어줄 줄 모르면 그는 가난뱅이입니다. 하지만 가진 것은 비록 적어도 더 어려운 누군가를 위해 자신의 주머니를 여는 사람은 부자입니다. 그가 소유하고 있던 것은 물질이지만, 그것을 누군가를 위해 나눌 때 정신으로 바뀝니다. 우리는 이런 아름다운 일에 초대받은 사람들입니다.

우리가 먹는 음식, 우리가 누리는 모든 것들을 더 필요한 누군가에게 나누어 줄 때 그것은 '하늘의 양식', 곧 '만나'로 바뀝니다. 이 놀라운 사랑의 기적을 일상 속에서 경험하며 사는 우리가 되기를 바랍니다. 구호의 세상에서 즐겨 사용되는 용어 기억나시지요? "어디 한번 해볼까요?" 이게 우리의 말이 되기를 원합니다. "와, 참 잘했어요." 이게 우리를 향한 하나님의 말씀이 되기를 원합니다.

르 비 딤 에 서 만 난 위 기 1

출애굽기 17:1-7

인간의 가능성이 끝난 자리에서

탈출 공동체는 이런저런 역경을 헤치며 나아가고 있다. 구름기둥과 불기둥을 대신하는 것은 '여호와의 명령'(1절)이다. 가시적인 징표가 아니라 말씀을 따랐다는 것은 하나님에 대한 신앙이 내면화되기 시작했음을 뜻한다. 그렇다고 하여 그들의 믿음이 성숙해진 것은 아니다. 이스라엘 사람들은 쓰라림과 감격을 동시에 맛보았던 신 광야를 떠나 르비딤에 이르렀다. 르비딤이라는 장소가 어디인지를 특정하는 것은 거의 불가능하다. 출애굽기 본문에 따라 시내산 가는 길에 있다는 이도 있고, 실제로는 가데스 바네아 가까운 곳에 있다고 말하는 이들도 있다. 그럼에도 불구하고 우리가 확실히 말할 수 있는 것은 그곳 역시 척박한 땅이었다는 사실이다. 그곳에서 사람들은 마실 물을 얻을 수가 없었다. 그러자 그들의 고질병인 '불평'이 다시 돌아나왔다. 그들은 다짜고짜 모세에게 "우리에게 물을 주어 마시게 하라"(2절)고 다그친다. 고난과 시련은 여러 번 반복되어도 익숙해지기 어렵다. 고난을 피할 수 없다면 고난을 통해 배우기라도 해야 하지 않겠는가? 모세는 깨달음이 없는 백성들로 인해 많이 실망한 것 같다. "너희가 어찌하여 나와 다투느냐 너희가 어찌하여 여호와를 시험하느냐"(2절). '다투다'와 '시험하다'라는 단어는 이 단락의 마지막 대목에서 새로운 의미를 부여받게 될 것이다.

믿음 없는 백성들을 꾸짖기는 했지만 모세로서도 어떻게 해볼 수 없는 상황이었다. 마라의 쓴 물은 단물로 변화될 가능성이라도 있었지만 물기운조차 느낄 수 없는 그곳에서 대체 어찌해야 한단 말인가? 모세가 할 수 있는 일은 그저 하나님께 부르짖는 것 밖에는 없었다. 그의 부르짖음은 절박하다. 그 척박한 땅에서 허망하게 죽음을 맞이할는지도 모른다는 백성들의 공포가 그 부르짖음 속에 담겨 있었을 것이다. 그는 또 백성들의 눈빛에서 광기를 느꼈던 것 같다. 광기는 표적을 찾게 마련이고, 그 첫 번째 표적이 자신이 되리라는 것을 직감했기에 그는 하나님께 더욱 절박하게 부르짖었다. 부르짖음을 미성숙한 영혼의 특색이라고 함부로 말하면 안 된다. 모세는 인간의 가능성이 끝난 자리에서 하나님의 가능성을 기다린다. 자신이 넘어진 자리에서 새로운 일을 시작하시는 하나님의 사랑을 믿었기 때문이다.

므리바, 그리고 맛사

부르짖음이 절박한 만큼 하나님의 개입도 신속하다. 하나님은 모세에게 '백성 앞을 지나서 이스라엘 장로들을 데리고 나일 강을 치던 네 지팡이를 손에 잡고 가라"(5절)고 이르신다. 여기서 우리가 주목해야 할 것은 하나님께서 백성의 장로들을 호명하셨다는 사실이다. 그들은 하나님이 어떻게 일하시는지를 증언할 사람들로 택함 받았다. 지금까지는 하나님의 의지를 백성들에게 전달하는 의무를 모세 홀로 짊어지고 있었다. 하지만 이제 하나님은 일단의 사람들을 주체화시켜 모세와 동역하게 하려 하신다. 이 일단의 지도자들은 장차 모세가 위임한 일을 처리하는 임무를 맡게 될 것이다.

　하나님은 나일 강을 쳐서 피로 변하게 하던 지팡이를 일러 '네 지팡이'라 말씀하신다. 이것은 그 지팡이의 소유자가 모세라는 지당한 사실을 가리키는 게 아니다. 그것은 누구도 빼앗아 갈 수 없는 모세의 하나님 체험을 암시한다. 모세는 그 지팡이를 들고 손을 바다에 내밀어 바다를 가르기도 했다. 지팡이는 역경 속에서도 그들을 버리지 않는 하나님의 사랑과 그 크신 능력을 환기시키는 매개물이다. 모세는 일단의 장로들과 더불어 백성보다 앞서서 호렙산으로 간다. 그 산은 모세가 처음 하나님과 만났던 곳이다. 떨기나무 불꽃 가운데서 임재하신 하나님 앞에 신을 벗고 엎드린 장소이다. 하나님은 "내가 호렙산에 있는 그 반석 위 거기서 네 앞에 서리니 너는 그 반석을 치라 그것에서 물이 나오리니 백성이 마시리라"(6절)고 말씀하신다. 모세는 이스라엘 장로들이 보는 데서 지시받은 대로 행한다.

결과는 어땠는가? 과연 물이 터져 나오고 백성들의 목마름이 해갈되었나? 우리는 반석에서 터져 나온 물을 보고 기뻐하는 장로들의 모습과, 그들이 달려가 백성들을 인도해오는 광경, 그리고 마른 목을 축이며 흔감해 하는 백성들의 모습을 그려보지만 성경은 과감하게 그 이후의 이야기를 생략하고 있다. 그런데 그러한 묘사가 생략되었기에 울림이 더욱 깊다.

성서 기자들은 마치 서두르듯 이야기의 결론으로 내달린다. 앞에서 모세가 백성들을 책망하면서 사용한 '다투다', '시험하다'라는 단어에 주목해야 한다고 말했다. 7절에 이르러서야 우리는 그 단어들이 의도적으로 선택된 단어였다는 사실을 알게 된다. 사람들은 그 놀라운 일이 벌어진 곳을 '므리바'(다툼)라고도 하고 '맛사'(시험)라고도 했다. 그들은 어쩌자고 그러한 지명 속에 자기들의 부끄러운 기억을 새겨놓은 것일까? 성서 기자들은 자기들의 과거를 미화할 생각이 없다. 있는 그대로 드러낼 뿐이다. 그 지명과 마주할 때마다 사람들은 "여호와께서 우리 중에 계신가 안 계신가" 하고 하나님을 시험하였던 사실을 상기할 것이고, 그럼에도 불구하고 그들을 버리지 않으신 하나님의 인자하심을 기억할 것이다.

르 비 딤 에 서   만 난   위 기   2

출애굽기 17:8-16

_____ 그 동안 탈출 공동체가 겪어온 시련은 이루 말로
다 하기 어려울 정도였다. 추격하던 바로의 군대가 바다에 수
장된 후, 그들은 술 광야와 신 광야에서 목마름과 배고픔이라
는 원초적 위기 앞에서 흔들리는 모습을 보였다. 그런 위기도
하나님의 도우심으로 해결할 수 있었다. 그런데 이제 그들은
르비딤에서 '타자의 위협' 앞에 서게 되었다. 팔레스타인의 남
부 지역과 시나이 반도를 중심으로 유목생활을 하던 아말렉이
그들을 공격해 온 것이다. 유목민이었던 그들은 소중한 샘과
오아시스와 목초지를 지키기 위해서라면 목숨도 걸 수 있는
사람들이었다. 난데없이 등장한 다수의 무리가 자기들의 생존
에 위협이 된다고 느끼자 그들은 사생결단의 마음으로 나섰던
것이다. 아말렉 족은 에서의 아들 엘리바스와 첩 딤나 사이에
서 태어난 아말렉(창세기 36:12)의 후손들이다. 거슬러 올라가 보

면 그들은 한 뿌리에서 나온 이들이라 할 수 있지만, 생존을 걸고 싸우는 것이다. 돌이켜보면 역사는 형제 간의 갈등으로 점철되었다. 가인과 아벨, 이삭과 이스마엘, 에서와 야곱, 요셉과 형제들의 경우가 그러하다. 모세와 아론은 그나마 가장 이상적인 형제관계를 보여준다.

낯선 타자와의 만남

아말렉의 침공으로 이스라엘은 큰 혼란에 빠지게 되었다. 이 대목에서 여호수아가 등장한다. 모세는 그에게 장정들을 선발하여 아말렉과 맞서 싸우라고 이른다. 자신은 '하나님의 지팡이'를 손에 잡고 산꼭대기에 설 것이라고 말한다. 우리는 앞서의 물 기적에서 하나님이 모세에게 '네 지팡이'를 가지고 가라 하셨던 것을 기억한다. 그런데 여기서 모세는 그 동일한 지팡이를 '하나님의 지팡이'라고 말한다. 그는 지금까지 백성을 사지에서 구원한 것은 전적으로 하나님이라는 사실을 잊지 않고 있다.

여호수아가 모세의 말대로 행하여 아말렉과 싸우는 동안, 모세와 아론과 훌은 산꼭대기에 올라가서 손을 높이 들어올렸다. 이 장면에서 훌이라고 하는 새로운 인물이 등장한다. 그는 나중에 아론과 더불어 백성들을 돌보는 사명을 위임받기도 한다 (출애굽기 24:14). 그러니까 그는 백성들 사이에 신망이 두터운 인물이었던 것 같다. 여호수아가 전투를 수행하는 동안 들어 올려진 모세의 팔이 반드시 기도를 의미하는 것은 아니다. 이스라엘의 법률집인 미슈나는 모세의 팔이 그저 위를 가리키고 있을 뿐이라고 말한다. 백성들의 눈과 마음이 모세의 팔이 가리키고 있는 저 '위'를 향할 때 내적인 힘과 희망 그리고 용기를 얻었다는 것이다.

전투에 대한 기록은 싱겁다. 어떤 스펙터클한 장면도 없다. "모세가 손을 들면 이스라엘이 이기고 손을 내리면 아말렉이 이기더니"(11절). 이야기는 우리 시선을 저 산 아래에서 벌어지고 있는 전투 장면이 아니라, 마치 펄럭이는 깃발처럼 하나님을 향하여 손을 들고 있는 모세에게 집중되게 만든다. 모세의 팔이 피곤해 내려올 즈음이면 아론과 훌이 돌을 가져다가 모세를 거기 앉히고, 각각 모세의 좌우편에 서서 그 손이 내려오지 않게 했다고 한다. 전투 장면은 단 한 줄로 갈무리될 뿐이다. "여호수아가 칼날로 아말렉과 그 백성을 쳐서 무찌르니라"(13절). 다른 전쟁 이야기였다면 여호수아가 주인공이 될 법도 한 일이다. 그러나 여호수아는 조연에 지나지 않는다.

여호와 닛시

여기서 한 가지 주목해야 할 것이 있다. 성서 기자는 아말렉의 침공을 매우 무덤덤하게 기록하고 있다. 이전 같으면 백성들의 원망과 불평이 먼저 서술되고, 이어 여호와께 부르짖는 모세의 모습이 나왔을 것이다. 그런데 아말렉과의 전투 이야기에는 백성들의 원망도 모세의 부르짖음도 없다. 아무런 기적도 등장하지 않는다. 이스라엘이 싸우고, 이스라엘이 승리를 거둔다. 그렇다면 하나님은 어디 계시는가? 하나님을 연상케 하는 것은 들어 올려 진 모세의 팔 밖에는 없다.

하나님은 그 백성들이 여전히 어린 아이의 상태로 머물기를 원치 않으신다. 그들이 독립적인 주체로 서기를 원하신다. 하나님은 직접적인 행위자가 아니라 그들 속에 능력을 부여하고 능력을 발휘할 수 있도록 돕는 분으로 바뀌고 있다. 어느 신학자는 믿음을 '절대 의존의 감정'이라 했다. 이 말을 오해해서는 안 된다. 하나님을 절대적으로 의존한다고 해서 우리가 아무것도 하지 않는 것이 곧 믿음은 아니다. 믿음은 하나님이 함께 하심을 신뢰하면서 자기 문제를 스스로 풀어가기 위해 애쓰는 것이다. 언제까지나 칭얼대기만 할 수는 없다. 하나님은 우리를 성숙의 길로 이끄신다.

전투가 끝나자 이윽고 하나님이 다시 등장하신다. 모세에게 일러 그 전투에 대한 기록을 남겨 후세에게 전하라 하신다. 그리고 여호수아에게는 아말렉을 아주 없애겠다는 하나님의 단호한 의지를 재확인시켜 주라 하신다. 살기 위해 나름의 자구책을 찾았던 아말렉의 죄가 그렇게 중하다는 것인가? 자유의 도상에 있는 약자들을 품어주지는 못할망정 그들을 괴롭히는 이들에 대한 하나님의 분노가 그렇게 표현된 것으로 보아야 할 것이다. 모세는 제단을 쌓고 그 제단을 여호와 닛시라 이른다. 여호와는 나의 깃발이라는 뜻이다.

성 경 적 리 더 십

출애굽기 18:1-27

반가운 방문자

아말렉과의 전투가 끝나고 잠시 숨을 고를 만한 시간에 반가
운 이들이 모세를 찾아온다. 장인 이드로와 아내 십보라 그리
고 두 아들 게르솜과 엘리에셀이다. '나그네'라는 뜻의 게르솜
과 '하나님이 도우셨다'는 뜻의 엘리에셀은 모세가 경험한 삶
의 양면성을 고스란히 드러내고 있다. 외롭고 힘겨웠지만 그래
도 은총을 누렸기에 감사한 나날. 마음의 눈을 뜨고 돌아보면
우리 삶도 이런 것이 아니었나 싶다.

모세는 장인과 가족들을 장막으로 영접한 후 그동안 일어났
던 일들을 다 고한다. 하나님이 이스라엘을 위하여 바로와 애
굽 사람에게 행하신 일들과 그들을 구원하기 위해 하신 일들
을 하나하나 톺아가며 이야기했다. 감사thanks는 생각think에서
나오고 생각은 기억을 더듬으며 시작된다. 기억은 망각에 대한

저항이다. 모세는 경험 나눔을 통해 하나님의 은혜의 역사를 더 깊이 새기게 되었을 것이다.

출애굽기는 거듭 이드로가 미디안의 제사장이었다고 밝힌다. 그가 야훼 하나님을 섬기는 사람이었는지는 알 수 없다. 아마도 그는 광야를 떠돌며 살던 미디안 사람들이 섬기는 신을 모시는 사람이었을 것이다. 당시에는 유일신론이 등장하지 않았던 때임을 감안해야 한다. 그러나 이드로는 열린 마음의 사람이었다. 도망자인 모세를 사위로 맞아들인 것만 보아도 그의 눈은 현상에만 머물지 않는다는 사실을 알 수 있다. 모세의 증언을 들은 이드로는 여호와를 찬양한다. "이제 내가 알았도다 여호와는 모든 신보다 크시므로 이스라엘에게 교만하게 행하는 그들을 이기셨도다"(11절). 이드로는 기꺼이 하나님께 번제물과 희생제물을 바쳤고, 아론과 모든 이스라엘 장로들이 와서 함께 하나님의 떡을 나눠 먹었다.

책임 나눔

이튿날 이드로는 모세가 백성들의 갈등을 중재하기 위해 온종일 애쓰는 모습을 지켜본 후에, 왜 그렇게 애면글면하느냐고 묻는다. 모세는 백성들이 하나님의 뜻을 여쭙기 위해 찾아오고, 또 이웃 간의 갈등이 생겼을 때 찾아온다고 말한다. 모세는 그들에게 하나님의 율례와 법도를 가르침으로 불화를 극복하도록 도왔던 것이다. 그런데 이드로는 "네가 하는 것이 옳지 못하도다"(17절)라고 단호하게 말한다. '옳지 못하도다'라고 번역된 히브리어 '로 토브lo tov'는 토라에서 여기 말고 딱 한 번더 사용된 적이 있다. 창세기 2장 18절에서 나오는 "사람이 혼자 사는 것이 좋지 아니하니"라는 구절이 바로 그것이다. '옳지 않음' 혹은 '좋지 않음'은 '홀로임'과 무관하지 않다. 히브리 성경이 한결같이 가르치는 바는 사람은 홀로 살 수 없고, 홀로 이끌 수도 없다는 것이다. 생명을 뜻하는 히브리어 '하임hayim'은 그 자체로 복수형이다. 사람 '인人'자도 두 사람이 비스듬히 기댄 모습을 형용한 것이라고 한다.

이드로는 모세에게 홀로 책임을 지려는 태도는 장하기는 하지만 스스로를 탈진하게 만들 뿐만 아니라, 백성들까지도 지치게 만든다는 사실을 일깨워주려 한다. 진정한 지도력은 책임과 권한을 자기에게만 집중시키는 데서 나오지 않는다. 이드로는 경험이 많은 사람이다. 그는 사위에게 적절한 충고를 해준다. 모세가 먼저 해야 할 일은 백성들에게 율례와 법도를 가르쳐 그들로 하여금 마땅히 갈 길과 할 일을 분별하도록 하는 것이다. 백성들을 언제나 외적인 권위에 의지해서 문제를 해결하려 하는 미성숙 상태에 머물게 하지 말고, 그들을 가르쳐 자기삶의 주체가 되게 하라는 것이다. 독재자들이 가장 두려워하는 것은 백성들이 자기 입장을 가진 사람이 되는 것이다. 그들은 사람들에게 체계적인 인식과 비판적인 판단력을 심어주려는 이들에게 불온의 찌지를 붙여 박해한다. 대신 대중들에게 달콤한 보상물을 줌으로써 그들을 길들이려 한다. 민주주의를 향한 긴 여정은 외올실 위를 걷는 것처럼 늘 위태롭다. 그 길은 '의식화'와 '우민화' 사이에서 흔들리고 있기 때문이다.

하나님의 율례와 법도를 가르친 후에 해야 할 일은 백성들 가운데서 좋은 지도자를 뽑는 것이다. 지도자의 조건으로 이드로가 제시하는 것은 "하나님을 두려워하며 진실하며 불의한 이익을 미워하는 자"(21절)이다. 무엇보다 중요한 것은 지식의 유무가 아니라 삶을 대하는 태도이다. 하나님을 두려워한다는 것은 주님을 우리 삶을 규제하고 심판하는 외적 대상으로 여긴다는 말이 아니라, 사랑하고 존경하기에 그 뜻에 기꺼이 순종하려는 마음을 가리킨다. 진실하다는 말은 안팎이 일치한다는 말이다. 두길보기 하지 않는다는 말이다. 지도자의 자격으로 맨 끝에 언급된 것은 불의한 이익을 미워하는 것이다. '미워하다'라는 강력한 단어를 쓴 까닭은 인간이 얼마나 사적 욕망에 휘둘리는지를 잘 알기 때문이다.

모세는 이드로의 충언을 기꺼이 받아들였고, 백성들과 권한과 책임을 나눴다. 광야 공동체는 비로소 평등 공동체를 향한 초보적인 조직을 갖게 된 것이다. 뽑힌 지도자들은 자기들에게 위임된 권한을 가지고 백성들을 재판했고, 판단하기 어려운 일은 모세에게 가져왔다. 성경은 이처럼 어떤 개인도 공동체나 나라를 이끄는 데 필요한 모든 능력 혹은 덕을 다 가질 수 없다는 사실을 보여준다.

신뢰와 위임

이제 내가 충고하는 말을 듣게. 하나님이 자네와 함께 계시기를
바라네. 자네는 백성의 문제를 하나님께 가지고 가서, 하나님 앞
에서 백성의 일을 아뢰게. 그리고 자네는 그들에게 규례와 율법
을 가르쳐 주어서, 그들이 마땅히 가야 할 길과 그들이 마땅히
하여야 할 일을 알려 주게. 또 자네는 백성 가운데서 능력과 덕
을 함께 갖춘 사람, 곧 하나님을 두려워하며 참되어서 거짓이 없
으며 부정직한 소득을 싫어하는 사람을 뽑아서, 백성 위에 세우
게. 그리고 그들을 천부장과 백부장과 오십부장과 십부장으로
세워서, 그들이 사건이 생길 때마다 백성을 재판하도록 하게. 큰
사건은 모두 자네에게 가져 오게 하고, 작은 사건은 모두 그들이
스스로 재판하도록 하게. 이렇게 그들이 자네와 짐을 나누어 지
면, 자네의 일이 훨씬 가벼워질 걸세. 하나님이 명하신 대로, 자
네가 이와 같이 하면, 자네도 일을 쉽게 처리할 수 있을 것이고,

백성도 모두 흐뭇하게 자기 집으로 돌아갈 걸세(출애굽기 18:19-
23).

신앙공동체의 확장

애굽에서 탈출한 이스라엘 공동체는 많은 어려움을 겪으면
서 미디안 광야에 당도했습니다. 미디안 사람들은 아말렉 사람
들과는 달리 그들의 어려운 처지를 잘 헤아리면서 그들을 환
대해주었습니다. 그럴만도 했습니다. 미디안은 장년의 모세가
40년 동안이나 머물면서 제사장인 이드로의 사위가 되어 살
던 곳이었으니 말입니다. 이드로는 하나님께서 이스라엘을 위
하여 하신 일에 대하여 다 듣고 있었습니다. 일단의 하층민들
이 애굽을 탈출해서 가나안을 향하고 있다는 소식은 오아시스
지대를 거쳐 바람처럼 빠른 속도로 전해지고 있었던 것입니다.
애굽 땅에서 벌어진 열 가지 재앙 이야기, 홍해 바다에서 일어
난 기적, 만나와 메추라기 사건, 그리고 아말렉과의 전투에서
승리한 사건….

히브리인들이 마침내 미디안 광야에 들어오자 이드로는 가
솔들을 이끌고 모세를 찾아옵니다. 모세가 십보라와의 사이에
서 낳았던 두 아들 게르솜과 엘리에셀도 데려왔습니다. 모세는
장인을 반갑게 영접하고는 자기들이 겪었던 고난의 현실과 하
나님이 베푸신 은혜의 사건을 다 고하였습니다. 이드로는 매우
기뻐하면서 압제자에게 벌을 내리신 하나님의 위대하심을 찬

양합니다. "주님이 그 어떤 신보다도 위대하시다는 것을 이제 나는 똑똑히 알겠네." 이것은 매우 중요한 사건입니다. 비이스라엘 공동체에 야훼 신앙이 접목되는 최초의 순간이기 때문입니다. 이드로는 미디안 광야에 사는 이들의 제사장입니다. 그는 틀림없이 다른 신을 섬기고 있었을 것입니다. 하지만 이제 그는 하나님의 위대하심을 기꺼이 인정하고 있습니다. 구원을 경험한 자의 진실한 고백은 이처럼 아름다운 변화의 기적을 일으킵니다. 이드로는 즉시 하나님께 번제와 희생제물을 바쳤습니다. 아론과 이스라엘 장로들이 모두 와서, 하나님 앞에서 모세의 장인과 함께 제사 음식을 먹었습니다.

하나님의 지혜를 구하라

다음 날 이드로는 사위 모세가 일하는 모습을 지켜보았습니다. 모세는 백성들의 송사를 다루려고 자리에 앉아 있고, 백성들은 아침부터 저녁까지 모세 곁에 서 있었습니다. 사람의 모듬살이가 일어나는 곳에서 갈등은 피할 수 없는가 봅니다. 함께 고통을 겪어내고 함께 구원을 체험했던 감격은 어느새 사라지고, 열악한 삶의 조건이 가져오는 불편함만이 도드라졌기 때문일 겁니다. 성숙한 사람이란 형편이 어려울 때 더욱 남을 배려할 줄 아는 사람입니다. 인간은 인간에 대해서 늑대라지만, 본능에 따라 움직이지 않는 이들도 있습니다. 여하튼 모세는 그들 사이의 갈등을 잘 조정하지 않으면 이 연약한 공동체가 깨질 수도 있다고 판단했을 겁니다. 그래서 그는 사람들 사이의 분쟁을 중재하는 역할을 맡고 있었던 것입니다.

하나님의 구원은 무너진 정의의 회복과 관련되어 있습니다. 하나님은 히브리인들의 신음소리를 들으셨고 그들이 겪는 고통을 외면하지 않으셨습니다. 하나님은 억압과 착취로 유지되는 애굽의 전제정치로부터 사람들을 해방시켜 모든 사람이 생명의 존엄성을 존중받을 수 있는 새로운 땅으로 이끄시는 분이십니다. 히브리인들은 지금 '젖과 꿀이 흐르는 땅'을 향해 나아가고 있습니다. 하지만 그들은 아직 그 땅의 백성이 되기에는 많이 부족합니다. 여전히 자신들의 이기적인 욕망을 따라 움직입니다. 하나님의 뜻을 내면화하지 못한 상태입니다.

혼자서 몸이 달은 것은 모세입니다. 히브리인들은 영적으로 보면 아직 어린아이와 같습니다. 자기중심성에서 벗어나오지 못합니다. 조금만 힘이 들면 금방 누군가를 원망하곤 합니다. 모세는 갈등이 생길 때마다 하나님의 뜻에 비추어 백성들 사이를 중재했습니다. 하지만 한 사람의 역량은 제한되어 있습니다. 그는 과중한 일에 지칠 수밖에 없었습니다. 그런데 사위가 일하는 모습을 지켜보던 이드로는 그렇게 무리해서 일을 하다가는 스스로 탈진하는 것은 물론이고 백성들도 지치고 말 것이라며 아주 조심스럽게 모세에게 충고를 해줍니다.

먼저 하나님께 나아가서 백성들의 문제를 아뢰고 하나님의 지혜를 구하라는 것입니다. 우리는 일상에서 경험하는 시시콜

콜한 일들이 거룩하신 하나님의 관심사항이 아니라고 생각하는 버릇이 있습니다. 하지만 거룩한 삶은 우리의 일상적인 삶의 자리를 떠나서는 불가능합니다. 먹고 마시고 벗들을 만나고 일하는 등의 일 속에 하나님을 모실 때 그 일은 돌연 성스러운 일이 되는 것입니다. 사람의 경험과 지식에는 한계가 분명합니다. 하나님께 여쭐 용기를 가질 때 우리 삶은 새로워집니다. 하나님께 여쭈어 볼 때 우리는 위로부터 오는 힘과 지혜를 얻습니다. 하지만 그보다 더 중요한 것이 있습니다. 하나님께 여쭐 때 우리는 지금 우리를 괴롭히고 있는 문제가 하나님의 관심사이기도 하다는 깨달음을 얻게 됩니다. 그러니까 당장 답이 보이지 않더라도 낙심하지 않을 수 있습니다. 하나님께서 풀어가실 것이라는 믿음이 있기 때문입니다. 이드로는 모세에게 마르지 않는 샘을 가르쳐준 셈입니다.

역사의 주체로 서기

이드로가 모세에게 준 두 번째 충고는 백성들에게 하나님의 뜻이 어디에 있는지를 가르쳐 주어서, 그들이 마땅히 가야 할 길과 그들이 마땅히 하여야 할 일을 알려 주라는 것입니다. 그 말은 백성들을 자기 운명의 능동적인 주체로 세우라는 말입니다. 정신적인 노예의 특징은 투덜거림과 원망resentment 입니다. 자유인은 자유를 향해 나아가면서 겪는 고통을 인생의 수업료로 여깁니다.

성 프랜시스 대학이라고 들어보셨습니까? 이것은 성공회 산하에 있는 다시 서기 센터와 삼성코닝의 후원으로 운영되는 8개월 과정의 인문학 배움터입니다. 그 대상은 노숙인들입니다. 인문학자들이 나서서 그들에게 철학, 역사, 문학, 예술, 글쓰기 등을 가르칩니다. 될까 싶지만 이 과정에 사람들이 넘치고 있답니다. 노숙인들은 밥에만 굶주려 있는 것이 아니라 존재감의 결핍에 빠져 있었던 것입니다. 그들은 인문학을 배우면서 자기의 존재에 대해 다시 생각하고, 자기를 긍정할 수 있는 힘을 얻고 있는 것입니다. 그 과정을 마친 이들은 다시 공적인 세계로 귀환할 용기를 갖게 되는 것입니다.

사람은 밥만 먹고 사는 존재가 아닙니다. 그에게는 살아있음의 의미가 필요합니다. 낙심한 사람들에게 필요한 것은 삶의 방편만이 아닙니다. 삶의 이유가 더욱 필요합니다. 전쟁으로 모든 것을 잃어버린 여인이 죽음을 택하지 않는 것은 돌보아야 할 아이들이 있기 때문인 경우가 많습니다. 왜 사는지, 우리 삶의 의미가 무엇인지를 아는 사람은 가슴에 희망의 나무를 품고 사는 사람입니다. 이드로의 충고는 그 오합지졸의 히브리인들에게 하나님의 의도가 무엇인지를 가르침으로서 그들을 역사의 주체로 다시 세우라는 것이었습니다. 역시 오래 살아온 노인의 혜안이 번득입니다. 하나님의 종인 모세도 이렇게 배워야 할 것이 많은 평범한 사람입니다.

지도자의 조건

이드로의 세 번째 충고는 그의 일을 도울 사람들을 세우라는 것이었습니다. 일 잘하는 사람들이 빠지기 쉬운 오류는 남들에게 일을 맡기려 하지 않는다는 사실입니다. 미덥지 않기 때문입니다. 하지만 좋은 지도자는 자기에게 주어진 권한을 조금 부족해보이더라도 누군가에게 위임할 줄 아는 사람입니다. 그 일을 감당하기에 조금 부족해 보이더라도 그는 책임을 맡음으로서 성장할 것입니다. 위임(trust, mandate)은 신뢰를 전제합니다. 이드로가 재판관의 조건으로 내세운 것은 무엇입니까? 그들은 능력과 덕을 함께 갖춘 사람이어야 합니다. 그리고 하나님을 두려워하며 참되어서 거짓이 없으며 부정직한 소득을 싫어하는 사람이어야 합니다. 이런 사람 어디 없을까요?

능력이 있는 사람은 많습니다. 하지만 능력에 덕을 겸한 사람은 많지 않습니다. 능력은 출중한 데 덕이 없는 이가 높은 자리에 오르게 되면 많은 사람들이 피해를 입게 됩니다. 논어에서 공자는 "정사를 덕으로 하는 것은 비유하자면, 북극성이 제자리에 머물러 있으면 뭇별들이 그에게로 향하는 것과 같다(子曰 爲政以德이 譬如北辰居其所어든 而衆星共(拱)之니라)"고 했습니다. 또 "법제로 백성들을 이끌고 형벌로 다스리면, 백성들은 죄를 면하기만 하면 부끄러움이 없게 된다. 덕으로 그들을 이끌고 예로 다스리면 부끄러운 줄 알아서 스스로를 바르게 한다(子曰 道之以政하고 齊之以刑이면 民免而無恥니라. 道之以德하고 齊之以禮면 有恥且格이니라(《논어》, 위정 1, 3장])고 했습니다. 덕이란 진리에 입각해 살기에 늘 솔선수범하여 남을 배려할 줄 아는 태도를 의미합니다. 덕스러움이야말로 사람들을 바름으로 이끄는 길입니다.

재판관은 또 하나님을 경외하는 사람이어야 합니다. 그래야 사심 없이 판단할 수 있으니 말입니다. 신명기 법전에서 모세는 재판이 하나님께 속한 것이라고 말합니다. 그러니 재판을 할 때에는 어느 한쪽 말만을 들으면 안 된다면서, 세력이 있는 사람이나 없는 사람이나 똑같이 말할 기회를 주어야 한다고 말합니다(신명기 1:17). 사람을 두려워하는 사람은 재판관 자격이 없습니다. 기독교인들은 참을 위해 사람을 두려워하지 않는 사람이 되어야 합니다. 갈라디아서에서 바울 사도가 하신 말씀은 늘 제 가슴에 깊은 여운을 남기고 있습니다.

"내가 지금 사람들의 마음을 기쁘게 하려 하고 있습니까? 아니면, 하나님의 마음을 기쁘게 해 드리려 하고 있습니까? 아니면, 사람의 환심을 사려고 하고 있습니까? 내가 아직도 사람의 환심을 사려고 하고 있다면, 나는 그리스도의 종이 아닙니다"(갈라디아서 1:10).

이 세상은 하나님께서 잘 돌보라고 우리에게 위임해준 곳입니다. 부족하고 약하지만 주님은 당신의 일을 함께 하자고 우리를 부르셨습니다. 그리고 우리 가슴에 하나님 나라에 대한 비전을 심어주셨습니다. 이 비전 덕분에 우리 삶은 늘 새롭습니다. 신자의 삶은 위임받은 바를 수행하는 과정입니다. 가정과 직장과 교회와 사회에서 우리는 그리스도의 정신으로 세상을 변혁할 책임을 지고 있습니다. 무너진 하나님의 질서와 정의를 회복하기 위해 땀흘리는 것은 믿는 이들의 마땅한 책임입니다. 순간순간마다 주님께 지혜를 구하고, 덕스러운 마음과 경외하는 마음으로 사람들을 대해야 합니다. 그러면 세상은 우리를 통해 조금은 따뜻한 곳으로 변할 것입니다. 다시 한 번 주님이 맡겨주신 소명에 '아멘'으로 응답하는 우리가 되기를 바랍니다.

제 사 장 나 라, 거 룩 한 백 성 1

출애굽기 19:1-25

_____ 출애굽기 19장은 '시내산 계약' 이야기의 서장이라 할 수 있다. 하나님은 애굽을 탈출한 사람들과 시내산에서 계약을 맺음으로써 그들을 당신의 백성으로 삼으셨다. 탈출 공동체가 시내 광야에 이른 것은 애굽 땅을 떠난 지 3개월이 되던 날이다. 90일이 지났다는 말이 아니라 삼월 첫째날이라고 보아야 할 것이다(새번역은 아예 '셋째 달 초하룻날'이라고 번역하고 있다). 유대 전승이 모세가 시내산에서 율법을 받은 때가 유월절 후 7주가 지난 오순절 날이라고 가르치고, 출애굽한 날이 첫째 달 십사일(12:18)이라는 보도로부터 그렇게 유추할 수 있다는 말이다.

그들은 르비딤을 지나 시내 광야를 통과한 후 산 아래 장막을 쳤다. 휴식을 위한 것이 아니라 하나님의 계시를 받기 위해서였다. 모세는 일찍이 떨기나무 불꽃 속에서 그를 부르셨던 하나님께로 올라간다. 두려움과 떨림으로 주저하던 이전의 모습과는 아주 다르다. 하지만 잊지 말아야 하는 것은 모세의 '오름'은 하나님의 '부름'이 있었기 때문이라는 사실이다.

하나님의 멋진 꿈

하나님은 모세에게 이스라엘 자손들에게 전해야 할 말씀을 일러주신다. 주님은 애굽 사람에게 친히 행하신 일과 그들을 어떻게 인도하셨는지를 상기시킨 후, 그 백성을 향한 멋진 꿈을 들려주신다. 그들이 '제사장 나라'와 '거룩한 백성'이 되게 하겠다는 것이다. 물론 여기에는 한 가지 전제가 있다. "너희가 내 말을 잘 듣고 내 언약을 지키면"(19:5)이 그것이다. 하나님은 일방적으로 계명을 부과하기보다는 백성들의 동의를 구하고 계신다. 그들이 거절할 수 있는 가능성도 열어놓으셨다는 말이다. 이 대목이 참 감동적이다. 애굽의 전제정치 하에서 노예노동에 시달리던 히브리인들은 삶의 자기 주도권을 향유하지 못했다. 그들은 일방적으로 지시를 받는 일에 익숙하던 사람들이다. 그런데 하나님은 당신의 계획에 동의할지 여부를 물으심으로써 그들을 자유인으로 대하고 계신다. 하나님의 사랑은 이처럼 인격적이다.

　하나님은 가장 천대받던 사람들, 제국이라는 기계의 부품 취급을 받던 사람들을 '제사장 나라'와 '거룩한 백성'으로 삼으려 하신다. 이것은 강제노동과 폭력, 억압과 착취에 기반한 제국에 대한 부정이다. 하나님은 소수의 사람들만이 자유롭고, 다수는 부자유한 세상을 해체하려 하신다. 제사장은 누구인가? 하나님의 일꾼으로 성별된 사람이다. 제사장은 하나님은 뜻을 분별할 수 있는 사람인 동시에 하나님 앞에서 어떻게 살아야 하는지를 몸으로 보여주어야 하는 사람이다. 나중에 제의(祭儀)가 제정되면서 제사장이라는 특정 계급이 등장하기는 했지만, 어떤 경우에도 잊지 말아야 하는 것은 하나님은 모든 사람들이 제사장이 되는 나라를 구상하셨다는 사실이다. 종교개혁자들이 주창한 만인제사장직의 근거가 바로 여기에 있다 할 수 있다.

'거룩한 백성'이란 구별된 사람이다. 어떤 의미에서 구별되었다는 말일까? 거룩한 백성은 이 지상의 현실을 넘어서는 세계가 있음을 보여줄 책임이 있다. 그들은 일종의 창문이다. 그들은 세상 사람들에게 정녕 하나님이 살아계시다는 것을 삶으로 보여주어야 한다. 히브리어로 백성을 뜻하는 '암am'에는 '가족'이라는 뜻이 내포되어 있다. 거룩한 백성은 하나님의 가족이다. 고통 받는 이들의 삶의 자리에까지 기꺼이 내려오신 하나님은 그들의 가족이 되는 것을 마다하지 않으신다. 이보다 큰 은혜가 또 있을까? 하나님은 이처럼 새로운 역사에 대한 멋진 꿈을 제시하며 백성들이 그 꿈에 동참하겠는지 물으신다.

언약 공동체

모세가 산에서 내려가 백성의 장로들을 불러 하나님의 뜻을
전하자 그들은 "여호와께서 명령하신 대로 우리가 다 행하리
이다"(19:8) 하고 대답한다. 아직 여호와의 명령이 무엇인지 구
체적으로 알지 못하면서도 그들은 기꺼이 순종을 약속한다. 하
나님에 대한 절대적 신뢰가 형성되었기 때문에 가능한 일이다.
믿음은 맡김trust이다. 광야 체험은 출애굽 공동체에게 눈에 보
이지 않는 것에 근거한 삶이 가능하다는 사실을 일깨워주었다.
그들은 "믿음은 바라는 것들의 실상이요 보이지 않는 것들의
증거"(히브리서 11:1)라는 말을 입증하는 예가 되었다. 이제 하나
님과 이스라엘 사람들이 언약을 맺을 시간이 도래했다.

성경은 이 시내산 계약 이전에도 하나님이 사람들과 맺으신
언약 이야기를 들려주고 있다. 첫 번째 언약은 노아와 맺은 언
약이다. 폭력과 부패가 가득한 세상을 홍수로 심판하신 하나님
은 노아에게 "다시는 모든 생물을 홍수로 멸하지 아니할 것"
(창세기 9:11)이라 하시면서 그 언약의 증거로 무지개를 구름 속
에 두셨다. 이때 언약의 파트너는 노아이지만 언약의 대상은
인간을 포함한 모든 생명체이다.

두 번째 언약은 아브라함과 맺은 언약이다. 하나님의 부르
심에 따라 고향과 친척과 아버지의 집을 떠나 유랑자가 된 아
브라함에게 하나님은 '땅과 후손'에 대해 약속해주셨다(창세기
15:18). 하나님은 일찍이 "땅의 모든 족속이 너로 말미암아 복

을 얻을 것"(창세기 12:3)이라며 아브라함에게 복의 매개자가 되는 사명을 주셨다. 그리고 세 번째 언약이 바로 시내산에서 출애굽 공동체와 맺은 언약이다.

제사장 나라, 거룩한 백성 2

출애굽기 19:1-25

_____ 모세는 하나님과 백성 사이에 서 있다. 백성들 앞에서는 하나님의 말씀을 전하고, 하나님 앞에서는 백성들의 뜻을 전한다. 그는 소통을 위한 '매개 존재', '경계인境界人'이다. 경계인은 어느 쪽에도 속할 수 없기에 외롭다. 하지만 그는 한쪽에 속한 이들에게는 보이지 않는 현실을 보는 사람이다. 떨기나무 불꽃 속에 현현하신 하나님을 처음 만났을 때의 두려움과 떨림이 다시 모세를 사로잡았을 것이다.

모세는 하나님의 멋진 꿈에 동참하고 싶다는 백성들의 의지를 하나님께 전했다. 그러자 하나님은 빽빽한 구름 가운데서 모세에게 임하여 그와 더불어 이야기를 나누겠다고 말씀하신다(19:9). 그것은 모세의 지도력을 강화해주시려는 하나님의 배려였다. 하나님은 그 놀라운 광경을 백성들에게 개방하심으로써 모세가 전하는 말이 임의로 지어낸 말이 아니라 하나님의 구원의지에서 나온 말임을 일깨우려 하셨다.

언약 준비

하나님은 모세에게 "너는 백성에게로 가서 오늘과 내일 그들을 성결하게 하며 그들에게 옷을 빨게 하고 준비하게 하여 셋째 날을 기다리게 하라"(19:10-11)고 지시하신다. '거룩한 백성'이 되려는 이들이 몸과 마음을 정결히 하는 것은 당연한 일이다. 떨기나무 불꽃 가운데 임하신 주님 앞에서 모세가 신을 벗었던 것처럼, 언약을 앞둔 이들은 몸에 밴 관습과 더러움을 벗어버려야 한다. 목욕을 하고 옷을 빠는 일은 낡아빠진 일상, 경이가 사라진 당연의 세계를 낯설게 하는 일이다. 일상과 비일상, 세속과 거룩의 경계를 예민하게 자각하기 위한 준비이다. 그 경계선 앞에 선 사람은 경외심을 느끼게 마련이다.

그런데 왜 하필이면 '셋째 날'을 기다리라는 것일까? 성경에서 '셋째 날'은 흔히 새로운 사건이 벌어지는 역사의 전환점을 암시하는 시간이다. 아들 이삭을 번제로 바치기 위해 집을 떠난 아브라함은 셋째 날에 눈을 들어 하나님이 지시한 산을 바라보았다(창세기 22:4). 하나님의 명을 거스른 채 달아나던 요나는 물고기 뱃속에 삼키운 채 삼일 삼야를 지나야 했다(요나 1:17). 예수님은 어떤 바리새인들이 와서 '헤롯이 당신을 죽이고자 하나이다' 하고 알렸을 때 "가서 저 여우에게 이르되 오늘과 내일은 내가 귀신을 쫓아내며 병을 고치다가 제삼일에는 완전하여지리라 하라"(누가복음 13:32)고 말씀하셨다. 3일은 어쩌면 어떤 사안 앞에서 자기의 감정과 태도를 성찰하는 데 꼭 필요한 시간인지도 모르겠다.

그 3일 동안 백성들은 산에 올라가도 안 되고, 모세가 설정해놓은 경계선을 넘어서도 안 되었다. 뿐만 아니라 여인을 가까이 해서도 안 되었다. 어쩌면 참 삶이란 자유의 한계를 기꺼이 인정하고 받아들이는 데서 싹터 오르는 것인지도 모르겠다. 창세기의 타락 이야기는 뱀의 유혹에 넘어간 아담과 하와가 하나님께서 금지하신 것을 위반하면서 시작된다. 자유의 한계를 받아들이려 하지 않는 것이야말로 인간의 죄성이다. 그리스 비극은 대개 '분노'와 '고집'에서 비롯되는 빗나감을 노래하고 있다. 교회 전통이 오랫동안 죄의 가장 큰 뿌리 가운데 하나로 가르쳐온 휴브리스hubris는 한계를 받아들이려 하지 않는 자만심을 뜻한다. 모세는 그러한 금지 명령을 위반한 이들은 죽임을 당할 것이라고 엄히 일렀다.

여호와의 강림

마침내 셋째 날 아침이 밝아왔고 우레와 번개와 빽빽한 구름이 산 위에 있고, 나팔 소리가 크게 들렸다. 시내 산에는 연기가 자욱했다. 하나님의 임재를 나타내기 위해 동원된 이미지들이 참 다양하다. 성서는 표현하거나 포착할 수 없는 신적 임재의 신비를 나타내기 위해 시적인 은유들을 종종 동원한다. 요한계시록은 하나님 나라의 아름다움과 완전함을 나타내기 위해서 사람들이 가장 귀히 여기던 온갖 보석들을 동원하고 있다(요한계시록 21:18-21). 시적 은유를 실재로 오해하는 일이 없어야 한다. 출애굽기 본문에서 사용되고 있는 다양한 은유들은 우리를 신적 장엄함 앞으로 인도한다.

그런데 한 가지 잊지 말아야 할 것이 있다. 사람들은 하나님이 시내산에 거하시는 분이라고 여긴다. 하지만 본문은 그런 통념을 여지없이 부수고 있다. 하나님은 그곳에 강림하셨을 뿐이다. 하나님이 특별히 머무시는 공간은 없다. 성전을 지어 바쳤던 솔로몬조차 그 사실을 분명히 인식하고 있었다. 하나님은 특정 장소에 고착된 분이 아니라, 그 백성들의 삶의 자리에 언제든 찾아오시는 분이시다.

시내산 꼭대기로 강림하신 여호와는 모세를 산 위로 부르신 후에, 다시 한 번 백성들에게 하나님을 볼 욕심에 정해진 한계를 넘어서는 일이 없도록 엄중히 이르라 말씀하신다. 23절에 나오는 "산 주위에 경계를 세워 산을 거룩하게 하라"는 구절도 오해를 하면 안 된다. 산 그 자체가 거룩한 것이 아니다. 그곳에 하나님께서 임재하셨기 때문에 거룩한 것이다. 모세는 백성들을 산기슭에 머물게 하고 아론과 함께 산으로 올라오라는 명령을 듣는다. 몇 번씩이나 반복되고 있는 '경계를 지키라'는 명령은 어쩌면 이제부터 주어질 말씀을 두렵고 떨림으로 받아들이라는 권고인지도 모르겠다.

message 6

언약 위에 세운 나라

이스라엘 자손이 이집트 땅에서 나온 뒤 셋째 달 초하룻날, 바로 그날 그들은 시내 광야에 이르렀다. 그들은 르비딤을 떠나서, 시내 광야에 이르러, 광야에다 장막을 쳤다. 이스라엘이 그 곳 산 아래에 장막을 친 다음에, 모세가 산으로 올라가 하나님께로 가니, 주님께서 산에서 그를 불러서 말씀하셨다. "너는 야곱 가문에게 이렇게 말하여라. 이스라엘 자손에게 이렇게 일러주어라. 너희는 내가 이집트 사람에게 한 일을 보았고, 또 어미독수리가 그 날개로 새끼를 업어 나르듯이, 내가 너희를 인도하여 나에게로 데려온 것도 보았다. 이제 너희가 정말로 나의 말을 듣고, 내가 세워 준 언약을 지키면, 너희는 모든 민족 가운데서 나의 보물이 될 것이다. 온 세상이 다 나의 것이다. 그러므로 너희는 내가 선택한 백성이 되고, 너희의 나라는 나를 섬기는 제사장 나라가 되고, 너희는 거룩한 민족이 될 것이다. 너는 이 말을 이스라엘 자손에게 일러주어라." 모세가 돌아와서 백성의 장로들을 불러모으고, 주님께서 자기에게 하신 이 모든 말씀을 그들에게 선포하였다. 모든 백성이 다 함께 "주님께서 말씀하신 모든 것을 우리가 실천하겠습니다"하고 응답하였다. 모세는, 백성이 한 말을 주님께 그대로 말씀드렸다(출애굽기 19:1-8).

창세기의 인권선언

벌써 대림환의 초가 두 개 밝혀졌습니다. 그동안 얼마나 밝아지셨습니까? 대림환의 초는 주님을 모신 세상이 조금씩 밝아짐을 상징합니다. 그리고 초를 둘러싸고 있는 리쓰wreath는 하나님의 원만하고 풍성한 사랑을 뜻합니다. 하나 둘 초에 불이 밝혀지듯이 우리 마음에도 주님의 사랑의 불꽃이 타오르기를 소망합니다. 12월 10일은 세계인권선언기념일입니다. 교회는 이 무렵을 인권주일로 지킵니다. '인권'이라는 말 앞에는 흔히 '천부天賦'라는 단어가 붙습니다. 하늘로부터 받았다는 뜻입니다. 인권은 그러니까 하늘로부터 받은 포기할 수 없는 가치입니다. '인권'은 영어로 'human rights'라고 하는데, 여러 종류의 인권이 있기 때문에 복수형인 'rights'를 씁니다. 'right'라는 단어는 '옳다'rectitude는 뜻과 어떤 것을 요구할 수 있는 '자격'entitlement 혹은 '권리'라는 뜻을 내포하고 있습니다. 인권이란 따라서 '옳고 정당한 것을 요구할 수 있는 자격 혹은 권리'라고 정의할 수 있겠습니다. 그런데 '인권'을 주장하는 사람

들은 흔히 우리 사회에서 좀 급진적인 사람처럼 인식되고 있
는 실정입니다. 그들은 사람들이 통념상 당연한 것으로 여기고
있던 문제에 의문을 제기하고 시정을 요구하는 사람들이기 때
문입니다(소수자 인권).

성경은 세상의 그 어떤 문서보다도 '인권'의 가치에 깊이 주
목합니다. 창세기 1장에 나오는 창조 이야기는 바빌론 포로 생
활을 배경으로 하고 있습니다. 나라가 망해 바빌론에 끌려간
사람들은 망국민의 설움을 안고 살았습니다. 시편 137편은 그
들이 겪었던 내적 고통을 잘 드러내줍니다.

"우리가 바빌론의 강변 곳곳에 앉아서, 시온을 생각하면서 울었
다. 그 강변 버드나무 가지에 우리의 수금을 걸어두었더니, 우리
를 사로잡아 온 자들이 거기에서 우리에게 노래를 청하고, 우리를
짓밟아 끌고 온 자들이 저희들 흥을 돋우어 주기를 요구하며, 시
온의 노래 한 가락을 저희들을 위해 불러 보라고 하는구나"(1-3).

시인은 "우리가 어찌 이방 땅에서 주님의 노래를 부를 수 있
으랴" 탄식합니다. 그런데 끌려갔던 이들 가운데 있던 제사장
들은 시름에 찬 백성들에게 천지 창조 이야기와 조상들의 이
야기를 들려줍니다. 그들이 자기들의 정체성을 잃지 않도록 하
려는 것이었습니다. 사실 창조 이야기는 우주 발생에 대한 이
야기가 아니라, 온 우주를 통치하시는 하나님에 대한 이야기입

니다. 주목해야 할 것은 창조의 순서입니다. 첫째와 둘째 날 빛과 창공을 만드신 주님은 셋째 날 물과 뭍을 갈라놓고는 땅에게 씨를 맺는 식물과 씨 있는 열매를 맺는 나무를 종류대로 내라고 명하십니다. 그런데 창세기의 이야기꾼은 넷째 날 하나님께서 해와 달과 별을 만드셨다고 말합니다. 우리의 빈약한 생물학적 지식을 가지고 보더라도 여기에는 좀 문제가 있습니다. 셋째 날과 넷째 날이 뒤바뀐 것처럼 보입니다. 해와 달과 별이 없이 식물은 자랄 수 없습니다. 이건 상식입니다. 하지만 여기에 이야기꾼의 숨은 뜻이 있습니다. 해와 달과 별은 바빌론 사람들이 신으로 숭배하던 대상입니다. 그들이 신으로 숭상하는 것들은 사실 야훼 하나님의 피조물에 지나지 않으며, 그들이 준다고 믿었던 먹을거리도 하나님께서 마련해 주신다는 사실을 이야기꾼은 그렇게 표현한 것입니다.

더욱 놀라운 것은 인간 창조에 대한 이야기입니다. 성경은 하나님이 당신의 형상대로 사람을 창조하셨다고 말합니다. 이것은 신학적인 동시에 정치적인 표현입니다. '하나님의 형상'이라는 말은 제정일치 시대의 왕에게만 배타적으로 적용되던 말이었습니다. 그런데 이야기꾼은 그 단어를 모든 인간에게 적용시키고 있습니다. 우리 식으로 번역하면 '왕후장상의 씨가 따로 없다'는 말입니다. 모든 인간의 생명은 하나님에게서 유래한다는 것입니다. 예외가 없습니다. 식민지 백성이라고, 가난하다고, 배우지 못했다고, 힘이 없다고, 장애를 가지고 태어났다고, 부모가 없다고, 사람을 함부로 대하는 것은 하나님을 거역하는 일이라는 것입니다. 이것은 인간을 목적이 아닌 수단으로 대하는 제국주의에 대한 거역인 동시에 심오한 인권선언인 것입니다. 놀랍지 않습니까? 창세기의 이런 비전은 출애굽 공동체의 이상과도 연결됩니다.

소명의 공유

압제의 땅 애굽을 떠나온 출애굽 공동체는 수르 광야와 신 광야를 지나고, 오아시스 지대인 르비딤을 통과해 시내 광야에 이르렀습니다. 정말 힘겨운 여정이었습니다. 바로Pharaoh 한 사람이 지배하고 나머지는 모두 피지배자로 전락할 수밖에 없는 불의한 체제로부터 벗어나 자유와 평등의 새 세상을 이루겠다는 그들의 장한 꿈은 고단한 여정 가운데서 퇴색되어 가고 있었습니다. 먹고 마시고 쉬고 싶고, 불안에서 벗어나고 싶은 것은 인간의 본능에 속합니다. 광야는 이런 욕구를 충족시켜 주기에 적절치 않은 장소입니다. 사람들 사이에 불평의 목소리가 터져 나오기 시작합니다. 인간의 감정은 전염성이 강해서 한두 사람이 불만을 터뜨리기 시작하면 다른 이들도 그 불만에 물들게 됩니다.

출애굽 공동체를 구성하고 있는 이들을 가리켜 '히브리' 혹은 '이브림'이라고 합니다. 그들은 여기저기 떠돌며 살던 사람들, 문명화된 세계의 중심에서 밀려난 사람들로서 애굽에서

'불결한 사람'으로 분류되던 이들입니다. 히브리는 민족 이름
이 아니라 계층을 일컫는 단어입니다. 삶의 내력도 다르고, 조
상도 다르고, 함께 나눌 기억도 없는 그들을 하나로 묶어줄 수
있는 끈은 없었습니다. 뿌리 깊은 나무가 바람에 흔들리지 않
는 법이고, 샘이 깊은 물이 마르지 않는 법인데, 출애굽 공동체
는 언제라도 해체될 수 있는 불안한 조직이었습니다. 서로 다
른 생각과 가치관을 가진 사람들이 한 공동체를 이루어 산다
는 것은 참 어려운 일입니다. 사람들의 욕망은 늘 자기중심적
입니다. 더러 다른 이를 배려할 때도 있지만, 대개는 자기를 중
심에 놓고 생각하는 일에 익숙합니다. '차이'가 드러나는 순간
불편한 감정도 생기기 때문입니다. 출애굽 공동체는 위기에 처
했습니다.

그들이 함께 나눌 기억이 없는 것은 아니었습니다. 그들에게
는 애굽에서 겪어야 했던 고역에 대한 기억과, 애굽을 벗어나
는 과정에서 겪었던 구원체험이 있었습니다. 히브리들은 어느
순간 자기들 가운데 생겨난 새로운 정체성을 깨달았습니다. 그
것은 스스로를 '히브리의 하나님'으로 계시하신 야훼 하나님
에 대한 감사와 신뢰였습니다. 그들을 하나로 묶어줄 수 있는
끈은 바로 '야훼 하나님'이었습니다. 출애굽 공동체는 마침내
시내산 앞에서 하나님과 언약을 맺습니다. 인류 역사상 최초로
신앙 공동체가 출현하는 순간입니다. 그들의 정체성의 뿌리는
과거에 있지 않습니다. 함께 지향하고 함께 이루어 가야 할 미

래에 있습니다.

동의를 구하는 하나님

언약을 맺기 전에 하나님은 모세를 따로 불러 백성들의 기억을 환기시키라고 말합니다. 애굽에서 벗어날 때 하나님이 하신 놀라운 일들을 돌이켜 생각해보라는 것입니다. 그들은 길지 않은 시간 동안 너무나 극적인 사건들을 많이 겪었습니다. 거기에 견줄 수는 없겠지만, 우리들의 삶을 돌아보아도 참 곡절이 많습니다. 하루에도 수십 번씩 희망과 절망 사이에서 줄타기를 하는 우리들 아닙니까. 어떤 때는 삶의 충만함을 느끼다가 다음 순간에는 더할 수 없이 쓸쓸한 느낌에 사로잡히기도 합니다. 하지만 살아온 날을 돌아보면 보이지 않는 어떤 손길이 우리를 붙들고 있었다는 사실을 인정하지 않을 도리가 없습니다.

"어미독수리가 그 날개로 새끼를 업어 나르듯이, 내가 너희를 인
도하여 나에게로 데려온 것도 보았다"(4절).

이 말씀은 출애굽 공동체에게만 해당하지 않습니다. 하나님을 믿는 모든 이들의 경험입니다. 마침내 언약을 맺기 전 하나님은 그들에게 이런 약속을 들려주십니다.

"너희가 정말로 나의 말을 듣고, 내가 세워 준 언약을 지키면, 너
희는 모든 민족 가운데서 나의 보물이 될 것이다"(5절).

여기서 우리가 주목해야 할 것이 있습니다. 하나님은 일방적
으로 당신의 계명을 부과하고 있지 않습니다. 선택권은 백성들
에게 있습니다. 하나님의 통치를 인정할 것인지 말지를 결정해
야 하는 주체는 바로 히브리들입니다. 모든 백성이 '그렇게 하
겠다'고 할 때 비로소 언약이 성사되는 것입니다. 여러분, 깨닫
고 계십니까? 하나님은 모세나 다른 지도자들에게 선택권을
준 것이 아닙니다. 엘리트가 아닌 평범한 민중들에게 자기들의
국가 정체에 대해 동의할 것인지를 묻고 계신 것입니다. 하나
님은 제왕적 지배자가 아니라 민주주의적인 통치자이십니다.
'이게 좋으니까 너희는 무조건 받아라' 하는 강제와 억지가 없
으십니다. 히브리인들은 자기 결정권 없이 살아온 사람들입니
다. 주인이 '하라' 하면 하고, '말라' 하면 마는 것이 그들의 삶
이었습니다. 그런데 하나님은 그들을 역사의 주체로 인정하고
계십니다. 하나님은 사람들에게 자신의 삶을 선택할 기회와 자
유를 주십니다. 지배받는 이들의 자발적 동의가 전제되지 않은
지배는 하나님조차 거부하십니다.

누가복음 15장에 나오는 탕자의 이야기도 같은 사실을 보여
줍니다. 아버지는 철없는 작은 아들이 자기 몫의 재산을 가지
고 집을 떠나는 것을 허용합니다. 아들의 탈선이 불 보듯 뻔한

데도 아버지는 아파할 뿐, 아들의 자유를 침해하지 않습니다. 아들을 존중하기 때문입니다. 고통을 통해 스스로 배워야 성숙해짐을 알기 때문입니다. 우리는 자녀 세대들을 위해 뭐든지 다 해줘야 한다고 생각합니다. 숙제도 대신 해주고, 생각도 대신 해주고, 꿈도 대신 꿔주고, 갈등도 대신 해결해주려 합니다. '다 너를 위해서'라고 생각하지만 이건 사랑이 아니라 폭력입니다. 갈등과 고뇌 속에서 넘어지고 일어서기를 반복하면서 배워야 할 인생의 교훈을 빼앗는 일이기 때문입니다.

새로운 가치

백성들이 '주님께서 말씀하신 모든 것을 다 실천하겠다'고 동의하자 하나님은 그들이 예기치 않았던 역사적 소명을 맡기십니다.

"너희의 나라는 나를 섬기는 제사장 나라가 되고, 너희는 거룩한 민족이 될 것이다"(6절).

이것은 평범한 약속이 아닙니다. 나라 전체가, 구성원 하나하나가 거룩한 제사장이 될 것이라는 약속입니다. 고대 세계의 어느 나라에도 특권적인 사제 계급이 있었습니다. 그들은 신과 가까운 사람으로 인식되었기에 왕들은 그들을 가까이 두고 있었습니다. 제사장들은 특권층이었습니다. 성경에도 그런 제사장들에 대한 이야기가 나옵니다. 성서는 살렘 왕 멜기세덱은 가장 높으신 하나님을 섬긴 제사장이었다고 말합니다(창세기 14:18). 멜기세덱은 아브라함을 위해 복을 빌어 주었고, 아브라함은 그에게 십일조를 바쳤습니다. 모세의 장인 이드로는 미디안의 제사장이었습니다(출애굽기 3:1). 제사장 가문은 왕들조차도 함부로 할 수 없었습니다. 요셉은 근동지방에 닥쳐온 7년 기근 동안 비축해 두었던 곡식을 풀어 사람들의 땅을 국유화했지만, 제사장들의 토지는 그렇게 하지 못했습니다.

그런데 하나님은 지금 이스라엘을 제사장 나라로 삼으시겠다고 말씀하십니다. 이것은 그들에게 특권을 주겠다는 말이 아닙니다. 히브리인들에게 주신 비전은 모든 사람이 제사장이 되고, 모든 구성원들이 거룩하게 되는 나라의 꿈입니다. 물론 나중에는 제사장 계급이 형성되었지만, 초기의 이스라엘이 꿈꾸던 것은 그런 것이 아니었습니다. 지도자건 제사장이건 일반 백성이건 모두가 '토라Torah' 아래 있습니다. 토라는 형제/자매애에 바탕을 둔 평등 공동체를 이끌어가는 법입니다. 그 토라의 내용은 세 단어로 압축될 수 있습니다.

첫째는 '미슈팟mishpat'입니다. 그것은 최소한의 정의(minimal justice)를 일컫는 말입니다. 잘못하면 벌을 받고, 손해를 입히면 보상하도록 하는 것입니다. 이게 무너지면 사회는 존속되기 어렵습니다. 미슈팟은 사회적인 특권층이나 약자들 모두에게 보편적으로 적용되는 공평함입니다. 우리가 요구하는 사법적 정의가 바로 이것입니다.

둘째는 '쩨다카tzedakah'입니다. 이것은 분배적 정의(distribu-tive justice)라고 새길 수 있습니다. 토라는 가난한 사람들에 대한 관심이 많습니다. 추수할 때 밭의 한 모퉁이는 남겨두라든지, 안식년이 되면 땅의 소출을 거두지 말고 빚을 탕감해주라는 것은 가난하고 소외된 사람들의 살 권리를 보장해주기 위한 것입니다. 이런 생각의 바탕에는 '땅의 주인은 하나님'이라는 고백이 담겨 있습니다. 우리는 모두 이 땅에 잠시 동안 머물다 가는 나그네 혹은 식객들입니다. 하나님은 이 땅에 사는 모든 사람들이 행복하기를 원하십니다. 그렇기에 누군가를 위해 나누어주는 것은 자선이 아니라 정의입니다.

셋째는 '헤세드hesed'입니다. 이것은 언약에 바탕을 둔 사랑입니다. 하나님은 당신을 등지고 사는 백성들에게 진노하시다가도 언약을 기억하시고 사랑을 베푸십니다. 성경은 이것을 '인자함'이라고 번역하고 있습니다. 하나님으로부터 그런 사랑을 받은 사람들은 형제/자매들에게 같은 사랑을 품어야 합니다. 과부와 고아와 나그네로 상징되는 사회적 약자들을 우리 형제/자매로 받아들일 때 비로소 우리는 생명의 세상을 열 수 있습니다. 어떤 분은 이것을 '자비의 사회화'라고 표현했습니다.

지금 우리 사회는 어떠합니까? 기본적 정의인 미슈팟, 분배적 정의인 쩨다카, 서로를 존중하고 사랑하는 헤세드, 이 모든 것들이 망가진 것은 아닙니까? 한 사람 한 사람을 하나님의 형상으로 존중하는 세상, 천부의 인권이 존중되는 세상이야말로 발전된 세상, 진보된 세상, 예수님이 꿈꾸셨던 세상이 아닙니까? 아직 갈 길이 멀지만 우리는 이런 세상의 꿈을 가지고 살아갑니다. 가야 할 길을 찾은 사람은 낙심할 수 없습니다. 이런 꿈을 우리에게 주신 하나님이 우리와 동행하십니다. 그렇기에 우리는 울면서라도 씨를 뿌리며 살아갑니다. 이런 희망과 보람으로 오늘을 살아가는 우리가 되기를 기원합니다.

거룩함 앞에 설 때

모세가 돌아와서 백성의 장로들을 불러모으고, 주님께서 자기에게 하신 이 모든 말씀을 그들에게 선포하였다. 모든 백성이 다함께 "주님께서 말씀하신 모든 것을 우리가 실천하겠습니다" 하고 응답하였다. 모세는, 백성이 한 말을 주님께 그대로 말씀드렸다. 주님께서 모세에게 말씀하셨다. "내가 짙은 구름 속에서 너에게 나타날 것이니, 내가 이렇게 하는 까닭은 내가 너와 말하는 것을 백성이 듣고서, 그들이 영원히 너를 믿게 하려는 것이다." 모세가, 백성이 한 말을 주님께 다시 아뢰었을 때에, 주님께서 모세에게 말씀하셨다. "너는 백성에게로 가서, 오늘과 내일 이틀 동안 그들을 성결하게 하여라. 그들이 옷을 빨아 입고서, 셋째 날을 맞이할 준비를 하게 하여라. 바로 이 셋째 날에, 나 주가, 온 백성이 보는 가운데서 시내 산에 내려가겠다. 그러므로 너는 산 주위로 경계선을 정해 주어 백성이 접근하지 못하게 하

고, 백성에게는 산에 오르지도 말고 가까이 오지도 말라고 경고
하여라. 산에 들어서면, 누구든지 죽음을 면하지 못할 것이다"
(출애굽기 19:7-12).

장엄함 앞에서

광야가 보고 싶었습니다. 애굽을 탈출한 이스라엘 백성들이
40년 동안을 헤맸던 광야, 그 척박한 땅에 발을 딛고 싶었습니
다. 광야에 나가보니 하나님 이외의 것은 아무 것도 생각할 수
없었다고 제 친구는 말했습니다. 차를 타고 몇 시간을 달려가
면서도 저는 잠이 들 수 없었습니다. 그 허허로운 광야에서 눈
을 뗄 수가 없었습니다. 광야는 학교입니다. 이따금 낙타를 타
고 지나가는 베두인족 외에는 아무 것도 보이지 않는 광야는
제게 쓸데없이 말하거나 불평하지 말라고 가르쳤습니다. 광야
는 우리 영혼을 갈고 닦아주며, 어떠한 나약함도 허용하지 않
는 곳입니다. 광야는 또한 '생략하는 법'을 가르쳐줍니다. 하찮
은 일, 쓸데없는 일과 수다스러움을 버리게 만듭니다. 유감스
럽게도 광야를 걷지 못했습니다. 차를 타고 지났을 뿐입니다.
기회가 된다면 광야를 걷고 싶습니다.

시나이 광야 한복판에 2285m의 시내산이 서있습니다. 우리
는 새벽 1시 45분에 시내산 등정을 시작했습니다. 많은 사람
들이 그 산을 오르고 있었습니다. 낙타와 사람들이 뒤엉켜 복
잡하기 이를 데 없었습니다. 하나님 앞에 서기 위해 홀로 그 산

을 올랐던 모세의 고독을 가슴에 느껴볼 틈조차 없었습니다. 하지만 맑고 투명한 달빛과 별빛이 울울한 심사를 씻어주었습니다. 정상에 이르러 예배를 드리고 일출을 기다렸습니다. 모든 이의 시선이 동녘 하늘을 향해 고정되었습니다. 마침내 열은 구름 사이로 해가 떠오르면서 거대한 화강암 덩어리인 산을 붉게 비출 때 그 장엄함이란 말로 다 할 수 없었습니다. 그것은 모든 차별을 지워버리는 순간이었습니다. 인종도 피부색도 이념도 다 뛰어넘어 사람들을 하나로 엮어주는 장엄함이었습니다. 수천 년 전 모세도 그 해를 보았을 것입니다. 그리고 그 장엄함 앞에서 자기의 작음을 절감했을 것입니다. 모세는 그 성산에서 하나님의 음성을 들었습니다. 그것은 어쩌면 지극히 당연한 일이겠다는 생각이 들었습니다.

말씀 앞에 설 준비

오늘 본문은 이스라엘 백성이 르비딤 골짜기를 지나 시내 광야에 이르렀을 때의 일을 전해주고 있습니다. 그들은 시내산 앞에 장막을 쳤습니다. 하나님은 모세를 산 위로 불러 백성들에게 전할 말씀을 주셨습니다.

"이제 너희가 정말로 나의 말을 듣고, 내가 세워 준 언약을 지키면, 너희는 모든 민족 가운데서 나의 보물이 될 것이다. 온 세상이 다 나의 것이다. 그러므로 너희는 내가 선택한 백성이 되고,

너희의 나라는 나를 섬기는 제사장 나라가 되고, 너희는 거룩한 민족이 될 것이다"(19:5-6).

모세가 백성들에게 하나님의 말씀을 전하자 그들은 "여호와의 명하신대로 우리가 다 행하리이다" 하고 응답했습니다. 모세가 백성들의 반응을 하나님께 아뢰자 하나님은 이스라엘 백성들로 하여금 계약을 맺기 위한 준비를 갖추라고 지시하십니다. 그것은 오늘의 우리에게도 의미 있게 다가옵니다.

첫째, 그들을 성결케 하고 옷을 빨게 하라고 하십니다. 이 말은 지금까지 섬겨왔던 다른 신들을 모두 버리라는 것입니다. 신앙은 결단입니다. 마음을 정하고[決] 끊어야 할 것을 끊는[斷] 것입니다. 우리 삶이 누추함을 면치 못하는 까닭은 버릴 것을 버리지 못하기 때문입니다. 하나님을 믿기 위해서는 유사-신들(pseudo-gods)을 버려야 합니다. 우리는 애굽에서 가지고 나왔던 음식이 끊어지기까지는, 하늘의 만나가 내리지 않았음을 잘 압니다. 믿음이란 하나님 한 분만으로 만족하는 것입니다. 값진 진주를 사기 위해 가진 것을 다 파는 것을 의미합니다. 바울은 예수를 만나고 난 후, 이전에 자랑거리로 여겼던 것을 이제는 배설물처럼 여긴다고 말했습니다. 우리 삶이 지리멸렬을 면치 못하는 까닭은 버려야 할 것을 버리지 않기 때문이 아닌가 생각합니다.

둘째, 사면으로 지경을 정하고 아무도 그 지경을 범하지 않아야 한다고 말씀하십니다. 출애굽기 34장 3절에 보면 "온 산에 인적을 금하고 양과 소도 산 앞에서 먹지 못하게 하라"고 하십니다. 이것은 참 중요한 일입니다. 신앙이란 이처럼 지켜야 할 것을 지키는 데서 성립합니다. 가톨릭 신자들은 성당의 문을 들어서는 순간 성호를 그리면서 자신이 거룩한 경내로 들어왔음을 확인합니다. 불교 신자들은 일주문을 들어서는 순간 두 손을 모으고 가볍게 절을 합니다. 저는 이것이 참 중요한 일이라고 생각합니다. 교회를 성전이라 부르는 이들이 있습니다. 교회가 성전이 되는 까닭은 하나님께 봉헌되었기 때문입니다. 그렇다면 우리들도 교회에 들어서는 순간 구별된 장소에 들어왔음을 알아 행동거지를 조심스럽게 해야 합니다. 신앙인은 함부로 살 수 없습니다. 지켜야 할 것을 지키지 않는 신앙생활은 허구일 뿐입니다.

셋째, 예비하여 제 삼일을 기다리라고 하십니다. 신앙은 기다림입니다. 그냥 기다림이 아니라 준비된 기다림입니다. 스스로를 성결케 하고, 옷을 빨고, 행동거지를 삼가면서 하나님의 임재하심을 기다리는 것입니다. 우리의 신앙생활을 돌아봅니다. 과연 이런 기다림이 있는지요? 예배를 제대로 드리기 위해 여러분은 어떤 준비를 하셨는지요? 밤늦도록 텔레비전을 보거나 컴퓨터 앞에 앉아 있다가 아침이면 졸린 눈을 비비며 일어나, 주일에도 쉬지 못하는 자신의 신세를 한탄하며 교회에 나오지는 않습니까? '오늘과 내일'은 준비의 날이고, '제 삼일'은 만남의 날입니다. 오늘과 내일을 잘 살아야 제 삼일이 소중한 날이 되는 것입니다.

새로운 소명

저는 시내산에 올라가서 동료 교역자들에게 우리가 궁극적으로 올라야 할 산은 '예수라는 산'이라고 말했습니다. 눈에 보이는 물리적인 산은 체력만 있으면 오를 수 있습니다. 하지만 예수의 정신이라는 산을 오르려면 믿음이 있어야 합니다. 죽어야 산다는 믿음 말입니다. 섬김과 돌봄이야말로 가장 아름다운 삶이라는 믿음 말입니다. 용서하고 화해하고 평화를 만드는 것이 우리의 소명이라는 믿음 말입니다.

저희가 예루살렘에 들어간 날은 마침 안식일이었습니다. 호텔의 엘리베이터도 기계를 작동하지 않으려는 유대인들을 위해 매 층마다 자동으로 열리고 닫히도록 되어 있었습니다. 성전의 이방인의 뜰에 들어갔을 때 우리는 사진을 찍을 수도, 필기를 할 수도 없었습니다. 안식일에는 카메라도 쉬어야 하고, 볼펜도 쉬어야 하기 때문이라 했습니다. 전통적인 복장을 갖추고 통곡의 벽에 모여들어 앞뒤로 혹은 좌우로 몸을 흔들면서 토라를 읽고, 기도를 드리는 바리새파 유대인들을 보면서 저는 가슴이 선득해짐을 느꼈습니다. 이스라엘의 민족주의의 뿌리를 보는 듯했기 때문입니다. 그러면서 제 마음에 떠오르는 소리가 있었습니다. 주님께서 예루살렘 성을 보시고 우시며 하신 탄식이었습니다.

"오늘 너도 평화에 이르게 하는 일을 알았더라면 좋을 터인데!
그러나 지금 너는 그 일을 보지 못하는구나"(누가복음 19:42).

한 때 우리는 이스라엘 장교가 13살 먹은 팔레스타인 소녀
를 죽이고, 확인사살까지 하였다는 소름끼치는 소식을 들었습
니다. 이것이 과연 하나님의 백성임을 자인하는 사람들이 할
일입니까? 미움은 미움을 낳고, 폭력은 폭력을 낳습니다. 예수
님은 십자가 위에서 사랑으로 폭력의 사슬을 끊으셨습니다.

"아버지, 저 사람들을 용서하여 주십시오. 저 사람들은 자기네가
무슨 일을 하는지를 알지 못합니다"(누가복음 23:34).

평화는 용서와 관용에서 시작됩니다. 유대인들이 그리고 미
국인들이 예수의 길을 알았더라면 얼마나 좋았겠습니까? 그들
이 통곡의 벽 앞에 모여 진정 인류의 평화를 위해 기도한다면,
그리고 다른 이들과 공존하는 길을 모색한다면 중동지역이 지
금처럼 화약고가 되지는 않을 것입니다. 주님은 지금도 탄식하
며 울고 계신 것 같았습니다.

지금이야말로 예수의 길을 따라야 할 때입니다. 예수라는
산에 올라가야 할 때입니다. 옛사람은 심지心地를 밝히지 못했

으면 천리를 멀다하지 않고 스승을 찾아가 길을 물었다 합니다. 이미 스승을 얻었으면 곧 지팡이를 꺾어버리고 바랑을 높이 걸어두고 오랫동안 그를 가까이 하였다 합니다. 저는 이번 이스라엘 순례를 통해 예수야말로 인류가 선택해야 할 길임을 확인하였습니다. 거룩함 앞에 서기 위해서는 모든 헛된 것들을 버리고, 마음을 성결케 하고, 하나님을 마음을 다해 기다려야 합니다. 오늘 그리고 내일 우리는 스스로를 깨끗하게 하고, 제 삼일을 기다려야 합니다. 오늘은 바로 준비의 날입니다. 시간이 넉넉하지 않습니다. 결단해야 할 시간은 바로 지금입니다. 예수와 만날 때는 바로 지금입니다. 예수의 길을 걸어야 할 때가 바로 지금입니다. 예수의 산에 들 때 우리는 비로소 새 하늘과 새 땅이 우리 앞에 열림을 알 수 있을 것입니다. 우리 모두 그 길의 사람이 되기를 주님의 이름으로 기원합니다.

'다른 신'을 섬기지 말라 - 십계명 1

출애굽기 20:1-17

_____ 하나님은 택함 받은 백성들, 압제에서 해방된 백성들이 가슴에 새기고 살아야 할 십계명을 주셨다. 제1계명은 십계명 전체의 핵심이라 할 수 있다. "너는 나 외에는 다른 신들을 네게 있게 말찌니라." 이 계명은 일쑤 타종교에 대한 배척의 근거로 동원되곤 한다. 우리는 하나님이 세상에 유일한 분이라고 믿고 고백하지만 사실 고대 세계는 다신의 시대였다. 신들이 많았다는 말이 아니라, 신에 대한 사람들의 인식이 다면적이었다는 말이다. 그렇다면 하나님께서 출애굽 공동체에게 요구하시는 '다른 신'을 섬기지 말라는 말을 어떻게 이해해야 할까? 이 말을 타종교나 민속 문화에 대한 배척의 근거로 삼는 것은 이 계명의 삶의 자리에 대한 오해에서 비롯된 것이다.

이 계명은 출애굽의 맥락과 분리시켜 해석해서는 안 된다.

이 계명에서 대조되고 있는 '나'와 '다른 신'이라는 기표 속에 담긴 뜻을 헤아려 보아야 한다. '나' 곧 '야훼'는 세상에서 짓밟힌 사람들, 주변부로 내몰린 사람들, 내일에 대한 희망 없이 살아가는 사람들, 억울해도 항의조차 할 수 없는 사람들, 남에게 무시당하고 박해를 받는 것을 숙명처럼 받아들이며 살고 있는 사람들을 찾아가시는 하나님이시다. 그들의 살 권리를 회복시키고, 그들의 가슴에 자유에 대한 꿈을 심어 주시는 분이시다. 출애굽 공동체는 그런 하나님만 섬겨야 한다.

'다른 신'은 제국의 질서를 정당화하는 이데올로기로 작동했던 신들이다. 가진 자들, 힘 있는 이들이 누리고 있는 현상질서를 추인해주는 신들 말이다. 그 신들은 사람들을 숙명론에 묶어둔다. 노예로 살아가는 것도 신이 품부하신 것이니 수용해야 한다고 가르친다. 그 신들은 언제나 기득권자들의 편에 서서 박탈당한 자들을 더욱 소외시킨다. 그 신들은 풍요와 다산을 약속하지만 현실 속에서 그 약속의 수혜자들은 늘 강자들일 뿐이다. 이집트에 내린 재앙은 그런 애굽의 신들에 대한 심판이라고 보아도 될 것이다.

너를 위하여 새긴 우상을 만들지 말라 – 십계명 2

출애굽기 20:1-17

_____ '우상' 하면 떠오르는 것은 돌, 나무, 금 등으로 만든 신상이다. 그 신들을 믿는 이들이 이미 사라져 신들도 사라져버렸지만 돌로 만든 신상들은 지금도 여전히 세계 도처에 서있다. 그런데 사람들은 왜 우상을 만드는 것일까? 삶이 모호하기 때문이다. 삶에는 우리의 경험과 이성으로 파악하거나 예측할 수 없는 일들이 참 많이 일어난다. 아무리 노력해도 처리할 수 없는 생의 어둠 혹은 한계상황 앞에서 사람은 무력감을 느끼지 않을 수 없다. 무력감과 불안을 이기기 위해 사람들은 객관적 대상물을 만들어 놓고 그것을 의지한다.

성경은 하나님께서 당신의 형상을 따라 인간을 창조하셨다고 말하지만, 인간은 자기의 형상을 따라 신을 만들곤 한다. 누군가를 섬기지 않고는 자기 속에 스멀스멀 기어드는 불안감을 잠재울 수 없기 때문이다. 무신론자를 자처하는 사람들도 내면 깊은 곳에서는 섬길 뭔가를 필요로 한다. 연예계 스타나 스포츠 스타에 열광하는 이들이나, 돈이나 출세 혹은 일에 중독된 사람들이나 내면의 풍경에는 별 차이가 없다. 속절없이 흘러가는 시간을 잡아채 공간화하고 싶은 열망이 곧 우상을 만드는 마음이다. 자기 이름을 딴 기념관을 짓거나 웅장한 예배당을 지으려는 것도 어찌 보면 소멸에 대한 두려움을 덜어보려는 허욕에서 비롯된 것인지도 모르겠다.

하나님은 피조물의 모양을 본떠서 우상을 만들지 말라(출애굽기 20:4)고 엄히 이르신다. '만들다'라고 번역된 히브리어 동사는 '새기다' 혹은 '쪼다'라는 의미로 새길 수 있다. 무심코 지나칠 수도 있는 말이다. 하지만 강제노역에 시달리던 이들에게는 평범한 말일 수 없다. 여러 해 전 디스커버리 채널에서 이집트의 피라미드와 오벨리스크와 거대한 신상들이 어떻게 만들어졌는지를 시뮬레이션으로 보여준 적이 있었다. 채석장에서 거대한 돌이 선택되면 일꾼들이 양옆으로 나란히 앉아 정으로 돌을 쪼는 광경이었다. 하루 이틀에 끝날 일이 아니었다. 몇 달 혹은 몇 년이 걸리는 일이었다. 정과 망치를 잡을 수 있는 때부터 죽는 순간까지 채석장에 앉아 뙤약볕을 견디며 돌을 쪼는 이들의 소원은 무엇이었을까? 어쩌면 죽는 것이었는지도 모르겠다.

히브리인들 모두가 채석장에서 일했다고 할 수는 없지만, 제국의 위계질서의 맨 밑바닥에 처해있던 이들의 삶은 대체로 유사하지 않았을까? 지금은 관광지로 변한 옛 신전 건물을 볼 때마다, 거대한 신상들을 볼 때마다 그곳에 묻은 노예들의 땀과 피가 보이는 듯하고, 그들의 눌린 함성이 들리는 듯하지 않던가? 종교를 빌미로 해서 수많은 사람들을 노예적 삶에 묶어 두는 종교는 악마화된 종교, 무너져야 마땅한 종교이다. '우상을 만들지 말라'는 명령에는 피의 기억이 배어 있다.

오늘의 교회를 돌아볼 필요가 있다. 예배당을 짓기 위해 무리수를 두다가 교회의 본질을 잃어버리는 교회가 얼마나 많은가? 야훼의 이름으로 야훼를 부정하고, 예수의 이름으로 예수를 부정하는 일은 또 얼마나 많은가?

여호와의 이름을 망령되게 부르지 말라 - 십계명 3

출애굽기 20:1-17

_____ 종교의 타락은 종교적 언어가 본래의 뜻을 상실하면서 시작된다. 기호로서의 언어와 그 내포하는 뜻이 분리되는 것이야말로 불신사회의 뿌리이다. '망령되이'라는 말은 그 극단적 분리를 지시하는 말이다. 일찍이 유대인들은 하나님의 거룩한 이름을 차마 발음할 수 없었기에 네 개의 자음으로만 표기했다. 이름이 곧 존재이기 때문이다. 이름을 부른다는 것은 그와 관계가 시작되었음을 알리는 신호이다.

김춘수의 시 〈꽃〉의 한 대목이 떠오른다. "내가 그의 이름을 불러주기 전에는/그는 다만 하나의 몸짓에 지나지 않았다.//내가 그의 이름을 불러주었을 때/그는 내게로 와 꽃이 되었다."

호명 행위를 통하여 '하나의 몸짓'에 불과하던 것이 '꽃'이 된다. 호명행위는 그처럼 소중한 것이다. 불붙은 떨기나무 가운데서 현현하신 하나님께 모세는 이름을 물었다. 이름을 알지 못하면 관계도 시작될 수 없기 때문이다.

물론 이름을 알았다고 해서 그 존재 전체를 알았다고 할 수는 없다. 스스로를 드러내면서 감추시는 하나님을 알기 위해서는 오랜 시간 그분과 동행해야 한다. 하지만 많은 이들이 하나님의 이름을 신비의 부적이라도 되는 것처럼 오용하는 경우가 많다. '하나님의 이름을 망령되이 일컫지 말라'라고 할 때, '망령되이'라고 번역된 단어의 기본적 의미는 '공허하게, 헛되이, 불성실하게, 경솔하게'이다.

하나님의 이름을 관습적으로, 공허하게 발설하는 것처럼 큰 불경이 없다. 많은 이들이 자기 이익을 극대화하기 위해 하나님을 동원하고, 죄 없는 사람들의 피를 흘리고 또 우상을 섬겨 땅을 더럽히면서도 하나님의 이름을 부른다.

사람들의 마음에 두려움과 욕망의 씨앗을 심어 지배를 영속화하려는 종교상인들, 말씀의 해석권을 독점하려는 종교 권력, 하나님의 이름으로 전쟁을 일으키는 자들도 하나님의 이름을 사용한다. 제2차세계대전 당시 독일군들의 군복에는 'Gott mit Uns'(우리와 함께 계신 하나님)라는 글귀가 새겨져 있었다고 한다. 기가 막히지 않은가? 하나님의 이름은 두렵고 떨림으로, 그 뜻에 순종하려는 마음으로 발설되어야 한다.

안식일을 기억하여 거룩하게 지키라 - 십계명 4

출애굽기 20:1-17

_____ 에덴의 동쪽에서 가인의 후예로 살아가는 인간은 불안을 숙명처럼 떠안고 산다. 불안하기에 불안의 대용물을 찾으려고 달리고 또 달린다. 하지만 돈, 명예, 권세를 향한 열정은 허망의 열정일 뿐이다. 그것은 우리를 사로잡고 있는 근본적 불안을 해결해 줄 능력이 없기 때문이다. '불안', '뿌리 뽑힘', '안식 없음', 이것이 적나라한 우리 실존의 표상이다. 불안을 숙명으로 알고 전전긍긍하고 있는 우리에게 한 음성이 들려온다. "안식일을 기억하여 거룩하게 지키라." 물론 이 명령은 출애굽 공동체에게 주어진 명령이다. 몸이 천근만근으로 느껴지고, 욱신거리는 육체가 더 이상 버틸 수 없다는 신호를 보낼 때에도 노동을 그칠 수 없었던 이들에게 주어진 이 계명은 그야말로 복음이 아닐 수 없다. 히브리인들은 일을 멈추고 쉬라는 계명을 지켜도 되고 안 지켜도 되는 선택사항이 아니라

반드시 지켜야 할 하나님의 명령으로 받아들인다. 쉼에서 예외인 존재는 없다. 나와 가족은 물론, 종들과 가축들과 나그네까지도 안식을 누릴 수 있어야 한다. 여기서 말하는 나그네는 자기가 살고 있던 지역을 떠나 다른 거주지에 체류하게 된 사람을 이르는 말이지만, 만해 한용운의 시를 빌어 말하자면 '민적이 없어 인권도 없는 사람'을 가리킨다. 그들은 언급된 대상의 순서가 암시하듯 가축보다도 낮게 취급을 받던 이들이다. 안식일법은 그들조차 안식을 누리는 것이 하나님의 뜻이라고 말한다.

안식일이란 샤바트라는 말의 번역어이다. 아카드어로 '신의 심장이 쉬는 날'이라는 뜻의 '샤파투'에서 유래되었다는 이 용어는 '쉼'이 단순한 휴식이 아니라 신의 리듬 속에 잠기는 날임을 암시한다. 유대인들의 안식일 계명은 '해야 한다'(미츠봇 아세이)와 '하면 안 된다'(미츠봇 로타아세)는 계명으로 구성되어 있다. 안식일에는 무엇보다도 즐거워해야 한다. 삶을 경축하는 것이 안식일 계명의 적극적인 측면이다. 하지만 안식일에는 하지 말아야 할 일 또한 많다. 하지 않음의 핵심은 뭔가를 변형시키는 일을 하지 않는 것이다. 도대체 왜 이렇게 번거로운 명령을 내리는 것일까? 하나님은 우리가 일주일 중 하루는 일체의 인위적인 일들을 그치고 온전히 하나님의 창조의 리듬 속에서 살기를 원하시기 때문이다. 그럴 때 비로소 사람은 겸허해진다. 뭔가를 해야 한다는 강박관념으로부터 해방될 수 있다.

안식이란 말 그대로 숨을 가지런히 하는 것이다. 숨이 가지
런해 질 때 밖으로 향했던 시선은 내면을 향하게 되고, 비로소
성찰이 시작된다.

'나는 어디에서 왔는가? 나는 어디로 가고 있는가? 나는 그
길을 바로 걷고 있는가?' 안식일은 그런 의미에서 세상의 평가
에 전전긍긍하며 살던 삶을 근원 앞에 세우라는 요구이다. 안
식일을 제대로 지키는 이라야 타자들을 있는 그대로 받아들일
수 있다.

쉴 줄 모르는 이들일수록 자신과 타인들에게 폭력적이다.
'해야 할 일'을 중심으로 세상을 보기 때문이다. 일이 중심이
될 때 사람은 수단이 된다. 이보다 더 큰 폭력이 어디 있겠는
가? 우리는 자칫하면 타자를 수단으로 삼기 쉽다. 안식일 준수
는 그런 마음의 습성을 끊어내는 일이다.

message 8

투박함과 세련됨

주님께서 모세에게 말씀하셨다. "너는 이스라엘 자손에게 이렇게 말하여라. '내가 하늘에서부터 너희에게 말하는 것을 너희는 다 보았다. 너희는, 나 밖에 다른 신들을 섬기려고, 은이나 금으로 신들의 상을 만들지 못한다. 나에게 제물을 바치려거든, 너희는 흙으로 제단을 쌓고, 그 위에다 번제물과 화목제물로 너희의 양과 소를 바쳐라. 너희가 나의 이름을 기억하고 예배하도록 내가 정하여 준 곳이면 어디든지, 내가 가서 너희에게 복을 주겠다. 너희가 나에게 제물 바칠 제단을 돌로 쌓고자 할 때에는 다듬은 돌을 써서는 안 된다. 너희가 돌에 정을 대면, 그 돌이 부정을 타게 된다. 너희는 제단에 층계를 놓아서는 안 된다. 그것을 밟고 올라설 때에, 너희의 알몸이 드러나서는 안 되기 때문이다'"(출애굽기 20:22-26)

신상을 만들지 말라

출애굽의 여정 가운데서 백성들이 꼭 지켜야 할 열 개의 계명을 주신 하나님은 다시 한 번 강조하듯 "금이나 은으로 신상을 만들지 말라"고 지시하고 계십니다. 사람들은 일단 눈에 보이는 것을 실체로 간주하는 경향이 있기 때문일 겁니다. 달을 가리키면 사람들은 달이 아니라 손가락을 바라보기 일쑤입니다. 그러니까 신상은 하나님을 드러내기보다는 오히려 숨기는 역할을 할 수 있기에 신상 만들기는 엄격히 금지되고 있습니다. 물론 우리는 신상을 만들지 않습니다. 그런데 정말 그럴까요? 신상을 만들지 말라는 말의 의미를 조금만 더 확장해 보면 오늘 우리들이 피해야 할 '신상 만들기'가 무엇인지를 알 수 있습니다. 사람들은 하나님은 이러저러한 분이라고 규정하고 싶어합니다. 전지전능全知全能이니 무소부재無所不在라는 말도 그 가운데 하나입니다. 이런 말이 틀린 말은 아니지만 이 말을 알았다고 해서 하나님을 다 알았다고는 할 수 없습니다.

좋은 아마존 지도를 가지고 있다고 해서 아마존강을 알았다고 말할 수 없는 것과 같습니다. 아마존을 알기 위해서는 그곳에 가보아야 합니다. 지도는 그곳으로 우리를 안내할 수는 있지만, 지도 자체가 아마존일 수는 없습니다. 많은 사람들이 하나님과 만났습니다. 그들은 자기들의 체험을 다른 이들에게 전달하기 위해서 자기 경험을 말로 표현해봅니다. 하지만 말은 체험을 다 담을 수 없습니다. 용을 그리려다 뱀으로 마치는 경우가 허다합니다. 그런데도 사람들은 말에 집착합니다. 기독교의 교리라는 것도 사실은 진리의 근사치일 뿐인데, 그게 전부인양 생각하고 그 교리를 수호하기 위해 목숨을 건다고 말하기도 합니다. 다 어리석은 일들입니다.

욥의 세 친구는 인과응보의 교리를 가지고 하나님의 통치를 설명하려 했습니다. 대개의 경우 세상일은 그 틀에서 크게 어긋나지 않는 것처럼 보입니다. 그러나 그 틀을 가지고 설명할 수 없는 부분이 있습니다. 문제는 그 남겨진 부분입니다. 어떠한 신학적·신앙적 언술에도 여백이 필요한 것은 그 때문입니다. 욥이 당한 고난을 인과응보의 틀로 풀려는 그들의 시도는 잘못된 것이었습니다. 나중에 하나님은 그들을 준엄하게 꾸짖으십니다. 욥의 세 친구는 인과응보의 교리라는 신상을 만들었던 것입니다.

대학생들은 시험 때가 되면 '족보'라는 것을 돌리곤 합니다. 몇 해 전부터 그 과목 시험에 반드시 등장하는 문제들을 모아 놓은 것입니다. 배짱 좋은 사람들은 그 족보를 가지고 시험 준비를 합니다. 하지만 저는 그 족보라는 것을 별로 신뢰하지 않았습니다. 그것은 참고 자료는 될 수 있지만, 모든 상황에 들어맞는 것일 수는 없다고 생각했기 때문입니다. 교수님이 그 날 아침 갑자기 영감을 받아서 전혀 다른 유형의 문제를 낼 수도 있지 않겠습니까?

'교리'라는 것이 곧 족보와 같은 것입니다. 그것은 하나님을 이해하기 위해 유용한 참고자료이기는 하지만, 그것이 하나님에 대해 다 설명해주는 것은 결코 아닙니다. 우리는 늘 새롭게하나님과 만나야 합니다. 신상을 만드는 것은 하나님과의 열린관계를 닫힌 관계로 만드는 일입니다. 제가 갈치를 좋아한다고하면 교인들은 갈치만 대접합니다. 사실 저는 때로는 고등어를먹고 싶은데 말입니다. 하나님은 우리와 늘 새롭게 만나고 싶어하시는데, 우리는 관습적으로만 하나님을 대하고 있지는 않습니까? 그렇기에 하나님은 신상을 만드는 것을 금하시는 것입니다.

번제와 화목제를 드리라

'신상을 만들지 말라'고 부정명령에 이어진 것은 '단을 쌓고번제와 화목제를 드리라'는 긍정명령입니다. 하나님의 백성이해야 할 가장 중요한 일은 하나님 앞에 진정한 예배를 드리는것입니다. 당연한 말이지요. 그런데 마땅한 것이 마땅한 것으로 지켜지지 않는다는 데 문제가 있습니다. 많은 사람들이 예배를 습관적으로 드립니다. 예배를 본다는 말이 그런 상황을잘 표현해주는 것 같습니다. 구경꾼처럼 왔다 가는 이들이 많습니다. 이사야는 그것을 '내 뜰만 밟는 것'(1:12)이라 했습니다.요한은 "하나님께 예배를 드리는 사람은 영과 진리로 예배를드려야 한다"(요한복음 4:24)고 말합니다. 어떤 예배가 영과 진리로 드리는 예배일까요? 저는 번제와 화목제를 드리라는 명령

속에 그 답이 있다고 생각합니다.

번제는 가장 귀한 것을 하나님께 온전히 돌려드린다는 뜻으로 바치는 제사입니다. 번제는 짐승의 가죽과 내장만 빼고 몽땅 불살라 바치는 것입니다. 번제를 통해 우리는 하나님과의 관계를 회복합니다. 그렇기에 번제는 온전한 헌신을 요구합니다. 그런데 몸은 교회에 있지만 마음은 온 세상을 헤매고 있는 이들도 있습니다. 그들은 순서를 헤아리면서 남은 시간을 가늠합니다. 그들에게 가장 좋은 시간은 축도 시간입니다. 예배로부터 해방되는 시간이기 때문입니다. 하지만 자신의 몸과 마음을 온전히 바치지 않는 예배는 예배가 아닙니다. 소설가 중에 이외수라는 분이 있습니다. 그의 글쓰기는 매우 치열합니다. 그는 글쓰기의 고통을 이렇게 말하고 있습니다.

"밤을 새워 글을 써본들 무슨 낙이 있으랴. 언제나 닿아오는 것은 절망뿐이다. 써놓고 다시 읽어보면 엿 같다는 생각만 든다. 마누라는 옆방에서 잘도 잔다. 백매를 쓰고 천매의 파지를 만든다. 그리고 다시 써놓은 백매를 태워버린다. 울고 싶은 심정뿐이다. 기침을 한다. 목구멍에서 약간의 피비린내가 나고 있다. 어디까지 망가져 있는 것일까. 그러나 망가져도 좋으니 하나만 쓰게 해다오."

남과 소통하기 위해 쓰는 글도 이렇게 쓰는데, 하나님 앞에 예배를 드리는 것은 더욱 철저해야 하지 않겠습니까? 여러분은 가장 귀한 것을 하나님께 바치고 계십니까? 여러분의 지식과 경험과 감성과 의지를 다 바치는 예배를 드리고 계십니까? 기도를 드릴 때 진정을 담아 드리십니까? 찬송을 부를 때 혼신의 힘을 다하여 부르십니까? 헌금을 바칠 때 정말 최선을 다하고 계십니까? 그런 진정과 정성이 없다면 우리는 예배를 통해 새 힘을 얻을 수도 없으며, 영혼이 고양되는 체험을 할 수도 없습니다.

백성들은 또한 화목의 제사를 바쳐야 합니다. 그것은 구원받은 것에 감격하여 가족이나 친구들과 함께 드리는 제사입니다. 짐승의 몸 가운데서 가장 값진 부분으로 여기는 기름 조각을 번제단 위에서 하나님께 불살라 드리고, 제사장의 몫을 제외한 나머지 것은 화목제에 동참한 모든 이들이 성전 구역 내에서 나눠 먹는 것이 화목제의 과정입니다. 화목제에 동참한 이들은 하나님의 식탁에 참여한 자의 기쁨을 함께 나누는 것입니다. 진정한 예배는 그러니까 교우들과의 신실한 사귐을 포함합니다. 예배에는 함께 삶을 경축하는 사람들의 기쁨이 있어야 합니다. 곁에 있는 이들이 괜스레 고맙고, 어떻게든 그들과 좋은 것을 나누고 싶은 마음이 생길 때 우리는 제대로 예배를 드리는 것이라 할 수 있습니다. 우리가 그런 예배를 드릴 때 하나님의 약속은 실현될 것입니다. "내 이름을 기념하게 하는 곳에서 네게 강림하여 복을 주리라."

소박함을 잃지 말라

그런데 우리가 눈여겨보아야 할 것은 하나님께 번제와 화목제를 드리는 단에 대한 규정입니다. 가급적이면 흙으로 쌓아야 합니다. 돌로 쌓아도 무방하지만 다듬은 돌로 쌓아서는 안 됩니다. 굳이 이런 지시를 내리는 까닭은 무엇일까요?

일단은 애굽에서의 종살이를 연상시키는 것들을 피하라는 말이 아닐까 싶습니다. 국가사업에 동원되었던 하비루들은 어마어마한 규모의 신전을 건립하고 피라미드를 만들고 국고성을 만드는 일에 동원되었을 것입니다. 정교하게 돌을 다듬고 그것을 쌓아올리는 일을 하면서 그들은 얼마나 많은 눈물과 땀과 피를 흘렸겠습니까? 저는 다듬은 돌로 제단을 쌓지 말라는 말을 하나님을 섬긴다는 미명하에 또 다시 백성들의 땀과 눈물을 요구해서는 안 된다는 뜻으로 새겨보고 싶습니다. 지금도 많은 교회들이 화려한 교회를 짓느라고 막대한 돈을 들이고 있습니다. 하지만 크고 화려한 예배당이 예수의 정신과 양립할 수 있는 것인가요? 저는 다소 회의적입니다. 예수님이 오늘 여기에 오신다면 과연 그런 큰 교회당을 보시면서 자랑스러워하실까요? 차라리 소박하고 초라할망정 사람들의 눈에서 눈물을 닦아주는 교회, 사회의 그늘진 곳을 밝히기 위해 땀흘리는 교회를 기뻐하시지 않겠습니까? 겉만 번지르르하지 실속이 없거나 오히려 세상의 추문거리가 되는 교회가 많습니다.

다듬은 돌로 제단을 쌓지 말라는 말은 또 다른 측면에서도 우리에게 귀한 교훈을 줍니다. 화려하고 값비싼 옷을 입으면 우리의 도움을 필요로 하는 사람들 곁에 쉽게 다가설 수가 없습니다. 멋지고 큰 교회에는 가난한 사람들이 들어갈 엄두가 잘 나지 않습니다. 존 웨슬리 목사는 장엄한 의식이 중심이 되었기에 고-교회(high-church)라고 불리웠던 성공회를 박차고 나왔습니다. 고-교회에는 거칠고 투박한 사람들이 숨쉴 만한 여백이 없었기 때문입니다. 예수님은 율법의 정교한 체계 밖에서 살 수 밖에 없는 땅의 사람들을 도외시하는 유대교의 세계를 박차고 나왔습니다. 그들을 품기 위해서 말입니다. 사람들은 무엇이든 도회적인 것이 세련된 것이라고 생각하는 경향이 있습니다. 도회적이라는 것은 인공적이라는 말입니다. 하지만 종교만큼은 인공적이어서는 안 됩니다. 그것은 단순하고 소박해야 합니다. 사람들은 흑설탕보다는 하얗게 표백한 설탕을 좋아하고, 거칠거칠한 현미보다는 10분도로 깎은 백미를 좋아하고, 미끈하고 잘 생긴 채소와 과일을 좋아합니다. 하지만 그것은 모두 죽음에 가까운 것들입니다. 거칠고 투박하지만 흑설탕이, 현미가, 그리고 벌레 먹고 못 생긴 과일 속에 생명이 깃들어 있습니다.

우리에게 가장 중요한 것은 화려한 교회를 짓는 것도 아니고, 정교한 교리의 체계를 만드는 것도 아닙니다. 예수 정신을 잃지 않는 것입니다. 옛 사람은 말합니다.

"모름지기 속해야 할 곳이 있으니, 본래의 깨끗함을 드러내고, 타고난 본바탕을 지키고, 자기를 작게 하고, 욕심을 버리는 것이 그것이다.故令有所屬, 見素抱樸, 少私寡欲"(노자,《도덕경》 19장).

여기서 타고난 본성을 지키라는 말은 '포박抱樸'의 번역입니다. '안을 포'에 '통나무 박'자입니다. 사람들은 통나무를 다듬어서 그릇도 만들고 가구도 만듭니다. 하지만 그릇이나 가구보다 더 근원적인 것은 통나무 그 자체입니다. 거기에서 다른 것이 나오기 때문입니다. 그것 없이는 그릇도 가구도 없습니다. 우리는 모든 것의 바탕이 되는 그 근본 마음, 즉 예수 정신을 온 몸으로 안아야 비로소 참 그리스도인이 될 수 있습니다. 예수 정신은 거끌거끌합니다. 그래서 지혜롭다는 사람들에게 인기가 없습니다. 화려한 교회와 세련된 교회 생활이 투박한 예수 정신을 대치하고 있습니다. 다듬은 돌로 제단을 쌓는 일이 자행되고 있습니다.

사순절 순례 여행길에서 우리가 회복해야 할 것은 바로 그 투박한 예수 정신입니다. 어려운 사람들의 삶에 화육해 들어가 어김없이 그들에게 살맛을 되돌려주는 그 촌스러운 예수정신이야말로 생명의 길입니다. 우리 모두 그 투박한 예수 정신에 사로잡혀 신명난 삶을 살기를 기원합니다.

네 부모를 공경하라 – 십계명 5

출애굽기 20:1-17

_____ 안식일 계명이 우리에게 주어진 시간이 하나님의 선물임을 깨닫고 살라는 뜻이었다면, 부모 공경 계명은 우리의 존재가 선물임을 자각하고 살라는 초대이다. 부모와 자식은 미묘한 이중감정으로 얽혀 있다. 부모는 때로는 삶에 지칠 때마다 돌아가 안기고 싶은 고향인 동시에, 우리로 하여금 훨훨 자유롭게 날아오르지 못하도록 잡아채는 질곡처럼 여겨지기도 한다. 사회적으로 연장된 청소년기를 강요당하는 젊은이들, '정규직이 꿈'이라고 힘없이 말하는 젊은이들에게 부모는 어떤 존재일까?

어느 신학자는 어머니를 일러 하나님의 공동 창조자라 했다. 생명을 잉태하고, 낳고, 양육하는 과정이야말로 가장 장엄하고 아름다운 창조행위라는 뜻이다. 유대인들에게 있어 부모는 생명의 전달자인 동시에 신앙적 기억의 전달자이기도 하다. 부모는 유랑자로 살았던 조상들의 이야기로부터 시작해 하나님의 구원 역사에 대해 가르치는 책임을 진 자이다. 기억의 지속이야말로 하나님 백성으로서의 정체성 유지의 관건이다. 부모를 공경한다는 것은 그런 의미에서 단순히 부모에게 잘해드리라는 말이 아니라, 자기 생명과 정체성의 뿌리로서 존경하라는 뜻일 것이다. 오늘 이 땅의 비극 가운데 하나는 부모 세대의 삶의 이야기가 자식 세대에게 전달되지 않아 장기지속으로서의 정신적 유산이 만들어지지 않는다는 사실이 아닐까?

부모를 공경하라는 계명은 다른 맥락에서도 살펴보아야 한다. 부모로 지칭되고 있는 이들은 일차적으로는 육친을 뜻하지만, 그 맥락을 넓히면 늙어가고 있는 이들 혹은 사회적 약자를 지칭하는 말로도 받아들일 수도 있다. 젊은 날의 기력을 잃고 서서히 생의 황혼을 향해 걸어가는 것은 모든 생명의 운명이지만, 그런 연약함을 자기 삶으로 수용하고 통합하기까지는 시간이 오래 걸리는 법이다. 생의 절정에서 물러나 자기 뜻과 무관하게 진행되는 사태를 지켜본다는 것은 참 쓸쓸한 일일 것이다. 특히 모든 것을 효율성과 쓸모의 관점에서 평가하는 세상에서 사회적 약자 혹은 노인들은 깊은 소외감을 느낄 수밖에 없다. 부모를 공경하라는 계명 속에는 그들의 살 권리를 소중히 여기라는 뜻이 담겨 있다.

살인하지 말라 — 십계명 6

출애굽기 20:1-17

_____ 20세기를 거쳐 21세기 초반을 살고 있는 우리는 도처에서 들려오는 분쟁과 테러의 소식을 덤덤하게 듣는다. 일상화된 폭력과 테러가 우리의 지각을 마비시킨 탓이다. 매스컴은 테러로 죽어간 사람들을 재빨리 숫자로 환원해버린다. 숫자로 기호화된 사람들은 우리 마음에 파문을 일으키지 않는다. 폭력은 그렇게 해서 일상에 깊이 뿌리를 내린다. 아이들이 즐기는 전자오락 게임에서도 생명은 속절없이 유린당한다. 주먹으로 때리고 발로 차고 총을 쏘아 쓰러뜨리면서 쾌감을 느낀다. 전자오락뿐인가? 영화와 드라마 속에서도 피가 흥건히 흐른다. 가상현실로서의 피 흘림에 익숙해진 이들은 현실 속의 피 흘림에 대해서도 낯설어 하지 않는다. 무감각해지는 것이다.

　모든 유기체는 살고자 하는 본능을 가지고 있다. 생명 경외를 설파했던 앨버트 슈바이처의 말이 아니더라도 이것은 분명한 사실이다. 모든 유기체에 있어서 삶과 죽음은 등을 맞대고 있는 절친이다. 문제는 주어진 생명을 한껏 살아내지 못하고 중도에 폭력적으로 차단당하는 이들이 많다는 것이다. 성경은 세상의 모든 생명의 뿌리는 하나님의 뜻이라고 말한다. 하나님은 말씀으로 세상의 모든 것을 존재의 세계로 부르셨다. 세상에 존재하는 모든 것들의 존재 이유를 우리는 다 알지 못한다. 생명은 생명을 먹고 살기에 최소한의 폭력은 받아들일 수밖에 없다. 그럼에도 불구하고 우리는 조심스럽게 다른 생명과 공존하는 법을 배워야 한다. 하나님을 창조주로 고백하는 사람은 세상에 존재하는 어떤 것도 함부로 대할 수 없다. 하나님은 인류의 첫 사람에게 생육하고 번성하라는 명령과 더불어, 창조 세계를 잘 돌보라는 위임을 주셨다. '돌본다'는 것은 북돋고, 어루만지고, 격려하는 것이다.

　"살인하지 말라"늘 목숨의 위협을 받던 이들에게 들려온 이 계명은 하늘의 명령이지만, 동시에 땅의 사람들의 외침이다. 바로 앞에 선 모세는 나일강 물을 피로 변화시켰다. 그것은 이적이 아니라 가면을 벗기는 행위였다. 애굽의 힘과 풍요로움의 상징인 나일강이 사실은 히브리들이 흘린 땀과 피라는 사실을 폭로한 것이라는 말이다. '살인하지 말라', '우리도 사람이다' 가슴 절절한 고통이 있었기에 이 계명은 하늘의 뜻이 되는 것이다. 물론 이 계명은 한 공동체의 안녕을 위협하는 사사로운 피의 보복을 막기 위한 장치이기도 하다.

"살인하지 말라"는 계명을 적극적으로 해석하면 "생명을 살리라"는 말이 된다. 그 생명은 사람은 물론이고 모든 피조 세계를 다 포괄한다. 인간의 탐욕으로 말미암아 신음하고 있는 피조 세계를 돌보는 것 역시 이 계명을 지키는 길이다. 하나님을 믿는 이들은 죽임의 문화가 지배하는 세상의 흐름을 역전시키기 위해 부름 받은 이들이다.

간음하지 말라 — 십계명 7

출애굽기 20:1-17

"간음하지 말라"는 계명은 참 낯설고도 불편하다. 개인적이고 사적인 성 담론을 공적인 영역으로 끌어들이고 있으니 말이다. 그럴 수밖에 없는 급박한 이유가 있었던 것일까? 모든 계명은 보편적인 윤리를 가르치지만, 그 탄생의 자리는 구체적 현실임을 다시 한 번 상기할 필요가 있다. 애굽의 전제정치 하에서 살았던 여성들은 강제노역은 물론이고 주인으로부터 성적 학대를 받기도 했다. "즐거운 곳에서는 날 오라 하여도/내 쉴 곳은 작은 집 내 집 뿐이라." 이러한 노래는 그들에게 해당되지 않았다. 힘 있는 이들의 욕망으로 인해 가정이 해체되는 경험을 다반사로 했을 터이니 그들의 한이 얼마나 깊었을까. 그렇기에 하나님은 그들이 이루어 살게 될 새 세상에서는 그런 일이 벌어져서는 안 된다고 이르시는 것이다. 그러니 이 계명은 남녀가 지켜야 할 보편적인 상호윤리를 넘어, 강자들(권세자든 남성이

든)의 폭력을 금지하는 것으로 보아야 한다. 강자들에 의해 가정이 유린되고 성이 유린되는 일은 하나님의 뜻에 대한 노골적인 거역이다.

오늘 우리 현실은 어떤가? 성적 담론은 더 이상 사생활의 은밀한 영역에 머물지 않는다. 각종 사진과 영상자료들은 사람들의 관음증적인 욕망을 고스란히 반영할 뿐 아니라, 그것을 강화하기도 한다. 우리 사회에서 가정은 더 이상 서약에 근거한 항구적인 공동체가 아니다. 필요에 의해 결합하고, 필요가 해소되면 쉽게 헤어질 수도 있는 잠정적인 공동체일 뿐이다. 물론 이것을 일반화할 수는 없겠지만 대체적인 경향이 그렇다는 말이다. '간음하지 말라'는 계명을 인간의 자연스런 본능을 억압하는 사회적 기제로 여기는 이들도 늘어나는 추세이다. 그렇다면 '간음하지 말라'는 계명은 폐기되어야 하는 것일까? 그럴수 없다. '자연스런' 혹은 '아름다운'이라는 말로 포장된 성적담론은 뭔가를 은폐하고 있다. 그것은 벌거벗은 욕망이다. 통제되지 않은 욕망은 넘치게 마련이고, 그런 넘침은 주변을 황폐하게 만든다.

그래서 예수님은 여인을 보고 음욕을 품은 사람은 이미 간음하였다고 말씀하셨다. 구체적인 행동이 아니라 마음에서 작동하고 있는 과도한 욕망이 이미 간음이라는 것이다. 지나치게 엄격한 해석이 아닌가 싶기도 하지만, 예수님은 라캉이나 프로이트 혹은 르네 지라르의 이론을 빌리지 않고도 욕망이 인간

의 이성과 행동에 어떤 영향력을 행사하는지 너무나 잘 알고
계셨다. 욕망이 활성화되는 순간 이성은 작동하지 않는다. 충
족을 지향하는 욕망은 타자를 도구화하는 일도 서슴치 않는다.
물론 욕망 그 자체가 문제라 할 수는 없다.

　문제는 과도함이다. 출애굽의 맥락에서든 오늘 우리 삶의 맥
락에서든 '간음하지 말라'는 계명은 타자를 물화시키지 말라
는 뜻이 아닐까? 과도한 욕망은 자칫 하나님의 형상인 이웃을
목적이 아닌 수단으로 대하도록 우리를 유혹하니 말이다.

도둑질하지 말라 – 십계명 8

출애굽기 20:1-17

_____ 여덟 번째 계명인 '도둑질하지 말라'는 명령은 막연히 남의 것을 빼앗거나 훔치지 말라는 의미로만 해석해서는 안 된다. 사실 이 계명의 삶의 자리는 '사람 도둑질'이 일상화된 현실이었다. 성경이 사회적 약자의 대명사로 내세우는 '과부와 고아와 나그네'처럼 의지가지없는 신세의 사람들은 강자들의 폭력 앞에 속수무책일 수밖에 없었다. 빚에 몰려 종으로 전락하는 이들은 또 얼마나 많았던가? 사람을 목적이 아닌 수단으로 삼는 일체의 행위는 제8계명을 어기는 일이다. 변형된 형태의 도둑질은 우리의 일상에서 비일비재하게 나타난다. 물건을 사고팔 때 속임수를 쓰거나 바가지를 씌우는 일이나, 마땅히 줘야 할 품삯을 미루거나 주지 않는 것도 도둑질이다.

아르바이트생들의 임금을 떼먹는 사람들, 이주 노동자들의 불안한 신분을 이용하여 임금을 착취하는 사람들, 제3세계 사

람들의 값싼 노동력을 이용하여 이윤을 불리는 다국적 기업들
도 실상은 제8계명을 어기고 있는 것이라고 말할 수 있다. 그
뿐이 아니다. 재벌들이 하도급업체에게 비용 부담을 떠넘기는
행위, 피라미드식으로 물건을 대리점에 떠넘기는 행위, 큰 자
본을 가진 이들이 영세상인들의 상권까지 파고들어오는 행위
는 모두 변형된 도둑질이다. 칼 마르크스는 자본주의를 일러
합법화된 절도체계라고 말했다. 외경의 집회서는 궁핍한 이들
을 더욱 힘겹게 만드는 행위를 살인이라고까지 말한다.

"궁핍한 이들의 빵, 그것은 가난한 이들의 목숨이니 그것을 빼
앗는 자는 살인자다. 이웃의 밥줄을 끊는 자는 그를 죽이는 자고
일꾼의 품값을 빼앗는 자는 그의 피를 흘리게 하는 자다"(집회서
34:25-27).

상호부조 체계가 무너진 사회일수록 도둑질이 성행한다. 돈
이 인간의 욕망을 과잉대표하는 세상일수록 도둑질은 일상화
되게 마련이다. 삶의 행복이 소유의 넉넉함에 있다고 가르치는
세상은 도둑질을 권하는 세상이라 할 수 있다. 나눔과 돌봄이
사회의 저변에 깊이 뿌리 내리고, 절제와 자족의 삶을 즐거이
선택하는 이들이 늘어날수록 도둑질은 사라지게 될 것이다. 믿
는 이들은 도둑질하지 않고도 잘 살 수 있다는 사실을 몸으로
증언해야 할 책임이 있다.

거짓 증거하지 말라 - 십계명 9

출애굽기 20:1-17

_____ 아홉 번째 계명은 '거짓 증거하지 말라'이다. 거짓 증거는 법정에서 자주 벌어진다. 송사가 벌어지면 이해 당사자들은 자기들에게 유리한 증언을 해줄 사람을 찾게 마련이다. 가해자와 피해자의 구분이 명백할 때는 굳이 증인을 세우지 않아도 되지만, 양측의 증언이 모순되거나 충돌할 때는 증인을 세울 수밖에 없다. 증인은 참되어야 한다. 그렇기에 법정은 증인들에게 '사실만을 증언하겠다'는 선서를 하게 한다. 사실에 입각할 때 그 증언은 참되지만, 이해관계를 반영할 때는 참되기 어렵다. 성경은 거짓 증거가 신뢰 사회의 토대를 허무는 작은 여우임을 알기에 거짓 증거를 엄중하게 금지하고 있다.

중상모략과 무고誣告가 범람하는 사회, 말의 진실성이 의심받는 사회는 기초부터 흔들리게 마련이다. 누가 무슨 말을 해도 곧이곧대로 받아들일 수 없는 사회는 공감과 연대의식이 사라진 사회이다. 말이 무너지면 세상도 무너진다. 열왕기서에 나오는 '나봇의 포도원 사건'은 거짓증언이 얼마나 파괴적인지를 여실히 보여준다(열왕기상 21장). 예수님의 십자가 처형도 종교 귀족들의 거짓증언이 초래한 사건임을 우리는 잘 안다.

'거짓 증거하지 말라'는 계명을 적극적으로 바꾸면 '참된 말을 하라'가 될 것이다. 무엇이 참된 말일까? 살리는 말과 세우는 말이 아닐까? 우리 현실은 어떠한가? 살리는 말이 아니라 죽이는 말이 넘치고, 세우는 말이 아니라 무너뜨리는 말이 넘치지 않은가? 자기와 생각이 다른 이들에게 제멋대로 찌지를 붙이는 일이 많다.

'좌파'니 '종북'이니, '우파'니 '수구'니 하면서 우리는 반대 진영에 속한 이들과의 소통을 거부한다. 말이 사람과 사람 사이를 이어주는 다리가 아니라 그들을 갈라놓는 칼이 되어 버리고 말았다. 이런 세상에서 산다는 것은 마치 맨발로 독사와 전갈이 우글거리는 광야를 걷는 것과 다를 바 없다. 채찍에 맞은 자국은 피부에 남지만 혀에 맞은 자국은 골수에 남는 법이다. 말에 맞은 상처는 잘 아물지도 않는다. 말이 이 지경이 된 데는 말을 다루는 이들의 책임이 크다. 언론과 교육과 종교의 언어가 타락했다. 진실과 애린의 체에 걸러내지 않은 말은 폭력이 되기 쉽다. 현인들은 말의 위험을 이렇게 적시하고 있다.

"많은 말을 즐기는 자는 누구를 막론하고, 그가 비록 경탄할 만한 것을 말한다 할지라도 내부는 비어 있다. 무엇보다도 침묵을 사랑하라. 침묵은 입으로 표현할 수 없는 열매를 너희들에게 가져다 줄 것이다"(토마스 머튼).

"내 생의 순간마다 나는 침묵이 최대의 웅변임을 인식한다. 부득이 말해야 한다면 가능한 한 적게 하라. 한 마디로 충분할 때는 두 마디를 피하라"(마하트마 간디).

"사람은 태어날 때에 그 입 안에 도끼를 가지고 나온다. 어리석은 자는 말을 함부로 함으로써 그 도끼로 자신을 찍고 만다"(숫타니파타, 657).

네 이웃의 집을 탐내지 말라 — 십계명 10

출애굽기 20:1-17

_____ 열 번째 계명은 '탐내지 말라'는 말로 요약할 수 있다. '탐내다'의 사전적 정의는 '몹시 가지고 싶은 욕심을 내다'이다. 이것은 외적 행위가 아니라 내적인 동기의 문제다. 계명은 이웃의 집, 이웃의 아내, 남종, 여종, 소나 나귀 등 이웃의 소유는 어떤 것도 탐내지 못한다고 규정하고 있다. 저절로 일어나는 욕망을 어찌하란 말인가? 욕망 그 자체를 부정할 수는 없다. 욕망의 죽음은 어쩌면 의욕 상실과 유사하다. 문제는 과도함이다. 과도한 욕망은 자기 파괴적인 동시에 타자에 대한 부정으로 작동하게 마련이다. 문제는 우리가 사는 세상이 허영의 전시장이라는 사실이다. 욕망은 전염성이 매우 강하다. 어떤 대상에 대한 나의 욕망은 내 속에서 나오는 경우보다 다른 이들(매개자)에게서 나오는 경우가 많다. 우리는 곧잘 이웃이 소유한 것을 나도 소유할 자격이 있다고 생각한다. 그것을 소유

하지 못할 때 자존심에 상처를 입는다. 그럴 때면 폭력적인 방식으로라도 그것을 획득하려고 한다.

탐심에 사로잡힐 때 우리는 동료 인간을 목적이 아닌 수단으로 대하게 된다. 비인간화가 시작되는 것이다. 탐심이라는 바벨론 포로생활에서 벗어날 길은 무엇일까? 정신적으로 독립하는 것이다. 세상이 제시하는 행복의 조건을 따라다니기보다는, '지금 여기서'의 삶에 충실하기를 배워야 한다. 지금 여기서의 삶에 충실하기 위해서는 우리가 누리고 있는 어떤 것도 당연한 것으로 받아들이지 말아야 한다. 당연의 세계에는 감사가 없다. 우리에게 없는 것을 헤아리기보다는 이미 있는 것을 한껏 누리려 할 때 욕망의 죔쇠는 풀리게 마련이다.

그러나 그런 삶을 지속할 수 있기 위해서는 욕망의 지배로부터 해방을 꿈꾸는 이들의 공동체 속에 머물러야 한다. 돈으로 매개되지 않는 삶이 가능하다는 사실을 알게 될 때, 덜 가지고도 더 행복한 삶이 가능하다는 사실을 확인할 때, 우리는 비로소 욕망의 잠에서 깨어날 수 있다. 교회는 그런 삶이 구현된 자리여야 한다. 그때 비로소 교회는 하나님 나라의 전초기지가 된다.

message 9

모든 인간은 존엄하다

네가 백성 앞에서 공포하여야 할 법규는 다음과 같다. 너희가 히브리 종을 사면, 그는 여섯 해 동안 종살이를 해야 하고, 일곱 해가 되면, 아무런 몸값을 내지 않고서도 자유의 몸이 된다. 그가, 혼자 종이 되어 들어왔으면 혼자 나가고, 아내를 데리고 종으로 들어왔으면 아내를 데리고 나간다. 그러나 그의 주인이 그에게 아내를 주어서, 그 아내가 아들이나 딸을 낳았으면, 그 아내와 아이들은 주인의 것이므로, 그는 혼자 나간다. 그러나 그 종이 '나는 나의 주인과 나의 처자를 사랑하므로, 혼자 자유를 얻어 나가지 않겠다' 하고 선언하면, 주인은 그를 하나님 앞으로 데리고 가서, 그의 귀를 문이나 문설주에 대고 송곳으로 뚫는다. 그러면 그는 영원히 주인의 종이 된다. 남의 딸을 종으로 샀을 경우에는, 남종을 내보내듯이 그렇게 내보내지는 못한다. 주인이 아내로 삼으려고 그 여자를 샀으나, 그 여자가 마음에 들지 않으면, 그는 그 여자에게 몸값을 얹어서 그 여자의 아버지에게 되돌려 보내야 한다. 그가 그 여자를 속인 것이므로, 그 여자를 외국 사람에게 팔아서는 안 된다. 그가 그 여종을 자기의 아들에게 주려고 샀으면, 그는 그 여자를 딸처럼 대접하여야 한다. 한 남자가 아내를 두고 또 다른 아내를 맞아들였을 때에, 그는 그의 첫 아내에게 먹을 것과 입을 것을 줄여서 주거나 그 아내와 부부 관계를 끊어서는 안 된다. 그가 그의 첫 여자에게 이 세 가지 의무를 다 하지 않으려거든, 그 여자를 자유롭게 풀어 주고, 아무런 몸값도 받지 않아야 한다(출애굽기 21:1-11).

유정有情한 하나님

시인 윤동주는 "등불을 밝혀 어둠을 조금 내몰고/시대처럼 올 아침을 기다리는 최후의 나"를 노래했습니다(〈쉽게 쓰여진 시〉). 희망이란 그런 것입니다. 우두커니 앉아서 아침을 기다리는 것이 아니라, 등불 하나를 밝혀 어둠을 '조금' 내모는 것입니다. 12월 둘째 주일은 우리가 성서주일 혹은 인권주일로 지키는 날입니다. 사실 이 둘은 깊이 연결된 것입니다. 인권이야말로 성서를 관통하고 있는 메시지의 핵심이기 때문입니다.

오늘의 본문은 출애굽 공동체가 지향해야 할 더 나은 세상이 어떻게 도래할 수 있는지를 보여줍니다. 히브리인들은 압제와 착취의 땅 애굽을 떠나 젖과 꿀이 흐르는 땅을 향한 긴 여정을 시작했습니다. 출애굽사건은 피라미드로 상징되는 계층 사회의 토대를 허무는 사건이었습니다. 피라미드 식 사회가 유지되기 위해서는 모든 사회 계층 사람들이 자기들의 신분을 숙명으로 받아들여야 합니다. 실제로 오랫동안 억압과 천대를 받아온 사람들은 자기들의 처지를 숙명으로 받아들이는 경우가 많습니다. 출애굽 사건은 그런 숙명의 주술에서 사람들을 해방한 사건입니다. 출애굽은 억압이 불가피한 것이 아니라는 사실을 일깨웁니다. 고려시대 무신정권의 최고 실세였던 최충헌의 사노비 만적은 난(1198년)을 일으키며 왕후장상王侯將相의 씨가 따로 있는 것이 아니라고 외쳤습니다.

어느 시대든 권력을 가진 이들은 자기에게 부여된 자리를 벗어나려는 이들을 가혹하게 탄압했습니다. 가두고, 때리고, 고문하고, 죽였습니다. 그런 일이 반복되면서 낮은 계층 사람들의 몸과 마음에는 공포가 문신처럼 새겨집니다. 그렇기에 주인의 말을 거역하지 못합니다. 출애굽 사건이 증언하는 것은 무엇입니까? 억압과 착취에 시달리던 이들의 신음소리를 들으신 하나님께서 왜곡된 역사를 바로잡기 위해 땅의 현실에 개입하신다는 사실입니다. 하나님은 땅에서 어떤 일이 벌어지든 상관하지 않는 무정한 초월자가 아닙니다. 고난 받는 이들과 함께 아파하고, 그들 때문에 애태우시는 분이십니다. 하나님은 그렇기에 사람들을 억압하고 노예로 만들고 죽음으로 내모는 바로와 싸우셨습니다.

자유에 이르는 먼 길

하지만 자유를 향해 나아가는 길은 멀고도 먼 길입니다. 바다를 건너야 할 때도 있고, 광야를 통과해야 할 때도 있고, 호시탐탐 배후를 노리는 적들과 싸워야 할 때도 있습니다. 하지만 그 길은 마땅히 가야 할 길이기에 난관이 있다 하여 멈출 수 없습니다. 남아프리카 공화국의 전 대통령인 넬슨 만델라(1918-2013)는 한 평생 자유와 민권을 위해 싸웠던 사람입니다. 그는 27년간 감옥에 갇혀 있었습니다. 석방된 지 몇 년이 지난 1994년 그는 남아프리카 공화국의 대통령이 되었습니다. 그는 대통령 취임사에서 이렇게 말했습니다.

"27년간의 옥살이를 마치고 활짝 열린 문을 향해 걸으며 나는 생각했습니다. '내가 받은 고통과 분노, 원한과 미움을 이곳에 다 묻어놓고 떠나지 않으면 나는 또 다시 과거의 고통스런 감옥에 갇혀 헤어날 수 없다.' 그때의 그 현명한 결단이 오늘의 나를 만들었고 우리 아이들에게 희망을 심어줄 이 나라를 만들었습니다."

그는 적의와 미움으로는 새 나라를 만들 수 없다는 사실을 알았습니다. 그는 데스몬드 투투 주교와 함께 〈진실과 화해 위원회〉를 만들어 인종차별의 가해자들이 역사 앞에 자기들의 죄와 과오를 참회할 기회를 부여했고, 피해자들도 과거의 원한 감정에 사로잡힌 채 살지 않도록 하기 위해 노력했습니다. 가야 할 길이 여전히 멀지만 남아프리카 공화국은 모든 이들의 인권이 존중되는 나라를 향한 여정 가운데 있습니다. 한 위대한 영혼이 밝혀놓은 그 빛은 자유를 향한 여정에 나선 모든 이들에게 희망의 불빛이 되고 있습니다.

오늘 본문은 계약법전의 한 대목입니다. 출애굽기에 기록되어 있기는 하지만 그 내용은 가나안 정착생활을 할 때 하나님의 백성들이 지켜야 할 법규입니다. 모든 사람들이 각자에게 품부된 삶의 몫을 온전히 누리며 살 수 있는 세상을 만들자는 평등공동체의 이상은 현실의 벽 앞에서 자꾸만 좌절되곤 했습니다. 히브리인 가운데는 약속의 땅에서도 종으로 살아가는 이들이 있었습니다. 대개 빚에 몰려 종으로 전락한 이들이었습니다. 아모스 선지자는 "돈을 받고 의로운 사람을 팔고, 신 한 켤레 값에 빈민을" 파는(아모스 2:6) 현실을 준엄하게 꾸짖었습니다. 성경은 그런 현실을 부정하지 않습니다. 그 현실의 자리에서 더 나은 세상을 향한 여정을 출발하도록 가르칩니다.

본문은 히브리 종을 샀을 때의 일을 다루고 있습니다. 남자 종과 여자 종의 경우가 조금 다릅니다. 남자 종의 경우 주인을 위해 6년을 일하면 몸값을 내지 않더라도 자유의 몸이 됩니다. 물론 그가 원하지 않는다면 그 집에 머물 수 있습니다. 생계 대책이 막연한 이들은 자유를 포기하더라도 배고픔을 면하고 싶어 할 수도 있기 때문입니다. 신명기는 이 법전을 조금 더 확장해서 적용할 것을 요구합니다. 즉 종살이를 한 이를 내보낼 때에는 빈손으로 보내지 말고 넉넉히 주어서 보내야 한다는 것입니다(신명기 15:13-14). 그들도 애굽에서 종살이 한 경험이 있으니 가난한 이들의 절박한 사정을 헤아려야 한다는 것이지요.

저 어렸을 때만 해도 동네에 새경(=사경私耕)을 받고 머슴살이 하던 이들이 있었습니다. 새경이라야 겨우 벼 몇 섬 정도였던 것 같습니다. 노동에 비하면 참 보잘 것 없는 보상이었습니다. 시인 고은 선생의 19권짜리 시집《만인보》에는 시인이 만났던 수많은 사람들이 등장합니다. 그 가운데 〈머슴 대길이〉라는 시가 있습니다.

새터 관전이네 머슴 대길이는/상머슴으로/누룩도야지 한 마리 번쩍 들어/도야지 우리에 넘겼지요/그야말로 도야지 멱 따는 소리까지도 후딱 넘겼지요/밥때 늦어도 투덜댈 줄 통 모르고/이른 아침 동네길 이슬도 털고 잘도 치워 훤히 가리마 났지요.

시인은 대길이 아저씨가 더욱 빛나는 때는 밤이었다고 회상합니다. 어린 그에게 한글을 가르쳐주고, 인생사는 이치도 가르쳐주었다는 것입니다. "사람이 너무 호강하면 저밖에 모른단다/남하고 사는 세상인데". 그 가르침은 꺼지지 않는 불빛이 되어 시인을 비춰주었습니다. 머슴이라고 해서 생각이 없는 것 아니고, 인권이 없는 것도 아닙니다. 성경은 그들이 자유인으로 살아가도록 사회가 제도적 장치를 마련해야 한다고 가르치고 있습니다. 그것이 하나님의 마음에 합한 세상이라는 것입니다.

인간은 수단이 아니다

남의 딸을 종으로 샀을 경우는 좀 복잡합니다. 그 여인을 종으로 산 동기를 헤아려 보아야 합니다. 주인이 아내로 삼으려고 그 여자를 샀지만 금방 싫증이 나서 여자를 내보내려 한다면 몸값을 얹어서 친정으로 돌려보내야 합니다. 그를 다른 이에게 파는 행위는 엄격하게 금지되었습니다. 자기 아들에게 주려고 여종을 샀으면, 그는 그 여자를 딸처럼 대접하여야 합니다. 또 주인이 아내를 두고 다른 아내를 맞아들인 경우, 첫 아내에게 세 가지를 보장해주어야 합니다. 먹을 것을 제공하고, 입을 것을 제공하고, 부부 관계를 끊지 말아야 합니다. 그런 의무를 할 생각이 없으면 아무런 몸값을 받지 않고 여인을 자유롭게 해야 했습니다. 오늘의 관점에서 보자면 이런 법규는 폐기되는 것이 마땅합니다. 사람을 사고판다는 것이 있을 수 없기 때문입니다.

하지만 아까도 말씀드렸지만 이 법규는 종을 사고파는 일이 용인되던 시절을 반영하고 있습니다. 이 법규를 통해 우리가 배워야 할 것은 그런 현실을 철저히 부정하지는 못하지만, 평등 사회를 이루기 위해 그 사회가 지켜가야 할 룰을 제정했다는 사실입니다. 욥기에 나오는 욥의 긴 탄식 가운데 나오는 한 대목이 떠오릅니다.

"내 남종이나 여종이 내게 탄원을 하여 올 때마다, 나는 그들이 하는 말에 귀를 기울이고, 공평하게 처리하였다. 그렇게 하지 않았더라면, 내가 무슨 낯으로 하나님을 뵈며, 하나님이 나를 심판하러 오실 때에, 내가 무슨 말로 변명하겠는가? 나를 창조하신 바로 그 하나님이 내 종들도 창조하셨다"(욥기 31:13-15).

욥은 그동안 자신이 남종과 여종들의 말에 귀를 기울이고 모든 일을 공평하게 처리하였다고 말합니다. 그것은 자신을 창조하신 하나님이 그 종들도 창조하셨다는 사실을 알고 있었기 때문입니다. 그들을 함부로 대하는 것이 곧 하나님을 노엽게 하는 일임을 그는 직관적으로 깨닫고 있었습니다. 당연한 일이지만 현실 속에서 이 사실은 쉽게 잊혀집니다. 우리는 모든 인간이 법 앞에서 평등하다고 배웠습니다. 하지만 현실은 이런 명제를 무색하게 만듭니다.

차별이 일상화된 세상입니다. 도시인들의 편리를 위해 농촌 지역 사람들의 희생이 강요되고, 부유한 이들에게 쾌적한 환경을 제공하기 위해 가난한 산동네 사람들은 도시 밖으로 밀려납니다. 억울함을 호소하는 이들이 늘어나고 있습니다. 자기 삶의 터전을 지킬 수 없게 된 것을 통분히 여겨 밀양의 한 70

대 노인은 농약을 마시고 세상과 작별했습니다. 우리는 그 죽음을 더 이상 강요하지 말라는 일종의 경고로 받아들여야 합니다.

우리는 길 잃은 양 한 마리를 찾기 위해 아흔 아홉 마리 양을 들에 두고 그 양을 찾을 때까지 찾아다니는 목자의 이야기를 잘 알고 있습니다. 하나님의 세계에는 버려도 좋을 것이 하나도 없습니다. 하물며 사람이야 말해 무엇 하겠습니까. 안전한 곳에 있다 하여 길을 잃은 그 양을 탓하고, 눈을 흘기고, 무시할 때 세상은 냉혹한 곳으로 변합니다. 우리도 언젠가는 길을 잃을 수도 있기 때문입니다. 서경식 선생은 타인의 고통에 공감할 줄 아는 것이 교양이라 말했습니다. 지금 이 세상이 냉랭한 것은 배운 사람이 없어서가 아닙니다. 진정한 교양인이 드물기 때문입니다. 교양인은 사람을 아끼는 사람입니다. 다른 이들의 삶의 자리에 내려가는 사람입니다. 낮은 자리에서 들려오는 소리에 귀를 막지 않는 사람입니다.

우리가 부름 받은 위대한 일

예능 프로그램인 〈무한도전〉의 한 장면이 화제가 된 적이 있습니다. 출연자들은 조선사회에서 신분 상승의 기회를 얻기 위해 타임머신을 타고 현대 세계로 온 사람들의 역할을 연기했습니다. 미래 세계로 온 그들에게 세상은 낯설기 이를 데 없습니다. 거리에 즐비한 건물도, 자동차도…. 출연자 한 사람이 젊은 사람을 붙잡고 길을 묻습니다. 몇 마디 말이 오가다가 댁은 무엇 하는 사람이냐고 묻자 그는 '직장인'이라고 대답합니다. 직장인이라는 말을 이해할 수 없던 그는 다시 묻습니다. "조선 시대로 이야기하자면 어느 계층 사람이오?" 그러자 그는 지체 없이 대답합니다. "노비입니다." 웃자고 한 소리이겠지만, 직장 인들의 애환이 고스란히 반영된 말입니다.

생산성과 효율성을 금과옥조로 여기는 세상은 일쑤 사람을 부품으로 취급하게 마련입니다. 인간이 인간다워지는 것은 '실적'을 쌓는 것과 무관한 일에 열심을 낼 때입니다. 사람들이 미국 교사들의 교사라고 부르는 파커 파머는 "다른 이들을 사랑하는 일, 불의에 대항하는 일, 슬픈 자를 위로하는 일, 전쟁을 끝내는 일과 같은 것"(파커 파머, 《일과 창조의 영성》, 140쪽)이야말로 우리가 부름을 받은 위대한 일이라고 말합니다. 그는 이런 일에는 실적이 있을 수 없고 오직 헌신에의 열정만 있다면서, 우리가 물어야 할 것은 얼마나 실적을 올렸나가 아니라 내가 신실한지 여부라고 말합니다.

이상적인 세상은 완성된 상태로 우리에게 도래하지 않습니다. 옥토를 만들기 위해 농부들은 날마다 돌을 걷어내고 또 걷어냅니다. 밭에 퇴비를 뿌려 지력을 높이려고 애씁니다. 믿음의 사람들은 현실을 보고 혀만 차는 사람이 아니라, 더 나은 세상을 열기 위해 지금 여기서 할 수 있는 일을 발견해내고, 그것을 위해 땀 흘리는 사람입니다. 오늘 우리가 누리고 있는 이만

큼의 자유와 여유는 저절로 주어진 것이 아니라, 앞서 간 이들의 수고와 희생 때문이었음을 잊지 말아야 합니다. 주님은 모든 사람이 인간다운 삶을 누리며 사는 세상, 억울함과 원통함이 없는 세상, 사람들이 깊은 우정을 나누며 살아가는 세상을 만들기 위해 땀 흘리는 이들을 통해 이 땅에 오고 계십니다.

우리는 만삭의 여인이 머물만한 공간조차 제공하지 않았던 베들레헴 사람들의 무정함에 혀를 찹니다. 그런데 정작 지금 오고 계시는 주님은 머물 곳이 없습니다. 그분의 거처가 되어 드리는 것이 바로 우리의 소명입니다. 이 아름다운 기다림의 절기에 주님의 거처를 마련하는 기쁨을 누리지 않으시겠습니까? 나무도 건물도 형형색색의 불빛으로 휘황합니다. 이런 때 성숙한 사람들의 눈은 그 불빛이 미치지 않는 어둡고 후미진 곳을 향해야 합니다. 이웃의 눈에 맺힌 눈물을 통해 하늘을 볼 수 있는 사람이야말로 참 믿음의 사람입니다. 주님의 은총으로 우리 눈이 밝아지고, 뻣뻣하게 굳어있던 우리의 몸과 마음이 부드럽게 풀려 오시는 주님을 향해 달려 나갈 수 있기를 축원합니다.

종의 인권도 존중하라

출애굽기 21:1-11

_____ 성경에는 하나님의 백성이 일상생활 가운데서 꼭 지켜야 할 내용이 담긴 법전들이 여러 개 등장한다. 계약법전 혹은 언약법전(출애굽기 21:1-23:19)은 하나님과 언약을 체결한 모세가 그 내용을 기록하고 백성들 앞에서 '낭독'한 것이다. 성결법전(레위기 17-26장)은 거룩한 백성이 되기 위해서 어떤 노력을 기울여야 하는지를 기록한 것이다. 신명기법전(신명기 12-26장)은 계약법전을 재해석한 것으로 하나님의 명령인 율법에 순종하는 것이 살 길임을 강조하고 있다. 그리고 제사 관계 법령집이 있다. 성막에 관한 내용(출애굽기 25-31, 35-40), 각종 제사규정과 레위 지파의 책무를 다룬 것으로 토라의 여러 곳에 흩어져 있다.

그중에서 가장 오래된 것은 계약법전이다. 사실 그 법령은 광야생활이 아니라 정착생활을 배경으로 삼고 있다. 게다가 아직 왕정체제나 도시 국가 체제가 갖춰지지 않은 농경사회에서 벌어지는 문제들을 다루고 있다. 수공업자나 상인 혹은 직공들에 대한 언급은 거의 나오지 않는 반면 소나 나귀, 양에 관한 문제가 빈번하게 등장한다는 사실이 그 증거라 할 수 있다. 계약법전은 유난스러울 정도로 고아, 과부, 나그네, 종 등 사회의 밑바닥 계층을 형성하고 있던 이들에 대한 섬세한 배려를 요구하고 있다. 그것은 물론 애굽에서의 경험을 반영한 것이다. 그들은 그러한 이들을 배려하는 것을 해도 윤리적 권고가 아니라 하나님의 명령으로 받아들였다.

종에 대한 규범

계약법전의 첫머리에 등장하는 종에 대한 규정은 왠지 낯설게 느껴진다. 출애굽 사건은 종살이를 떨쳐버리고 자유인이 되기 위한 치열한 몸부림이었는데, 종이 언급된다는 사실은 출애굽 정신에 대한 위배처럼 보이기 때문이다. 사실 이 규범은 훨씬 후대의 정착생활을 배경으로 하고 있다. 계약법전은 종의 존재나 그들을 사고 파는 문제를 기정사실로 받아들이고 있다. 물론 여기서 언급되고 있는 종은 신분질서에 의해 고착된 계급이 아니라, 특별한 상황 때문에 종이 된 사람들이다. 그러면 누가 종이 되었을까? 우선은 전쟁포로가 떠오른다. 하지만 빚에 몰려 종이 되는 경우가 대부분이었다. 열왕기하에는 예언자 수련생의 부인이 엘리사를 찾아와 아들이 종으로 팔려가게 되었다고 호소하는 장면이 나온다(열왕기하 4:1). 문제는 가난이었다. 기원전 8세기의 예언자인 아모스는 "은을 받고 의인을 팔며 신 한 켤레를 받고 가난한 자를"(아모스 2:6) 파는 현실을 통렬하게 비판했다.

종이 존재한다는 사실 자체가 출애굽 공동체인 이스라엘에게는 추문거리일 수 있다. 그렇지만 그것이 또한 현실이었다. 계약법전은 역사의 이상을 지향하지만 구체적인 현실을 도외시하지는 않았다. 종에 대한 규정은 이중적이다. 히브리 사람을 종으로 삼았을 경우에는 여섯 해 동안만 주인을 섬기게 하고 일곱 째 해에는 몸값을 물지 않아도 자유인이 되게 해야 한다. 여기에는 언급되어 있지 않지만, 성결법전은 외국인 중에서 취한 종은 영원히 종으로 삼아도 된다고 규정하고 있다(레위기 25:44-46). 계약법전은 종을 내보낼 때 지불해야 할 보상 문제를 다루지 않는 반면, 신명기 법전은 "그를 놓아 자유하게 할 때에는 빈 손으로 가게 하지 말고" 후히 주어서 생활 밑천을 삼도록 해야 한다고 규정하고 있다(신명기 15:12-14). 그렇게 해야 하는 까닭은 그들도 애굽 땅에서 종으로 살다가 여호와의 속량하심으로 자유인이 되었음을 잊지 않기 위해서다.

그런데 자유를 얻은 종은 들어올 때의 가족상태 그대로 나가야 한다. 단신으로 들어왔으면 단신으로 나가고, 장가들었으면 아내도 함께 나갈 수 있었다. 하지만 주인집에 들어와서 아내와 자식을 얻은 경우, 그 아내와 자식들은 주인의 소유로 간주되었다. 종이 가족들과 헤어지기 싫어서 종신토록 주인을 섬기겠다고 말하면 중재자를 통해 그 사실을 확증 받아야 했다. 그 의례는 문이나 문설주 앞으로 데리고 가서 거기에다가 송곳으로 귀를 뚫는 것이었다. 귀를 뚫는다는 것은 귀의 완전성을 제거하는 일이었고, 들을 수 있는 원래적인 자유를 제거하는 것을 상징하는 것 같다(마르틴 노트, 《출애굽기》, 213쪽 참조).

여종의 경우는 좀 달랐다. 여기서 말하는 여종은 경제적인 이유 때문에 아버지에 의해 팔린 딸의 경우이다. 종이라 했지만 첩으로 들인 것으로 보아야 할 것이다. 여종은 일곱 째 해가 되어도 자유를 얻어 나갈 수 없었다. 그러나 그런 여종의 권리에 대해 율법은 상세하게 다루고 있다.

주인이 그 종을 첩으로 데리고 살다가 내치는 경우 여종을 외국인에게 파는 것은 엄격히 금지되었다. 여종을 며느리로 맞아들인 경우에는 딸과 같이 대우해야 했고, 주인이 다른 여인을 첩으로 삼을 경우에도 여종은 부부로서의 권리를 누릴 수 있어야 했다. 주인이 음식, 의복, 동침의 의무를 다하지 않을 때는 돈을 내지 않고 거저 나가게 해야 했다. 앞에서도 말한 것처럼 종의 존재가 기정사실로 변한 현실 속에서 계약법전은 종들의 편에 서서 그들의 권리를 최대한 확보해주는 데 깊은 관심을 기울이고 있다.

공동체를 위협하는 행위들

출애굽기 21:12-36

심각한 범죄들

이스라엘 백성들은 자기들의 정체성의 뿌리가 무엇이라고 이해할까? 하나님의 구원역사에 대한 기억이라는 측면에서 보자면 그 뿌리는 과거로 뻗어있다. 하지만 제사장 나라, 거룩한 백성이 되라는 소명을 중심으로 보자면 그 뿌리는 미래로 뻗어있다. 과거가 되었건 미래가 되었건 그들은 하나의 운명 공동체가 되었다. 공동체를 뜻하는 라틴어 'communis'는 '함께'를 뜻하는 'com'과 '선물'을 뜻하는 'munis'가 결합된 말이다. 공동체란 서로가 선물이 되는 이들의 모임이라는 뜻이다. 공동체를 뜻하는 헬라어 'kommein'은 '함께 나눈다'는 뜻이다. 공동체의 존립 근거는 '너'를 풍요롭게 하기 위해 기꺼이 '나'를 선물로 내어주는 데 있다. 물론 그것은 상호성을 전제로 한다.

문제는 현실 속에서 그러한 공동체를 깨뜨리는 일이 자주 일어난다는 사실이다. 계약법전 안에는 공동체 안에서 벌어질 수 있는 다양한 사례들이 결의론적(決疑論的)으로 기술되어 있다. 결의론이란 사회적 관습에 따라 도덕적 법적 문제를 해결하는 이론을 말한다. 그것은 대개 삶의 구체적인 상황이 전제된 후에('~한 경우에는') 그에 따른 법률적 적용('~ 해야 한다')이 도출되는 형식으로 나타난다.

무엇보다도 공동체를 크게 위협하는 행위는 살인이다. 계약법전은 살인에 대해 자세히 다루고 있다. 기본적 전제는 사람을 죽인 자는 죽여야 한다는 것이다. 하지만 그것이 무차별적으로 적용되는 것은 아니다. 살인의 고의성 여부가 가려져야 한다. 13절에 나오는 "만일 사람이 고의적으로 한 것이 아니라 나 하나님이 사람을 그의 손에 넘긴 것이면"이라는 구절은 자첫하면 오해하기 쉬운 말이다. 히브리인들은 소위 미필적 고의에 의한 살인과 같이 부조리하고 이해할 수 없는 사건들을 두고 왈가왈부하기보다는 신의 뜻 앞에 맡기려 했다. 우발적으로 벌어진 그런 살인의 경우 살인자 또한 보호받아야 할 사람이 된다. 죽임당한 이의 가족들로부터 그를 지키기 위해서 나중에 '도피성'으로 명명된 한 장소가 마련되어야 했다. 하지만 고의로 살인을 범한 자는 제단으로 피했다 해도 반드시 끌어내 죽여야 했다.

그런데 아버지나 어머니를 때리거나(15절) 저주하는 자(17절)는 반드시 죽여야 한다고 규정되어 있다. 그 폭행이나 저주가 죽음을 초래하지 않았다 해도 그러한 자식은 제거되어야 했다. 부모의 권위에 대한 거역은 결국 하나님에 대한 거역으로 이어질 수 있다고 판단했기 때문일 것이다. 자기 이익을 위해 다른 사람을 유괴한 사람 역시 죽여야 했다. 그것은 공동체의 존립 기반인 서로에 대한 신뢰를 허무는 일이기 때문이다. 다투다가 임신한 여인을 쳐서 낙태하게 만든 경우에는 적절한 보상이 이루어져야 했다. 종들을 때려 상해를 입힌 경우에는 그를 자유인으로 풀어주어야 했다. 이쯤 되면 주인들은 과도한 폭력을 쓰기 어려웠을 것이다. 24절과 25절에 나오는 동해복수법(同害復讐法, lex talionis), 즉 "눈은 눈으로, 이는 이로, 손은 손으로, 발은 발로, 덴 것은 덴 것으로, 상하게 한 것은 상함으로, 때린 것은 때림으로 갚을지니라"라는 구절은 비문명화된 사회에서 자행된 잔인한 형벌처럼 보이지만 사실은 과도한 피의 악순환을 막으려는 조치라 할 수 있다.

태만한 죄

황소가 사람을 받아 죽였을 경우는 그 황소를 돌로 쳐 죽임으로써 공동체를 위협하는 행위를 제거해야 했다. 그 고기의 취식도 금지되었다. 소는 사람을 받아 죽임으로써 이미 터부의 대상이 되었다. 금기의 대상이 된 고기를 먹는 것은 부정한 행위이다. 이런 경우에는 주인에게 책임을 묻지 않았다. 하지만 사람을 받는 버릇이 있는 황소가 사람을 받아 죽인 경우는 달

랐다. 그 황소는 물론이고 관리를 잘못한 주인까지도 죽여야
했다. 피해자 가족들이 그 주인에 대한 처벌보다 적절한 보상
을 원할 경우에는 생명의 대가를 지불하고 죽음을 면할 수 있
었다. 황소가 종을 받아 죽일 경우에 소는 돌로 쳐서 죽여야 하
지만, 황소 주인에게는 은 삼십 세겔을 종의 주인에게 주는 배
상의 책임만 물었다. 종의 인권을 존중한다고는 하지만 여전히
종을 소유물로 여기는 현실이 반영되어 있다.

　사람이 구덩이를 덮지 않아서 남의 소나 나귀가 거기에 빠
지면 구덩이 주인은 반드시 보상을 해야 했다. 죽은 짐승은 구
덩이 주인의 몫이 되었다. 소가 다른 소를 받아죽이면 살아 있
는 소를 팔아 그 값을 나누고, 죽은 소도 반으로 나눠야 했다.
소가 본래 받는 버릇이 있는 경우는 소를 소로 갚아야 했다. 계
약법전은 이처럼 농경문화 혹은 유목문화권에서 흔히 벌어질
수 있는 일들을 다루고 있다.

　마땅히 해야 할 일을 소홀히 할 때 공동체는 갈등이나 분열
혹은 위험에 빠질 수 있다. 공동체는 인애와 사랑을 기본으로
삼아야 하지만, 정의와 공의가 시행되지 않는다면 언제든 위험
에 처할 수 있다. 하지 말아야 할 일을 하지 않고, 해야 할 일을
소홀히 하지 않는 것이야말로 공동체로 부름 받은 이들의 마
땅한 태도이다.

배상법, 도덕법

출애굽기 22:1-20

배상법

율법은 개인의 재산 보호를 위해 다양한 규정을 적시하고 있다. 사실 사람과 사람 사이의 분쟁은 자기 이익이 침해를 받았다고 느낄 때 발생하는 경우가 많다. 분쟁이나 갈등이 이념이나 세계관 때문에 발생하는 경우도 있지만 조금만 깊이 들여다보면 그것도 자기 이익과 밀접한 관계가 있다는 사실을 알수 있다. 사람들은 일쑤 정치 이념과 무관하게 자기가 소유하고 있는 부동산 가치를 누가 증대시켜 줄 것인지, 누가 세금을 줄여줄지에 관심을 가지고 투표할 때가 많다. 이것은 거의 인간의 본능에 속하는 것인지도 모르겠다. 율법은 이런 문제들을 외면하거나 무시하지 않는다. 개인의 욕망을 뛰어넘는 메타담론에 익숙했던 사람들에게 재산 손실이 발생했을 때 어떻게 처리해야 하는지를 규정한 율법 대목들은 낯설기조차 하다.

하지만 그런 문제가 제대로 다뤄지지 않으면 공동체의 균열을 막을 수 없다. 본문에 등장하는 여러 가지 법들은 아마도 공동체 내에서 오랫동안 받아들여지던 관습법이 성문화된 것이다.

남의 소유물을 훔친 사람은 반드시 배상해야 했다. 배상 정도는 그 짐승이 죽었을 경우와 살아 있을 경우가 다르고, 또 그 짐승의 종류에 따라 달라진다. 갚을 것이 없는 사람은 자기를 팔아서라도 훔친 물건의 값과 배상액을 지불해야 했다. 이런 규정은 그러니까 아예 도둑질할 생각을 말라는 경고였을 것이다. 이 경고는 어느 정도 효력을 발휘했겠지만 그렇다고 해서 꼭 경청되었을 거라고 볼 근거도 없다. 좋아서 하든, 절박해서 하든 도둑질은 어느 시대나 근절되기 어려운 문제이다.

도둑이 들어오는 것을 보고 주인이 그에게 폭력을 가했을 경우 낮과 밤의 책임이 달라진다. 도둑이 밤에 들어가다가 맞아 죽은 경우 주인의 행위는 정당방위로 인정받지만, 낮에 벌어진 일이라면 주인은 책임을 면할 수 없다. 부득이 함을 인정하면서도 도둑의 살 권리를 보호해주려는 배려가 돋보인다. 도둑이라 해서 함부로 대해서는 안 된다는 것이다. 짐승을 놓아먹이는 도중 그 짐승이 남의 밭에 들어가 곡식을 먹은 경우에도 배상해야 하고, 병충해 예방을 위해 놓았던 불이 남의 낟가리나 거두지 못한 곡식이나 밭을 태울 경우도 배상해야 했다. 잠시 이웃에게 맡겨두었던 돈이나 물품이 사라진 경우, 도둑을 잡으면 그에게 배상 책임을 물으면 되지만, 도둑이 잡히지 않은 경우에는 재판관 앞에 나아가 판단을 구해야 했다. 나귀나 소나 양이나 다른 짐승을 이웃에게 맡겼는데 그것이 죽거나 상하거나 없어진 경우에도 여러 가지 경우를 따져 배상 책임을 물을 수 있었다. 그것이 우발적으로 일어난 일인지, 부주의로 일어난 일인지를 가려야 했다.

도덕법

앞에서 이야기한 규정들이 재산상의 문제를 다뤘다면 16절부터 나오는 규정들은 공동체 안에서 지켜져야 할 인간관계와 도덕법을 다루고 있다. 약혼하지 않은 처녀를 꾀어 동침했을 경우 납폐금을 주고 아내로 삼아야 하고, 처녀의 아버지가 그를 싫어하면 납폐금만 내면 되었다. 흥미로운 것은 혼전 성관계에 대해 미풍양속을 깼다고 하여 엄중한 책임을 묻지 않는다는 사실이다. 마치 그런 일은 있을 수 있는 일이라는 듯 태연하다.

죽어야 할 죄도 열거되고 있다. 무당, 짐승과 행음하는 자, 여호와 외에 다른 신에게 제사 드리는 자는 반드시 멸해야 했다. 이들은 모두 야훼 신앙을 훼손시키는 부류에 속한다. 무당은 혼령과 접신한 후 미래를 예언하거나 운명을 바꿀 수 있다고 함으로써 이스라엘 사람들을 미혹할 가능성이 있었기에 그들은 엄격하게 배제되었다. 사울의 경우를 떠올려보자. 블레셋과의 일전을 앞두고 사울은 두려움에 사로잡혔다. 하나님께 엎드려 뜻을 구하지만 하나님은 응답하지 않으셨다. 그러자 사울은 엔돌의 무녀를 찾아가서 이미 세상을 떠난 사무엘을 불러 달라고 부탁한다(사무엘상 28장). 그는 스스로 신접한 자와 박수를 멸절시켰으면서도 궁지에 몰리자 무당을 찾아간 것이다.

수간獸姦은 물론 성도덕의 타락으로 간주되기도 했지만 이방 종교의 한 요소를 받아들이는 것으로 간주되었기에 엄격한 처벌을 받았다. 동물세계와 인간세계의 미분화는 고대세계의 한 특징이다. 그리스나 로마 신화에는 반인반수의 신들이 많이 등장한다. 황소 머리를 가진 미노타우로스, 얼굴은 사람이고 몸통은 염소인 사티로스를 떠올리면 될 것이다. 사람들은 어쩌면 이해하기 어려운 원시적 혼돈을 그런 형상을 통해 나타냈던 것인지도 모르겠다. 그리스 신화에서는 신들이 짐승의 모습으로 변해 눈여겨보던 대상과 관계를 맺는 이야기가 많다.

다른 신에게 제사 드리는 행위는 제1계명을 어기는 일이었기에 엄격히 다뤄질 수밖에 없었다. 사람들은 절박한 상황에 빠지면 인신공희人身供犧를 요구하는 신들(신명기 12:31)을 찾기도 했다. 희생이 클수록 신의 보응도 크다고 믿었기 때문이다. 이런 믿음의 양태는 야훼신앙과 무관하다. 문제는 하나님을 믿는다고 하면서도 여전히 이런 신앙관을 가지고 있는 이들이 있다는 사실이다.

message 10

입을 다물고 손을 펴라

너희는 너희에게 몸붙여 사는 나그네를 학대하거나 억압해서는
안 된다. 너희도 이집트 땅에서 몸붙여 살던 나그네였다. 너희는
과부나 고아를 괴롭히면 안 된다. 너희가 그들을 괴롭혀서, 그들
이 나에게 부르짖으면, 나는 반드시 그들의 부르짖음을 들어주
겠다. 나는 분노를 터뜨려서, 너희를 칼로 죽이겠다. 그렇게 되
면, 너희 아내는 과부가 될 것이며, 너희 자식들은 고아가 될 것
이다. 너희가 너의 가운데서 가난하게 사는 나의 백성에게 돈을
꾸어 주었으면, 너희는 그에게 빚쟁이처럼 재촉해서도 안 되고,
이자를 받아도 안 된다. 너희가 정녕 너희 이웃에게서 겉옷을 담
보로 잡거든, 해가 지기 전에 그에게 돌려주어야 한다. 그가 덮
을 것이라고는 오직 그것뿐이다. 몸을 가릴 것이라고는 그것밖
에 없는데, 그가 무엇을 덮고 자겠느냐? 그가 나에게 부르짖으
면 자애로운 나는 들어주지 않을 수 없다(출애굽기 22:21-27).

지금 울고 있는 이들

주님의 은총과 평화가 우리 가운데 함께 하시기를 빕니다. 가정마다 비 피해는 없으셨는지요? 우리가 함께 모여 예배드리는 이 시간, 무엇보다도 사랑하는 가족들을 속절없이 떠나보낸 모든 이들의 가슴에 주님의 위로가 함께 하시기를 기원합니다. 봉사활동에 나섰다가 참변을 당한 인하대 발명 동아리 학생들, 민간인을 구하기 위해 물에 뛰어들었다가 죽음을 맞은 조민수 의경, 천변에서 외롭게 살다가 죽어간 독거노인들, 비닐하우스 촌에 살다가 생명과 재산을 잃어버린 사람들을 생각하면 가슴이 먹먹해집니다.

무심한 하늘을 탓해 보지만 이미 벌어진 일은 돌이킬 수 없습니다. 넘어진 이들은 울면서라도 다시 일어서야 합니다. 하지만 그럴 힘이 없는 이들이 많습니다. 지금 그분들에게 필요한 것은 '나는 혼자가 아니다'라는 확신입니다. 슬픔과 아픔을 함께 나누려는 이들이 있다는 사실처럼 든든한 일은 없습니다. 여리고 길에서 강도 만난 사람은 성경에만 있는 것이 아닙니다. 지금 우리 곁에 있습니다. 주님은 우리에게 '누가 그 강도 만난 사람의 이웃이 되어 주었느냐?'고 묻고 계십니다. 가끔 이 말씀이 천둥처럼 울려올 때가 있습니다. 혹시라도 그들과 연루될까 무서워 우리 시대의 '강도 만난 이들' 곁을 무심히 지나칠 때 특히 그렇습니다. 이웃이 누구라고 규정할 수도 없고, 우리가 임의로 선택할 수 있는 것도 아닙니다. 이웃은 우리가 누군가의 필요에 응답하고, 그의 고통을 덜어주기 위해 위험을 무릅쓸 때 발생하는 실체입니다. 이웃됨은 거룩한 삶의 입구입니다.

지금 울고 있는 이들의 이웃이 되어주는 것 못지않게 중요한 것은 이런 재난이 더 이상 벌어지지 않도록 노력하는 일입니다. 우리는 개발이라는 미명 하에 파헤쳐진 땅의 신음소리를 듣고 있습니다. 부푼 욕망을 따라 사는 우리 삶의 방식을 바꾸지 않는 한 비극은 계속될 것이고 그 규모도 훨씬 커질 것입니다. 바람을 심어 광풍을 거두는 형국입니다. 한 가지 속상한 것은 책임을 져야 할 이들이 이번 수해를 '104년 만에 쏟아진 폭우' 탓으로 돌린다는 사실입니다. 스스로에게 면죄부를 발부하는 셈입니다. 누구 하나 내 탓이라고 말하지 않습니다. 이제는 겉을 꾸미는 일보다 사람들이 안심하고 살 수 있도록 보이지 않는 곳에 도사린 위험을 제거하는 일에 마음을 쓰겠다고 말하지 않습니다. 사람을 아끼지 않는 정책은 반생명적이고 반신앙적입니다. 재난은 사람을 가리지 않지만, 재난에 더욱 취약한 것은 가난한 사람들입니다. 그렇기에 정치는 가난한 이들을 늘 염두에 두지 않으면 안 됩니다.

성경은 하나님께서 이 땅의 소리에 민감하신 분이라고 선언합니다. 하나님은 애굽의 압제 아래 살던 히브리인들의 울부짖음을 차마 모른 체 하실 수가 없으셔서 모세를 부르셨습니다. "제가 무엇이라고, 감히 바로에게 가서, 이스라엘 자손을 이집

트에서 이끌어 내겠습니까?"(출애굽기 3:11) 하며 주저하는 모세
에게 하나님이 하신 말씀은 단순합니다. "내가 너와 함께 있겠
다." 성경의 하나님은 '함께 하시는 하나님', 곧 '임마누엘'이십
니다. 하나님은 가장 낮은 이들의 울부짖음을 '당신의 나라가
임하소서'라는 기도로 들으십니다. 그렇기에 하나님을 안다는
것은 사회의 밑바닥에서 살아가는 이들을 아는 것과 분리될
수 없습니다.

유배

히브리인들은 야훼 하나님을 만나고 나서야 자기들도 존엄
한 인간임을 자각했습니다. 자기들도 행복을 꿈꿀 수 있고, 자
기 삶의 결정권을 가지고 살 수 있다는 사실을 깨달았던 것입
니다. 소수의 사람들만 특권을 누리고 나머지는 그 체제를 떠
받치기 위한 도구로 취급되고 있는 세상은 하나님 보시기에
불의한 세상임을 알아차렸습니다. 그들은 노예가 되기 위해 태
어난 것도, 관리들에게 매를 맞고 착취당하기 위해 태어난 것
도 아니었습니다. 그것은 극복되어야 할 현실이었습니다.

출애굽은 하나의 혁명이었습니다. 하나님은 다수의 사람을
비인간으로 만드는 바로의 체제를 심판하셨습니다. 애굽에 내
렸던 열 가지 재앙이 바로 그것입니다. 하나님은 해방된 그 백
성이 가장 인간답게, 하나님의 백성답게 사는 길을 제시하셨습
니다. 토라 곧 율법은 하나님의 은총으로 해방된 백성들이 따

라야 할 삶의 강령이었습니다. 오늘 본문은 그 가운데 일부이
지만, 일부만 보아도 전체를 알 수 있습니다.

> "너희는 너희에게 몸붙여 사는 나그네를 학대하거나 억압해서는
> 안 된다. 너희도 이집트 땅에서 몸붙여 살던 나그네였다"(21절).

'몸붙여 사는 나그네'(ger)는 고아, 과부와 함께 사회적 약자
의 대명사입니다. 그들은 사유재산권이 없었고, 그를 보호해
줄 법적 후견인도 없었습니다. 따라서 그들은 경제적 착취나
물리적 폭력에 노출되기 쉬웠습니다. '학대하다'yanah라는 동
사는 강자가 약자를 경제적으로 착취한다는 뜻으로 쓰입니다.
'억압하다'lahas는 동사는 짓밟는다는 뜻입니다. 사람 취급을
하지 않는 것입니다. 그들이 이루어 살게 될 새 세상에서 나그
네를 학대하거나 억압하지 말아야 할 까닭은 이스라엘의 역사
체험과 무관치 않습니다. 그들도 애굽에서 학대와 억압을 당했
으니 함께 살고 있는 이민자들에게 괴로움을 주지 말라는 것
입니다.

과부나 고아를 괴롭히면 안 된다는 명령도 같은 맥락에서
이해할 수 있습니다. 하나님은 사람들이 그들을 괴롭혀 그들이
하나님께 부르짖으면 '반드시' 그들의 부르짖음을 들어주겠다
고 말씀하십니다. 그 내용은 섬뜩합니다. 억압자들은 칼에 찔
려 죽게 되고, 그 아내는 과부가 되고 아이들은 고아가 될 것이

라는 것입니다. 하나님의 백성들은 가난하게 사는 사람에게 돈을 꾸어 주었을 때에도 빚쟁이처럼 자꾸 재촉하지 말아야 하고 이자를 받아서도 안 됩니다. 이자는 결국 채무자를 노예로 전락시키기 때문입니다. 채무자가 도저히 빚을 갚을 형편이 못 될 때에는 채권자 행세를 하기보다는 차라리 원금을 포기함으로 이웃과의 관계를 돈독히 하는 것이 낫다고 말합니다. 그것이야말로 출애굽 정신을 현실화하는 일이기 때문입니다.

이웃에게 겉옷을 담보로 잡고 돈을 빌려주었을 때에도 마찬가지입니다. 아무 것도 맡길 것이 없는 채무자는 종종 자기 겉옷을 담보물로 맡겼습니다. '겉옷'은 사실 그의 존재를 상징하는 것이었기에, 겉옷을 담보로 맡긴다는 것은 빚을 갚지 못하면 자기 몸을 팔겠다는 뜻이었습니다. 자기 몸의 통제권을 넘겨준다는 뜻이지요. 그런데 출애굽의 하나님은 해지기 전에 그 담보물을 즉시 돌려주어야 한다고 말씀하십니다. 가난한 사람에게는 추위를 막기 위한 겉옷이 한 벌 밖에 없었기 때문입니다. 하나님은 자애로운 분이시기에 그들이 추위에 떠는 것을 차마 보실 수가 없는 분이십니다.

이 말씀은 이미 편안하게 살고 있는 사람들, 이 세상에서 누릴 것을 다 누리고 살고 있는 이들에게는 불편한 말씀입니다. 사람은 생각하는 대로 살지 않으면, 사는 대로 생각하게 마련(If you can't live the way you think, think the way you live)이랍니다. 어느 신학자는 삶을 위한 도구를 바꾸는 순간 하나님도 바뀌게 된다고 말했습니다. 믿음으로 산다는 것은 늘 하나님의 뜻을 기준음으로 삼아 우리 삶을 조율하는 것인데, 자기 좋을 대로 말씀을 왜곡하는 일이 비일비재합니다. 하나님을 믿는다고 하면서도 하나님의 백성답게 살지 못하는 현실을 일러 랍 벨 목사는 '유배'라 했습니다. 그는 "유배는 자신이 받은 복을 다른 사람을 위한 복으로 바꾸지 못하는 것이다. 하나님의 목적에서 벗어나는 것"(랍 벨 던 골든, 《네 이웃의 탄식에 귀를 기울이라》, 71쪽)이라고 말했습니다. 누릴 것을 다 누리면서도 다른 이들의 고통에 응답하지 못하는 이들은 유배당한 사람들입니다.

우분투(Ubuntu)

한 때 우리는 노르웨이에서 벌어진 참사에 놀란 적이 있었습니다. 수도인 오슬로 정부청사 폭탄 테러 보도를 접하며 놀랐는데, 얼마 지나지 않아 우토야 섬에서 청소년들이 학살당했다는 소식을 듣게 되었습니다. 범인은 템플 기사단의 일원임을 자처한 아네르스 베링 브레이비크입니다. 그는 경찰에 체포된 후에도 후회하지 않는다면서 "잔혹했지만 필요했다"는 말로 자신의 행동을 합리화하려 했습니다. 무슬림들이 증가하면서 다문화사회로 이행해가고 있는 '노르웨이에 혁명을 가져오고 싶었다'고도 말했습니다. 그가 호송되는 차 안에서 보여준 미소는 섬뜩했습니다.

극우적인 민족주의가 종교적 신념과 결합할 때 얼마나 파괴적일 수 있는지를 그는 보여주었습니다. 그는 어쩌면 '순수한 아리안의 나라'를 꿈꿨던 히틀러와 닮은 사람인지도 모르겠습니다. 저는 가끔 '순수성'이라는 말이 얼마나 왜곡되기 쉬운 말인가 생각하곤 합니다. 일전에 어떤 토론 프로그램에 나갔을 때 패널 한 분은 누구든지 동기만 순수하다면 그의 행위를 인정해야 한다고 말했습니다. 저는 그 말에 즉각 반박했습니다. 그가 인간의 지성과 감성과 의지라는 것이 얼마나 왜곡되기 쉬운 것인지를 간과하고 있다고 말했습니다. 무지한 순수, 왜곡된 순수도 있는 법입니다. 순수성에 대한 집착은 타자에 대한 폭력을 낳고, 그 폭력은 세상을 천국으로 만들기보다는 지옥으로 만들게 마련입니다. 순수하지 말자는 말이 아니라, 나만 순수하다는 착각에서 깨어나야 한다는 말입니다.

브레이비크는 길을 잃은 영혼입니다. 그는 하나님이 창조하신 세상은 다양성에 기초하고 있다는 근본적 사실을 잊고 있습니다. 피부색, 나이, 국적, 경제력, 종교의 차이를 넘어 서로를 소중한 인간으로 존중하는 일이야말로 인간다움의 척도입니다. 큰 충격을 받은 노르웨이 사람들이 보인 반응은 참 존경할만한 것이었습니다. 희생자들을 추모하기 위해 모여든 사람들의 손에는 장미꽃이 들려 있었습니다. 그것은 '사랑과 희망의 상징'이었습니다. 거리에 나온 15만 명의 사람들은 어떤 폭력도 평화를 염원하는 공동체의 꿈을 파괴할 수는 없다는 사실을 보여주는 징표였습니다.

그들의 모습을 보면서 저는 아프리카 응구니족의 언어인 우분투(Ubuntu)라는 말을 떠올렸습니다. 그 단어는 매우 복합적인 의미로 사용됩니다. 관대하고 남에게 호의를 베풀며, 친절하고 다정하고 남을 보살필 줄 아는 자비로운 사람을 보면 그들은 '우분투가 있다'고 말합니다. 남아프리카 공화국의 성공회 대주교인 데스몬드 투투는 우분투를 이렇게 설명하고 있습니다.

"우분투가 있는 사람은 열려 있고, 다른 사람을 위해 시간을 내고, 다른 사람들을 인정하고, 인격과 능력이 탁월한 사람 앞에서도 위협을 느끼지 않는다. 자신이 더 큰 전체에 속한 존재임을 아는 그에게는 온당한 자기 확신이 있기 때문이다".(데스몬드 투투,《용서없이 미래없다》, 41쪽)

낯선 사람들은 위험한 사람이 아니라, 우리가 미처 알지 못하던 선물을 가지고 오는 손님들입니다. 영적으로 특히 그러합니다. 낯섦은 지금까지 알지 못했던 세계로의 초대입니다. 지금 고통 받는 사람들, 사람들에게 외면당하는 사람들이야말로 우리를 하나님께로 안내하는 인도자들임을 잊지 마십시오. 성경은 그래서 나그네를 영접했다가 하나님의 사자를 영접한 사람이 있다고 말하는 것입니다.

선 자리를 벗어나

믿음은 삶과 분리될 수 없습니다. 믿음은 언제나 삶으로 번역되어야 합니다. 그가 하나님을 믿는 사람인지, 예수 그리스도의 구속의 은혜를 경험한 사람인지는 무얼 보면 알 수 있을까요? 이웃을 대하는 모습을 보면 됩니다. 하나님을 믿는 사람은 하나님의 심정이 되어 세상을 살핍니다. 정치인이나 경제인이나 언론인이 아니라 하나님의 눈으로 세상을 보는 사람이 하나님을 믿는 사람입니다. 하나님의 눈으로 세상을 보았기에 예수님은 병든 사람, 귀신 들린 사람, 세리와 창기들을 극진한 정성으로 돌보실 수 있었습니다. 하나님의 눈으로 보면 세상에서 천대받는 사람들도 소중한 사람입니다. 우리가 함부로 해서는 안 되는 존재들입니다. 그 사실 하나만 제대로 알아도 우리 삶이 달라집니다.

내가 선 자리를 벗어나 누군가의 부름에 응답할 줄 아는 사람이 되는 것, 그것이 성도가 되는 길이요 참 사람이 되는 길입니다. 날이 갈수록 몸과 마음이 굼떠지는 것 같아 안타깝습니다. 불의를 보아도 세상이 으레 그러려니 하며 오불관언하는 것은 불신앙입니다. 사회 불의에 대해 분노조차 할 줄 모른다면 우리는 그저 살덩이일 뿐입니다. 지금 세상에 똑똑한 사람, 힘 있는 사람은 많습니다. 그러나 그들이 꼭 좋은 세상을 만드는 것은 아닙니다. 오히려 하나님의 마음에 공감하고 또 누군가의 좋은 이웃이 되기 위해 마음 쓰는 사람들이 좋은 세상을 만듭니다. 다행히 세상에는 그런 이들이 많이 있습니다. 그들은 어쩌면 새로운 세상의 그루터기인지도 모르겠습니다.

여러분, 잊지 마십시오. 우리가 하나님을 믿지 못하는 때에라도 하나님은 우리를 믿으십니다. 하나님은 우리가 당신의 뜻을 거역할 때조차 우리가 변화되어 주님이 기뻐하시는 세상을 만들어 가는 일에 동참할 거라고 믿어주십니다. 이게 은혜입니다. 많은 말은 분쟁을 낳습니다. 사랑의 섬김은 일치를 낳습니다. 지금 기독교인들이 해야 할 일은 세상 현실에 대한 해석이 아니라, 세상을 친구의 나라로 바꾸기 위한 땀 흘림입니다. 무더운 여름날이지만 우리의 발걸음이 닿는 곳마다 하늘나라의 시원한 바람이 불어오기를 기원합니다. 아멘.

사회적 약자를 배려하라

출애굽기 22:21-31

─────── 성경은 에덴 이후 사람들이 빚어내는 삶의 풍경을 '가인과 아벨' 이야기에 담아 들려주고 있다. 가인은 장남이면서 정착민이다. 아벨은 차남이면서 유목민이다. 한 마디로 말해 가인은 강자이고 아벨은 약자다. 강자가 약자를 세심하게 돌보고 또 그의 살 권리를 인정해준다면 세상은 평화로울 것이다. 그런데 현실은 그렇지 못했다. 가인은 아벨을 죽이고 말았다. 우리는 모두 가인의 후예로 살아간다. 가인은 자기 확장의 욕망에 사로잡힌 사람이다. 그에게 있어서 타인은 자기 욕망 충족의 걸림돌일 뿐이다. 걸림돌은 제거해야 한다. 가인의 형제 살해는 그렇게 발생했다. 강자의 폭력이 일상이 될 때 세상은 전장으로 바뀐다. 제국주의는 강자의 폭력이 제도화된 것이라 할 수 있다.

나그네, 고아, 과부를 잘 돌보라

애굽 땅에서 종살이하던 이들이 만들어가야 할 세상은 어떠해야 할까? 사회적 약자들이 두려움이나 굴욕감을 느끼지 않으면서도 공동체의 구성원으로 인정받을 수 있어야 한다.

"너는 이방 나그네를 압제하지 말며 그들을 학대하지 말라 너희도 애굽 땅에서 나그네였음이라 너는 과부나 고아를 해롭게 하지 말라 네가 만일 그들을 해롭게 하므로 그들이 내게 부르짖으면 내가 반드시 그 부르짖음을 들으리라"(22:21-23).

우리가 주목해야 할 것은 이 명령이 왕이나 관료들에게 주어진 명령이 아니라, 백성 전체에게 부과된 의무라는 점이다.

'이방 나그네'는 다른 부족이나 지역에서 흘러들어온 이들을 일컫는 말이다. 그들은 언제든 희생양으로 전락할 수 있는 이들이었다. 사회적 혼란이 초래되고 사람들 사이에 폭력의 기운이 상승할 때 사람들은 언제나 희생양을 찾게 마련인데, 부족의 지원을 받지 못하는 이들은 그야말로 좋은 먹잇감이었다. 그들은 불리한 노동 조건 아래서 살아갈 수밖에 없었다. 율법은 바로 그런 이들을 압제하지 말라고 명령한다. 출애굽은 바로 그런 현실을 극복하기 위해 하나님께서 떨쳐 일어나신 사건이다. 그러니 이스라엘 공동체 속에서 그런 일이 벌어진다면 그것은 하나님에 대한 부정일 수밖에 없다. 우리나라에도 많은 이주 노동자들이 머물고 있다. 대개 우리나라 사람들이 꺼려하는 힘겨운 직종에 종사한다. 그들이 가난한 나라 출신이라 하여 함부로 대하는 이들이 많다. 단적으로 말한다. 그것은 하나님의 진노를 사는 일이다.

과부나 고아 역시 사회적 약자의 대명사다. 율법은 그들을 해롭게 하지 말라고 요구한다. 가부장제적 사회에서 남편이나 부모의 돌봄과 보호를 받지 못하는 이들은 일쑤 성이나 노동 착취의 대상으로 전락하기 쉬웠다. 사실 '해롭게 하지 말라'는 번역은 너무 평범하다. 새번역은 이것을 '괴롭히면 안 된다'로 번역하고 있다. 이 규정은 나중에 더욱 강화된다.

"가난한 사람을 학대하는 자는 그를 지으신 이를 멸시하는 자요 궁핍한 사람을 불쌍히 여기는 자는 주를 공경하는 자니라"(잠언 14:31).

하나님은 억압과 착취가 일상화된 세상을 전복시켜 돌봄과 사랑과 우애가 지배하는 곳으로 바꾸려 하신다. 성경은 하나님께서 억울한 일을 당한 이들의 부르짖음에 민감하신 분이라는 사실을 도처에서 밝히고 있다. 하나님은 땅에서 부르짖는 아벨의 핏소리에 귀를 기울이셨고, 애굽에서 압제당하는 이들의 신음소리를 기도로 들으셨다. 사회적 약자들을 괴롭히는 것은 하나님을 적으로 삼는 것과 다를 바 없다.

공동체의 존속을 위한 지침

공동체 안에 있는 지체들을 형제자매로 받아들이는 일은 채권 채무 관계 속에서도 나타나야 한다. 어쩔 수 없어 빚을 지게 된 사람들을 함부로 하대하거나 빚쟁이처럼 다그치지 말아야 한다. 이자도 받지 말아야 한다. 이자는 눈덩이처럼 불어나게 마련이어서 가난한 이들의 회복을 불가능하게 만들 때가 많다. 이웃의 옷을 저당 잡았을 때도 마찬가지다. 담보로 잡은 겉옷은 해가 지기 전에 돌려주어야 한다. 옷을 저당 잡힌다는 것에는 상징적 의미도 있다. 옛 사람들이 입는 옷에는 신분이 반영되어 있었다. 겉옷을 담보로 맡긴다는 것은 자기의 사회적 신분조차 내려놓을 정도로 다급한 상황일 것이다. 율법은 채권자가 그런 절박한 사정을 헤아릴 수 있어야 한다고 말한다. 채권자가 채무자에게 저녁마다 옷을 돌려주는 일은 매우 번거로운 일이었을 것이다. 그럼에도 불구하고 그것이 그를 형제자매로 대하는 단초였다. 율법은 한 사회의 맨 밑바닥을 형성하고 있는 이들도 생존을 위해 필요한 최소한의 것을 보장받을 수 있을 때 비로소 공동체가 존속될 수 있다고 말한다. 소유권은 물론 존중되어야 한다. 율법은 또한 재판장을 모독하지 말고, 백성의 지도자를 저주하지 말라고 가르친다. 합당한 권위가 존중되지 않을 때 사회 질서가 훼손될 수 있기 때문이다. 땅의 주인이신 하나님께 바쳐야 할 것은 성실하게 바쳐야 한다. 봉헌 행위는 우리 삶을 하나님께 비끌어 매는 하나의 상징이다.

공평한 세상을 향하여

출애굽기 23:1-19

송사가 벌어졌을 때

거짓 증언의 피해자는 사회적 약자들인 경우가 많다. 안정을 바라는 사람들은 자기도 모르는 사이에 힘 있는 이들의 편에 서곤 한다. 사람과 사람 사이의 입장과 욕망이 충돌할 때 법은 그것을 조정하기 위해 존재한다. 그런데 그 법이 편파적으로 적용된다면 법은 이미 법이라 할 수 없다. 한 때 세상을 떠들썩하게 했던 어느 범죄자는 방송 카메라를 향해 '유전무죄, 무전유죄'라고 외침으로써 자기들도 일종의 피해자임을 강변했다. 법의 정의가 세워지기 위해서는 증인과 재판관이 모두 공정해야 한다.

율법은 '거짓된 풍설'을 퍼뜨리지 말 것과 '위증하는 증인'이 되지 말라(23:1)고 엄격하게 명령하고 있다. 2절에는 '다수를 따라'라는 어구가 두 번 반복된다. 사람들의 판단이 얼마나 몰주체적일 수 있는지를 잘 알기에 이런 명령을 하는 것이다. 오랜 동안의 조정을 거쳤음에도 여전히 의견이 엇갈릴 때 부득이 취하는 게 다수결의 원리이다. 그런데 사람들의 판단은 소수보다는 다수 의견 혹은 유력자의 의견을 따르기 쉽다. 후대의 랍비 법정은 재판관들에게도 이 규정을 적용하여 가장 젊은 재판관부터 의견을 발표하게 했다고 한다. 나이 든 재판관들의 의견에 휘둘릴 것을 염려했기 때문이다《어서 가거라》, 성서와 함께, 327쪽).

3절에서 가난한 사람이 가엾다고 해서 증인이 편드는 증언을 해서는 안 된다고 말한 것과 같이, 6절에서는 재판관들이 가난한 자가 제기한 송사라고 해도 일방적으로 그를 두둔함으로 정의를 굽게 해서도 안 된다고 말하고 있다. 사람에 따라 법 적용을 달리하다 보면 결국 법에 대한 불신을 낳게 되기 때문이다. 재판관들은 뇌물을 받지 말아야 했다. 8절은 뇌물이 일으키는 어떤 변화를 아주 인상적으로 서술하고 있다. "뇌물은 밝은 자의 눈을 어둡게 하고, 의로운 자의 말을 굽게 하느니라." 9절은 이방 나그네를 압제하지 말라고 말한다. 그들을 지켜줄 사람이 없다고 하여 쉽게 폭력과 배제의 대상으로 전락시키는 것은 출애굽 정신의 훼손이기 때문이다.

증인과 재판관들이 명심해야 할 내용을 기술하는 중에 본문은 원수의 가축을 어떻게 대해야 하는지를 가르치고 있다(4-5절). 이것은 뜬금없는 끼어듦처럼 보인다. 하지만 이 대목은 매우 중요하다. 공동체가 서로에 대한 원망과 불신으로 무너지

지 않도록 하는 하나의 정교한 장치라고도 할 수 있겠다. 율법
은 원수의 길 잃은 소나 나귀를 보면 반드시 그 사람에게 돌려
야 하고, 적대감정을 품고 살아가는 이의 나귀가 짐에 눌려 쓰
러진 것을 보면 '그것'을 도와 짐을 부리라고 권한다. 겉으로
보기에는 그저 인간관계 때문에 고통에 처한 동물을 외면하지
말라는 단순한 권고처럼 보인다. 하지만 여기에는 심오한 뜻이
들어 있다. 아마도 '원수를 사랑하라'는 권고 앞에서 당혹감을
느낀 일이 있을 것이다. 용서하기도 쉽지 않은 원수를 어떻게
사랑할 수 있단 말인가? 그런데 원수의 짐승을 돕는 것은 증오
를 넘어설 수 있는 실질적인 방법이라 할 수 있다. 사랑할 수는
없지만 도울 수는 있으니 말이다. 원수와 나 사이에 있는 짐승,
즉 곤경에 처한 짐승은 일종의 중립지대를 형성한다. 혼자서
처리할 수 없는 일을 함께 처리하다보면 상대에 대한 악한 감
정은 수그러들게 마련이다. 랍비 전통은 원수를 친구로 바꾸는
사람이야말로 진정한 영웅이라고 가르쳤다.

안식년과 안식일, 절기 규정

칠년 째 되는 해에는 파종을 하지 말고, 땅을 묵혀두라는 규정
이 어떻게 제도화되었을까? 휴경을 하는 것이 지력 회복에 도
움이 된다는 것을 경험을 통해 알았기 때문일까? 정확한 실상
은 알기 어렵지만 이스라엘은 자기들의 관습을 신학화하는 데
탁월하다. 땅을 묵혀두는 것은 땅의 주인이 하나님이라는 사실

을 고백하는 것이고, 안식년에 땅에서 돋아나는 것들은 가난한 이들과 들짐승의 몫이라는 것이다. 들짐승의 살 권리까지도 배려하고 있다. 나중에 확장된 신명기 법전은 안식년을 빚을 삭쳐주는 해로 소개한다. 안식일 규정도 다시 언급되고 있다. 그 핵심은 '숨을 돌리다'라는 단어 속에 담겨있다. 그 날은 주인만 쉬는 날이 아니라 '소와 나귀'가 숨을 돌리는 날이고, '종의 자식과 나그네'가 숨을 돌리는 날이다. 모든 생명이 제 숨을 쉬도록 만드는 것이 하나님의 꿈이다.

　매년 무교절, 맥추절, 수장절 등 세 차례 순례의 절기를 지키라는 규정도 의미심장하다. 모든 남자는 매년 세 번씩 주 여호와 앞에 나아가야 했다. 순례를 한다는 것은 일상의 흐름을 의도적으로 차단하는 일이다. 쉬운 일이 아니다. 하지만 그런 끊음과 이음의 리듬 속에 있을 때라야 하나님을 생의 중심으로 모실 수 있다. 이스라엘 공동체는 그런 축제를 통해 다른 구성원들과 일체감을 느끼고, 자기 정체성을 강화할 수 있었다. 희생제물의 피를 누룩이 든 빵과 같이 드리지 말라는 규정은 이해하기가 쉽지는 않다. 학자들은 빵이 상하면서 생명의 상징인 피가 더럽혀진다고 생각했기 때문일 거라고 짐작한다. 봉헌한 제물의 기름을 아침까지 두지 말라는 것은 그것으로 친교의 식탁을 나누라는 권고로 받아들여야 할 것이다. 토지의 첫 열매 중 가장 좋은 것을 하나님 앞에 바치라는 것이 하나님에 대한 경외심을 상기시키기 위한 것이라면, 염소 새끼를 어미의

젖으로 삶지 말라는 규정은 생명의 매개인 어미에 대한 경외
심을 잃지 않아야 한다는 뜻이 아닐까?

message 11

정의로운 사회로 가는 길

너희는 원수의 소나 나귀가 길을 잃고 헤매는 것을 보거든, 반드시 그것을 임자에게 돌려주어야 한다. 너희가 너희를 미워하는 사람의 나귀가 짐에 눌려서 쓰러진 것을 보거든, 그것을 그대로 내버려 두지 말고, 반드시 임자가 나귀를 일으켜 세우는 것을 도와주어야 한다. 너희는 가난한 사람의 송사라고 해서 그에게 불리한 판결을 내려서는 안 된다. 거짓 고발을 물리쳐라. 죄 없는 사람과 의로운 사람을 죽여서는 안 된다. 나는 악인을 의롭다고 하지 않기 때문이다. 너희는 뇌물을 받아서는 안 된다. 뇌물은 사람의 눈을 멀게 하고, 의로운 사람의 말을 왜곡시킨다. 너희는 너희에게 몸붙여 사는 나그네를 억압해서는 안 된다. 너희도 이집트 땅에서 나그네로 몸붙여 살았으니, 나그네의 서러움을 잘 알 것이다(출애굽기 23:4-9).

체로금풍體露金風

　주님의 은총과 사랑이 교우 여러분의 삶 가운데 함께 하시기를 빕니다. 오늘은 교회 절기상으로 가장 긴 오순절기의 마지막 주일입니다. 다음 주일부터 주님을 기다리는 대림절기가 시작됩니다. 교회력으로 하면 오늘이 일 년의 마지막 주일이 됩니다. 주님이 여기까지 우리를 도우셨다면서 에벤에셀의 돌비를 세웠던 고대 이스라엘 사람들의 마음이 떠오릅니다. 성령의 능력 안에 살면서 그동안 얼마나 무르익으셨습니까? 며칠 전까지만 해도 화려한 빛깔을 자랑하던 우리 집 앞 벚나무 잎들이 어느 결에 다 떨어져버리고 앙상한 가지만으로 찬 바람을 견디고 있습니다. 그런 광경을 보면서 옛 사람은 체로금풍體露金風이라 말했습니다. 겨울바람이 불어 나뭇잎이 지고 나면 비로소 나무의 본 모습이 드러난다는 말입니다. 우리는 예배를 드릴 때 허위의 옷을 다 벗고 존재 그 자체만으로 하나님 앞에 서야 합니다.

　돌아보니 걸어온 길 어지럽습니다. 분주함을 핑계로 우리는 마땅히 해야 할 일을 하지 못했습니다. 하나님의 뜻을 받들기 위해 전심전력하지 못했습니다. 쉴 틈 없이 우리를 몰아치는 일상의 일들에 떠밀려 여기까지 왔습니다. 주님은 지금 당장 도움이 필요한 사람의 이웃이 되어주라고 신신당부하셨건만 우리는 이웃들 곁을 무심히 지나칠 때가 많았습니다. 예수님을 길이라 고백하면서도 그 길을 걸으려 하지 않았습니다. 용서와 화해와 사랑의 본을 보여주신 예수님을 주라고 고백하면서도, 우리는 작은 차이조차 용납하지 못할 때가 많습니다. 요즘은 한동안 잊고 있었던 복음성가 가사가 자꾸만 입에 맴돕니다.

"나의 입술은 주님 닮은듯하나/내 맘은 아직도 추하여 받을 사랑만 계수하고 있으니/예수여 나를 도와주소서"(〈낮엔 해처럼 밤엔 달처럼〉).

제가 떠올린 것이 아니라 주님이 떠올려주셨다고 생각합니다. 이제라도 돌이켜 '그 길'을 걸어야 합니다. 세상에서 가장 먼 여행은 '머리'에서 '가슴'으로 가는 여정이라더군요. 머리로 깨달은 말씀을 가슴으로 공감하고 그것을 손과 발로 번역하는 과정이 신앙생활입니다. 예수님은 우리가 원수까지도 사랑으로 대하는 사람이 되기를 바라십니다. 또 모든 사람이 평화롭게 공존하며 조화를 이루는 세상을 원하십니다. 하지만 우리는 그 경지까지 이르지 못했습니다. 그것은 애당초 불가능한 요구라고 말하고 싶을 때도 있습니다. 하지만 그게 불가능한 것이라면 평화로운 삶은 애초에 언감생심焉敢生心입니다.

그런데 출애굽기는 하나님의 백성답게 살아가는 길을 비교적 구체적으로 가르쳐줍니다. 한달음에 원수 사랑이라는 목표에 이를 수는 없어도, 적어도 그 길로 접어드는 방법은 가르쳐준다는 말입니다.

화해의 단초

오늘 제가 택한 본문은 너무나 구체적이어서 별도의 설명이 필요하지 않을 정도입니다. 성경은 하나의 상황을 제시합니다. 소나 나귀가 길을 잃고 헤매고 있습니다. 그 짐승이 잘 아는 사람이나 가까운 이들의 소유라면 우리는 얼른 그 짐승을 붙잡아 주인에게 돌려줄 것입니다. 짐에 눌려 쓰러진 짐승의 경우도 마찬가지입니다. 그 주인을 잘 모른다 해도 우리는 그 딱한 광경을 차마 그냥 지나칠 수 없을 겁니다. 그런데 만약 그 짐승의 주인이 원수라면 이야기가 달라집니다. 이해관계가 얽혀 사이가 나빠졌든, 삶의 방식이 너무 달라 비위가 맞지 않는 사이든, 원수의 불행은 그다지 기분 나쁜 일은 아닙니다. 하지만 성경은 단호하게 말합니다. 원수의 것이라 해도 길을 잃고 헤매는 짐승을 보거든 반드시 임자에게 돌려주고, 짐에 눌려 쓰러진 짐승을 보거든 그냥 내버려 두지 말고 반드시 임자를 도와 나귀를 일으켜 세우라는 것입니다.

성경을 문자 그대로 이해한다면 우리는 이런 곤란한 상황을 만날 일이 거의 없으니 이 대목은 그저 무시하고 넘어가도 무방할 것입니다. 하지만 이것은 보다 보편적인 윤리를 지시하기 위한 구체적인 예일 뿐입니다. 우리가 바라보아야 할 것은 길을 잃거나 무거운 짐에 눌려 쓰러진 '원수의 짐승'이 아니라, 그런 상황을 대하는 우리의 마음입니다. 내게 적대감을 불러일으키는 사람이 어려움에 처한 모습을 보면 '잘 됐다', '고소하다'고 생각하는 것이 우리들의 솔직한 모습입니다. 그런데 성경은 그래선 안 된다면서 그들을 '반드시' 도와야 한다고 말합니다. 영어로는 'must'입니다. 왜 이런 어려운 요구를 하시는 것일까요? 결국 성경이 말하고자 하는 바는 비록 적대감이 그와 나를 갈라놓았지만, 더 깊은 곳에서는 서로 연결되어 있는 존재임을 잊지 말라는 것입니다. 곤란에 처한 원수를 돕는 것은 사실은 자기를 돕는 일이기도 합니다. 우리 속에 있는 쓴 뿌리, 즉 악한 경향을 극복할 수 있기 때문입니다. 도움을 주고받는 것은 결국 더 큰 화해의 길로 우리를 인도합니다.

1954년에 무자페르 쉐리프(Muzafer Sherif)는 집단 갈등과 이기심이 어떻게 작동하는지 이해하기 위한 모의실험을 했습니다. 그는 11살짜리 백인 아이들 22명을 선발했습니다. 그 아이들은 단 한 번도 만난 적이 없었습니다. 무자페르는 그 아이들을 무작위로 두 그룹으로 나눈 후 따로따로 오클라호마에 있는 여름 캠프에 데려갔습니다. 아이들은 다른 그룹이 있다는 사실을 몰랐습니다.

첫째 주에는 아이들 사이에 팀을 만드는 데 진력했습니다. 팀 이름을 정하고, 그것을 깃발과 셔츠에 새겨넣은 후 함께 걷기도 하고 수영도 했습니다. 둘째 주에는 두 팀을 대면시키고 여러 가지 상황을 부여해 경쟁심을 유도했습니다. 이긴 팀에게 트로피와 메달 그리고 상금을 줬습니다. 긴장감이 조성되었고,

아이들은 다른 팀을 야유하는 노래를 부르거나 노골적으로 약을 올리기도 했습니다. 급기야는 각자의 캠프를 습격하기도 하고 상대의 깃발을 내려 불태우기도 했습니다. 같은 식당에서 식사하는 것도 거절했습니다. 셋째 주는 그들을 통합하는 길을 모색했습니다. 화해를 위한 모임이 주선되고, 영화를 함께 보고, 불꽃놀이도 함께 했습니다. 실험자들은 이런 노력을 통해 긴장을 완화하고 화해를 이끌어낼 수 있다고 기대했습니다. 하지만 그 실험은 실패로 끝났습니다. 아이들은 이내 이전의 갈등 속에 빠져들었습니다.

그래서 무자페르는 새로운 실험에 착수했습니다. 두 팀 모두를 위협하는 상황을 부여한 것입니다. 그는 캠프에 물을 공급하는 파이프를 막아버렸습니다. 두 팀 모두 문제에 직면하자 해결책을 찾기 위해 모였고, 문제 해결을 위해 협력하기 시작했습니다. 마침내 문제가 해결되자 아이들은 하이파이브를 하며 기뻐했습니다. 타고 다니는 버스가 진창에 빠지자 아이들은 너나할 것 없이 달려들어 차를 밀었습니다. 이 과정을 통해 두 팀은 서로에 대한 부정적 이미지를 버리게 되었습니다. 집으로 돌아가는 길에 승리한 팀 아이들은 상으로 받은 돈으로 음료수를 구입해 다른 팀 아이들에게도 나눠주었습니다.

그룹 상호간의 적대감의 장벽을 허문 것은 공통의 문제를 해결하기 위해 협력했던 경험이었습니다. 우리도 그렇습니다. 네가 옳으니 내가 옳으니 따지다 보면 갈등의 골은 깊어질 수

밖에 없습니다. 하지만 우리를 위협하는 상황을 해결하기 위해 협력하다 보면 상대의 좋은 점을 발견하게 됩니다. 평화가 위협받고, 생태계가 파괴되고 있는 현실에서 각 나라와 문화와 종교에 속한 사람들이 그 문제에 대처하기 위해 서로 협력하는 것이야말로 지금 우리가 선택해야 할 유일한 길입니다. 원수의 짐승이 길을 잃었을 때 임자에게 돌려주고, 짐에 눌려 쓰러진 짐승을 일으키기 위해 협력할 때 우리 속에 있는 적대감은 줄어들게 마련입니다. 전쟁이 아니라 협력이 세상에 평화를 가져옵니다.

불의한 재판

본문은 한 사회가 건강해지기 위해서는 사법적 정의가 실현되어야 한다고 말합니다. 토라는 거짓 증언을 엄격히 금지합니다. 다수의 사람들이 잘못을 저지를 때에도 그들을 따라가서는 안 되고, 다수의 사람들이 정의를 굽게 하는 증언을 할 때에도 그들을 따라가서는 안 된다고 말합니다. 당연한 말이지만 다수의 의견에 거슬러 말한다는 것은 어지간히 굳은 마음을 먹기 전에는 참 어려운 일입니다. 성경이 이렇게 거짓 증언을 금하는 것은 거짓 증언의 피해자가 대개 사회적 약자들이기 때문입니다. 거짓 증언은 한 사회를 지탱해주고 있는 신뢰의 토대를 허뭅니다. 법이 강자의 편익을 위해 사용될 때 불신 사회가 됩니다. 들뢰즈라는 철학자는 '법은 선이 떠나버린 세계에

서 선의 대리자'라고 말했습니다. 법조차 무너지면 세상은 혼
란에 빠질 것입니다. 물론 가난한 사람이라고 해서 두둔해서도
안 되지만, 가난한 사람의 송사라고 해서 그에게 불리한 판결
을 내려서도 안 됩니다.

법法이라는 글자는 원래 '갈 거去' 자 밑에 '외뿔 양'을 뜻하
는 '록鹿'자가 있었다고 합니다. 신화적 동물인 외뿔 양은 마을
에 정의를 훼손하는 자가 있으면 그를 뿔로 받아서 마을 밖으
로 제거한다고 믿어졌던 것입니다. 그런데 지금은 그 모양이
달라졌습니다. 법法이라는 글자는 '물 水 '변에 '갈 去' 자가 결
합되어 있습니다. 물이 늘 낮은 곳으로 흐르면서 평평해지는
성격을 법의 본질로 이해한 것이라 할 수 있겠습니다. 법이 정
치인이나 관료 혹은 대기업에는 관대하고, 가진 것 없는 이들
에게는 가혹하다면 법은 제 구실을 못하고 있다고 말할 수 있
습니다. 우리는 이런 일들을 비일비재하게 보고 있습니다. 정
치 자금을 둘러싼 공방, 민간인 사찰에 대한 공방, 기업형 비리
문제는 제대로 단죄된 적이 거의 없습니다.

성경은 재판관들에게 뇌물을 받아서는 안 된다고 말합니다.
공직자들에 대한 인사 청문회를 볼 때마다 서민들은 박탈감을
느낄 수밖에 없습니다. 사회 지도층 인사 중에 탈법, 불법에 가
담하지 않는 이가 있을까 싶을 정도입니다. 이드로는 사위 모
세에게 공직자들을 뽑는 기준을 이렇게 말합니다.

"또 자네는 백성 가운데서 능력과 덕을 함께 갖춘 사람, 곧 하나

님을 두려워하며, 참되어서 거짓이 없으며 부정직한 소득을 싫
어하는 사람을 뽑아서, 백성 위에 세우게"(출애굽기 18:21).

이런 지도자 어디 없을까요? 능력도 없고 덕도 없는 사람,
사람은 두려워하지만 하나님을 두려워하지 않는 사람들, 거짓
말을 밥 먹듯 하는 사람, 부정직한 소득을 좋아하는 사람들이
우리 사회를 이끌고 있는 것은 아닌가 싶습니다. 물론 그렇지
않은 이들도 있겠습니다만 국민의 눈에는 그렇게 보인다는 말
입니다. 오늘 본문은 뇌물이 사람의 눈을 멀게 하고 의로운 사
람의 말을 왜곡시킨다고 말합니다. 참으로 공감이 가는 말씀
입니다. 요즘의 뇌물은 금품이나 물건만이 아닙니다. 자녀들에
대한 직업 알선도 있고, 특채도 있습니다. 뇌물이 말하는 사회
는 불의한 사회입니다.

나그네 보살피기

이제 마지막으로 살펴보아야 할 내용은 사회적 약자에 대
한 배려입니다. "너희는 너희에게 몸붙여 사는 나그네를 억압
해서는 안 된다." 여기서 말하는 나그네는 잠시 집을 떠난 사
람을 일컫는 말이 아닙니다. 그들은 이스라엘 백성 가운데 머
물고 있는 이방인들을 일컫는 말입니다. 지금도 그렇지만 고
대 세계에서 자기의 고향을 떠나 낯선 외국인들 틈에서 살아
간다는 것은 참 가슴 시린 일이었을 겁니다. 나그네란 '게르'라

는 말을 번역한 것인데, 게르에는 두 종류가 있었습니다. 하나
는 이스라엘 사람들에게 동화되어 살아가는 개종자였습니다.
룻은 시어머니 나오미를 차마 홀로 버려둘 수 없어서 자기 고
향인 모압을 떠나 베들레헴으로 이주한 여인입니다. 룻은 "어
머님의 겨레가 내 겨레이고, 어머님의 하나님이 내 하나님"이
라고 말합니다. 이처럼 이스라엘에 철저히 동화된 이들을 게르
체덱ger tzedek이라 합니다.

　그런데 이들과는 달리 이스라엘 사람들 사이에서 살아가지
만 이스라엘에 덜 동화된 사람들도 있었습니다. 자기들의 문화
와 종교를 가지고 살아가는 이들 말입니다. 이들을 게르 토샤
브ger toshav라고 하는데, 이들의 사회적 지위는 거의 밑바닥이
었다고 보면 됩니다. 안식일 규정을 잘 살펴보면 그런 사실을
알 수 있습니다. 안식일에 쉬어야 할 대상들이 열거된 순서는
'너희', '너희의 아들이나 딸', '너희의 남종이나 여종', '너희 집
짐승', 그리고 마지막이 '너희의 집에 머무르는 나그네'입니다.
고대 세계에서 나그네는 정말 짐승만도 못한 취급을 받는 사
람들이었습니다. 만해 한용운의 〈당신을 보았습니다〉라는 시
에 "나는 집도 없고 다른 까닭을 겸하여 민적도 없습니다/'민
적이 없는 자는 인권이 없다 인권이 없는 너에게 무슨 정조냐'
하며 능욕하려는 장군이 있었습니다"라는 구절이 나옵니다.
그 시의 앞부분에는 먹을거리가 없어 조나 감자를 꿀 수 있을
까 해서 찾아간 이웃집 주인은 "거지에게는 인격이 없다 인격

이 없는 사람은 생명이 없다 생명이 없는 사람을 도와주는 것은 죄악이다"라며 거절합니다.

　그런데 하나님은 누구도 돌보지 않는 나그네, 즉 사회적 약자에게 깊은 관심을 갖고 계십니다. 그들이 두려움에 떨거나 굴욕감을 느끼지 않고 살 수 있기를 바라십니다. 하나님은 게르에 대한 생계 대책을 세우라고 엄중하게 지시하고 계십니다. 곡식과 올리브 혹은 포도를 거두고 남은 것은 고아와 과부와 나그네의 몫이라는 것입니다. 심지어는 삼년에 한 번씩 거두는 십일조도 그들의 복지를 위해 사용해야 한다고 말하고 있습니다.

　사회적 약자를 보호해야 할 몇 가지 이유가 있습니다. 성경은 먼저 그들도 이집트 땅에서 나그네였음을 잊지 말라고 말합니다. 홀아비 사정은 과부가 안다는 말이 있지요? 실패를 겪어본 사람만이 실패자들의 쓰라린 마음을 헤아릴 수 있고, 아픔을 겪어본 사람만이 아픈 사람의 두려움을 이해할 수 있습니다. 사회적 약자들을 도와야 할 두 번째 이유는 복과 관련이 됩니다.

　"당신들이 사는 성 안에, 유산도 없고 차지할 몫도 없는 레위 사람이나 떠돌이나 고아나 과부들이 와서 배불리 먹게 하십시오. 그러면 주 당신들의 하나님은 당신들이 경영하는 모든 일에 복을 내려 주실 것입니다"(신명기 14:29).

저는 이 말씀을 문자 그대로 믿습니다. 사회적 약자를 도와야 할 세 번째 이유는 사회적 약자를 가혹하게 대하는 것은 하나님의 심판을 자초하는 일이기 때문입니다. 성경은 그날의 품삯을 받지 못한 이들이 주인을 원망하면서 주께 호소하면, 죄가 주인에게 돌아갈 것이라고 말합니다(신명기 24:15).

어떤 일로 이웃과 척을 졌다 해도 화해를 모색하기 위해 노력하고, 법이 공정하게 집행되는 신뢰 사회를 만들기 위해 애쓰고, 사회적 약자들을 따뜻하게 배려하는 삶이야말로 하나님이 기뻐하시는 삶이 아니겠습니까? 바로 그런 삶이야말로 예수님이 앞서 걸으신 길이고, 우리가 가야 할 길입니다. 삶의 근본을 성찰하는 이 계절, 우리 삶이 이런 성경의 정신을 따라 재구성되기를 기원합니다.

약속의 재확인

출애굽기 23:20-33

계약체결을 앞두고

서양의 결혼식 순서 가운데는 '결혼의사 확인'이 있다. 주례는 신랑신부에게 상대방을 남편과 아내로 맞아들이기를 진심으로 원하냐고 묻는다. 그들의 부모에게도 그 결혼을 기쁜 마음으로 허락하겠느냐고 묻는다. 결혼의 증인으로 참석한 하객들에게도 이들의 결혼을 기쁘게 받아들이겠느냐고 묻는다. 모두가 긍정적인 대답을 한 후에야 당사자들의 서약문이 낭독되고, 성혼선포가 이어진다. 요식행위처럼 보이지만 이것은 매우 중요한 절차이다.

오늘 우리가 보고 있는 본문은 길고도 상세했던 계약법전의 내용이 낭독된 후 정말 그 법전의 내용대로 살겠느냐고 묻는 일종의 '의사확인' 절차라고 생각할 수 있겠다. 최종적인 계약을 체결하기 전, 하나님은 백성들과 함께 만들어 갈 구원 이야기에 꼭 필요한 두 가지가 있다고 말씀하신다. 하나는 하나님의 성실하심이다. 다른 하나는 백성들의 충성스러움이다. 하나님은 계약을 신실하게 이행할 것을 다짐하시면서 백성들의 의사를 묻고 계신다. 하나님의 성실하심과 백성의 충성스러움이 만날 때 새로운 역사가 시작된다.

하나님의 약속과 백성들이 지켜야 할 것이 '내가 ~ 하리니, 너희는 ~ 하라/하지 말라'는 식의 교차 서술 방식으로 제시되고 있다. 예를 들어보자. "내가 사자를 네 앞서 보내어 길에서 너를 보호하여 너를 내가 예비한 곳에 이르게 하리니"(20절), "너희는 삼가 그의 목소리를 청종하고 그를 노엽게 하지 말라"(21절). 사실 20절부터 33절까지는 이런 형태의 문장이 반복되고 있다. 이처럼 계약은 상호윤리를 전제로 한다. 여기서 우리가 잊지 말아야 할 것이 하나 있다. 그것은 출애굽 사건은 강제노역에 시달리던 이들의 해방에 대한 이야기로 출발했지만, 그 종착지는 가나안 땅이 아니라 새로운 세상의 건설이라는 사실이다. 성경이 반복하여 말하고 있는 '약속의 땅'은 지중해변에 있는 저 팔레스타인 땅을 가리키는 것이 아니라, 그들이 지향하고 새로운 질서 즉 하나님 사랑과 이웃 사랑이 조화를 이루는 삶을 가리킨다.

하나님은 사자를 보내어 백성들을 이끌도록 하겠다고 말씀하신다. 사자는 물론 하나님의 대리자이지만 하나님 자신이라고도 할 수 있다. 둘은 구별되기는 하지만 분리되어 있지는 않다. 사자는 하나님의 뜻을 백성에게 전하고, 또 마땅히 가야 할 곳으로 그들을 인도하고, 그들을 괴롭히는 원수들과 싸우는 등의 다양한 역할을 할 것이다. 한 가지 흥미로운 것은 출애굽 사건에서 매우 중대한 역할을 감당하던 모세가 전혀 언급되고 있지 않다는 사실이다. 이것은 출애굽 사건이 인간 지도자의 탁월함에 의한 것이 아니라 전적으로 하나님의 의지라는 사실을 함축적으로 드러내기 위함이 아닌가 싶다.

약속과 순종

백성들이 계약을 충실히 이행하기 위해서는 두 가지가 중요하다. 첫째는 사자가 전하는 말을 '청종'listen carefully하는 것이다 (21, 22절). 새번역은 '청종'이라는 단어를 '절대 순종'으로 번역하고 있다. 조심스럽게 경청하는 것과 순종은 분리될 수 없는 법이다. 하나님을 앞지르지 않으려는 겸허함이 없는 신앙은 잘못된 신앙인 경우가 대부분이다. 둘째는 하나님의 명하시는 바대로 행하는 것이다(22절). 신앙은 내 뜻을 관철시키기 위해 하나님의 능력을 동원하는 행위가 아니라, 하나님의 뜻이 이루어지도록 하기 위해 우리를 봉헌하는 행위이다. 우리는 '뒤집힌 신앙'을 참 신앙이라고 착각할 때가 많다.

탈출 공동체가 반드시 지켜야 할 명령은 "네 하나님 여호와를 섬기라"(25절)는 것이다. 하나님을 섬기는 것은 소극적으로는 이방인들이 섬기는 신을 경배하거나 섬기지 않는 것은 물론이고, 그들의 행위도 본받지 않는 것까지를 내포한다. 24절은 이방인들이 섬기는 신상과 돌기둥을 깨뜨려야 한다고 말한다. 이것은 어찌 보면 매우 폭력적인 지시이다. 지금도 이런 성경구절을 근거로 해서 다른 종교의 상징물을 훼손하는 이들이 더러 있다. 2001년에 아프가니스탄의 이슬람 근본주의 세력인 탈레반 민병대는 '거짓 우상숭배를 막기 위해서'라는 명분으로 1500년 전에 제작된 것으로 추정되는 바미얀 석불을 다이너마이트로 파괴했다. 출애굽기에 이런 지시가 내려진 것은 이스라엘이 이방신에게 매혹되어 하나님과의 계약을 저버릴까 염려했기 때문이다. 33절은 그런 우려를 명시적으로 드러내고 있다. "네가 그 신들을 섬기면 그것이 너의 올무가 되리라"(33절). 그러나 이런 지시를 무시간적인 진리로 받아들여 적용하는 것은 바람직한 태도가 아니다.

하나님만을 섬길 때 백성들에게 주어질 복은 관념적이거나 추상적이지 않고 매우 구체적이다.

"네 하나님 여호와를 섬기라 그리하면 여호와가 너희의 양식과 물에 복을 내리고 너희 중에서 병을 제하리니 네 나라에 낙태하는 자가 없고 임신하지 못하는 자가 없을 것이라 내가 너의 날수를 채우리라'(25-26절).

우주의 창조주이신 하나님은 우리의 비근한 일상과 동떨어져 계신 분이 아니다. 이 신비에 눈을 뜰 때 일상은 돌연 하나님의 말씀으로 변한다.

계약 체결

출애굽기 24:1-18

마침내 계약을 체결하다

계약 체결을 위한 긴 학습과 동의 과정을 거친 후 이제 드디어 하나님과 백성 사이에 계약이 맺어진다. 하나님은 모세에게 나답과 아비후를 비롯한 이스라엘 장로 70명을 데리고 올라오라 하신다. 여호와 앞에 나아가는 것은 그분의 허락하심이 있을 때 가능하다. 19장에서 모세는 산 위에 강림하시는 하나님을 만나러 홀로 산을 오른다. 그리고는 다시 산을 내려와 백성들에게 '가까이 오지 말라'고 경고하고는 다시 올라간다. 이런 일이 두 번이나 반복된다. 무용해 보이는 '오름'과 '내림'은 거룩함 앞에 선다는 것이 얼마나 두렵고 떨리는 일인지를 보여 준다.

그런데 이번에는 혼자가 아니다. 하나님은 계약 체결의 주체인 백성의 대표자들을 산 위로 소환하셨다. 그러나 그들은 다만 '멀리서' 주님을 경배해야 했다(1절). 하나님께 '가까이' 나아갈 수 있는 것은 모세뿐이었다(2절). 백성의 대표자들과 하나님 사이에 모세가 있다. 이런 공간적 배치는 탈출 공동체를 이끄는 자의 영적 권위를 가시적으로 보여주기 위한 것이다. 모세는 백성들과 하나님 사이를 분주히 오가며 계약 체결 의식을 집행한다. 그 과정은 매우 복잡하고 의례적이다. 그 과정을 간단히 요약해 보면 다음과 같다.

- 모세가 여호와의 말씀과 율례를 전함
- 말씀대로 준행하겠다는 백성들의 응답
- 모세가 여호와의 말씀을 기록함
- 산 아래에 제단을 쌓고, 열두 기둥을 세움
- 청년들을 보내 소로 번제와 화목제를 드리게 함
- 모세가 그 피를 받아 반을 제단에 뿌림
- 앞서 기록한 언약서 낭독
- 말씀대로 준행하겠다는 백성들의 재다짐
- 모세가 남은 피를 백성에게 뿌림
- 계약이 맺어진 것을 경축하는 공동식사

이 과정이 자아내는 감정은 번거로움이 아니라 장엄함이다. 번다해 보이는 이런 절차는 사실은 언약 체결을 공감각적으로 기억에 새기는 과정이었다. 제단과 백성들에게 피를 뿌린 것은 그 언약이 피의 맹세, 즉 생명을 걸고 하는 맹세임을 확인하는 것이다. 궁극적이고 무한한 하나님은 이 언약을 통해 당신 스스로의 자유를 제한하신다. 이것보다 큰 사랑이 또 있을까? 상대적이고 유한한 존재인 인간은 하나님과의 언약을 통해 역사를 넘어서는 의미의 세계로 돌입한다.

계약/언약 체결의 마침표는 '친교의 식탁'이다. 이것은 이스라엘 백성의 대표자들은 이제 비로소 하나님을 뵙고 그 앞에서 먹고 마실 수 있는 존재가 되었음을 보여준다. 계약의 봉인으로서의 먹고 마심은 매우 의미심장하다. 한 가족이 되었음을 보여주기 때문이다. 우리는 창세기 26장에 나오는 이삭과 아비멜렉이 맺은 계약 이야기를 알고 있다. 그랄 땅으로 이주하여 살던 이삭은 하나님의 도우심으로 가는 곳마다 복을 받았다. 질투심에 사로잡힌 그랄 사람들은 떠돌이 이삭의 행운을 좋게 보아줄 수가 없었고, 그를 자꾸만 압박해서 결국 궁벽진 곳으로 몰아붙였다. 하지만 그곳에서도 이삭은 복을 누렸다. 그것을 본 아비멜렉이 이삭을 찾아와서 상호 불가침 계약을 맺자고 제안한다. 이삭은 그 제안을 기꺼이 받아들였고, 그들을 위해 잔치를 베풀었다. 그들은 함께 먹고 마셨다. 우리는 예수님이 계신 곳마다 식탁 공동체가 벌어졌던 것을 아름답게 기억한다. 심지어 예수님은 십자가 처형 이후 실의에 잠긴 제자들을 위해 음식을 준비하시기도 했다(요한복음 21:9).

모세, 다시 시내산에 오르다

제의적인 식사를 통해 계약 체결은 완료되었지만 아직 후속조
치가 남아 있었다. 하나님은 모세를 다시 산 위로 부르신다. 여
호와의 말씀은 이미 기록되었지만, 하나님은 그것을 친히 기록
한 돌판을 모세에게 주시겠다는 것이었다. 율법과 계명은 한편
으로는 인간의 동의를 바탕으로 작성된 것이기도 하지만, 더
근원적으로는 하나님께서 직접 제정하고 기록하신 것임을 보
여주기 위한 것이다. 하지만 그것이 비록 신적 기원을 갖고 있
다 하더라도 율법과 계명의 권위는 말씀을 수용하는 자의 삶
을 통해서만 입증된다. 하나님의 계명은 욕망에 이끌리는 우리
삶과 불화를 일으킬 때도 있다. 욕망의 길과 하나님의 길 사이
에서 바장이다가 단호하게 하나님의 길을 택할 수 있을 때 율
법과 계명은 생명력을 얻게 된다.

　이 대목에서 여호수아가 등장한다. 모세는 그를 대동하고 하
나님의 산으로 올라간다. 마치 그가 모세의 후계자가 될 것임
을 암시하는 듯하다. 모세는 아론과 훌에게 자기가 없는 동안
백성들을 치리할 권한을 위임한다. 모세가 산에 오르자 엿새
동안이나 구름이 산을 가렸고, 여호와의 영광이 시내 산 위에
머물렀다. 마침내 일곱째 되는 날 하나님이 모세를 부르시자
그는 구름 속으로 들어가 하나님의 현존 앞에 섰다. 그는 그곳
에서 사십 일 사십 야를 보냈다.

message 12

아론의 종교를 넘어

이튿날 모세는 백성에게 말하였다. "당신들은 크나큰 죄를 지었습니다. 그러나 이제 내가 주님께 올라가서, 당신들을 용서하여 달라고 빌겠습니다." 모세가 주님께로 돌아가서 아뢰었다. "슬픕니다. 이 백성이 금으로 신상을 만듦으로써 큰 죄를 지었습니다. 그러나 이제 주님께서 그들의 죄를 용서하여 주십시오. 그렇게 하지 않으시려면, 주님께서 기록하신 책에서 저의 이름을 지워 주십시오." 주님께서 모세에게 말씀하셨다. "누구든지 나에게 죄를 지으면, 나는 오직 그 사람만을 나의 책에서 지운다. 이제 너는 가서, 내가 너에게 말한 곳으로 백성을 인도하여라. 보아라. 나의 천사가 너를 인도할 것이다. 그러나 기억하여라. 때가 되면, 내가 그들에게 반드시 죄를 묻겠다." 그 뒤에 주님께서는 아론이 수송아지를 만든 일로 이 백성에게 재앙을 내리셨다 (출애굽기 32:30-35).

Here I stand!

온라인에서 개신교 반대운동이 빠르게 확산되고 있다. 개신교의 행태를 비판하는 활동을 펼치고 있는 사이트가 10여 개가 넘습니다. 그들이 싫어하는 개신교의 행태는 지나치게 공격적인 선교 활동, 단군상 파괴나 훼불 등 타종교 매도 행위, 대형화된 교회의 자본주의적·비역사적 이미지 등이었습니다. 마음이 아팠지만 저는 그것이 부정할 수 없는 우리의 모습임을 인정하지 않을 수 없었습니다. 하나님은 당신의 백성들이 스스로 자정의 능력을 잃어버릴 때 외부의 힘으로 우리를 치시기도 합니다. 다만 제가 진지하게 염려하는 것은 그런 반기독교 운동을 하는 젊은이들이 나중에 스스로의 영혼을 그르치지나 않을까 하는 것입니다.

마르틴 루터의 종교개혁을 기념하는 오늘, 우리는 '교회는 계속해서 개혁되어야 한다'(Ecclesia semper reformanda est. The Church always needs to be reformed)는 음성을 듣습니다. 하나님의 의는 곧 하나님의 사랑임을 깨닫는 순간부터, "하나님은 그저 주실뿐이지 은총을 팔지 않는다"고 외치면서 중세의 교권에 맞섰던 루터의 혼이 되살아나야 합니다. 1521년 4월 18일 보름스(Worms) 의회 앞에서 그의 입장을 철회하라는 교권의 명령을 받았을 때, 루터는 양심의 명령에 반하는 어떤 명령에도 복종할 수 없다며 기꺼이 파문 결정을 받아들입니다. 그때 했던 루터의 기도는 잠들어버린 우리 심령을 깨우는 우레 소리로 들립니다.

"내가 여기에 있나이다. 나는 변경할 수 없습니다. 하나님이여,
나를 도우소서. 아멘"(Here I stand. I can not do otherwise. God
help me! Amen.)

이 기도는 마하트마 간디와 마르틴 루터 킹 주니어 목사를
통해서 우리에게 새롭게 다가옵니다.

"비겁은 안전한지를 묻는다. 편의주의는 정치적인가를 묻는다.
허영은 인기 있는가를 묻는다. 그러나 양심은 옳은가를 묻는다.
안전하기 때문이 아니라, 정치적이기 때문이 아니라, 인기가 있
기 때문이 아니라, 양심이 옳다고 말하기 때문에 일을 해야 할
때다."

오늘 우리는 이런 신앙적인 야성을 잃어버리지는 않았나 싶
습니다. 편안함에 길들여진 종교, 잘못에 대해 '아니오'라고 말
하지 못하는 종교는 타락한 종교입니다. 저는 출애굽기 32장
에 나오는 황금 송아지 사건을 통해서 개혁의 요구 앞에 서있
는 우리 교회의 현실을 진단해보려 합니다.

전락: 싫증난 조연

아론은 황금 송아지 사건이 벌어지기 전까지만 해도 자기의 역할을 잘 감당하던 사람입니다. 그는 말에 능치 못한 모세를 대신하여 바로와 백성들 앞에서 하나님의 말씀을 전했습니다. 각종 이적을 행하기도 했습니다. 광야에서 아말렉과 전투가 벌어졌을 때는 산 위에 앉아 기도하는 모세의 두 팔을 든든히 받쳐주기도 했습니다(출애굽기 17:10). 그는 모세라는 주연을 돕는 조연이었지만, 위대한 조연이었습니다.

조연의 역할에 만족할 때 그는 위대했지만, 스스로 주연이 되려할 때 그는 조금씩 어긋나기가 시작했습니다. 하나님은 여러 번 그의 잘못을 용서하시고 새로운 소명을 주시곤 했습니다. 하지만 오늘 본문인 출애굽기 32장의 사건은 그의 일생에 잊을 수 없는 부끄러운 기억으로 남았을 것입니다.

정황은 이러합니다. 모세는 하나님의 뜻을 구하기 위해서 우레와 번개와 짙은 구름이 드리운 산, 뇌성이 울리는 거룩한 산 위에서 하나님과 대면하고 있습니다. 하나님 앞에 선다는 것은 어쩌면 산 벼랑 앞에서 서는 것보다 더 두렵고 떨리는 일이었을 것입니다. 어쩌면 침식조차 잊었을 것입니다. 하지만 산 아래의 형편은 달랐습니다. 언제 어떤 일이 벌어질는지 알 수 없는 상황에서 지도자 부재의 상황이 지속되자 백성들은 두려움에 사로잡혔습니다. 뭔가 안전보장의 장치가 필요했습니다. 그들에게 보이지 않는 하나님은 없는 것이나 마찬가지였습니다.

그래서 그들은 자구책을 강구합니다.

"일어나서, 우리를 인도할 신을 만들어 주십시오. 우리를 이집트 땅에서 올라오게 한 모세라는 사람은 어떻게 되었는지 모르겠습니다"(32:1).

백성들을 깨우치고, 용기를 북돋워야 할 아론조차 동요합니다. 백성들의 두려움에 전염이라도 된 것일까요? 그는 빌라도가 군중들의 소리에 굴복하여 예수에게 사형언도를 내린 것처럼, 백성들의 소리에 굴복하고 말았습니다. 언제나 성급하고, 열광적인 그 소리에 말입니다. 이 대목에서는 애굽의 왕 바로 앞에 서서 그렇게도 당당했던 그 사람이 아닌 듯 보입니다. 아론은 백성들에게 신상을 만들기 위해 필요한 것들을 모아 오라고 지시합니다. 사람들은 금붙이와 각종 장신구를 그에게 가져옵니다. 마치 구원의 길이 거기에 있다는 듯이 그들은 그 일에 열심입니다. 마침내 아론은 금 송아지를 만들고 맙니다. 성경은 이 대목을 꼼꼼하게 기록하고 있습니다.

"아론이 그들에게서 그것들을 받아 녹여서, 그 녹인 금을 거푸집에 부어 송아지 상을 만드니"(32:4a).

이 말은 나중에 백성들이 금붙이를 가져왔기에 마지못해 그것을 불에 던졌더니 이 송아지가 나왔다는 아론의 궁색한 변명(32:24)과 대조가 됩니다. 마침내 송아지 형상이 만들어졌을 때 백성들은 스스로가 해낸 일에 도취했습니다. 그들은 그 형상 앞에서 번제를 드리고 화목제를 드리고 앉아서 먹고 마셨습니다. 그리고 일어나서 뛰어놀았습니다. 바야흐로 열광적인 축제가 벌어진 것입니다. 그들은 자기들의 행위가 무엇을 의미하는지 알지 못했습니다. 그들은 하나님에 대한 바른 신앙을 저버리고, 자의적인 종교의 탄생을 경축하고 있음을 알지 못했습니다. 두려움과 불안이라는 틀에 금붙이와 장신구를 부어 만든 종교, 바로 아론의 종교가 탄생한 것입니다.

하나님이 기뻐하셨을까요? 천만의 말씀입니다. 하나님은 진노하셨습니다. 하나님의 시간을 기다릴 줄 모르고, 작은 바람 앞에서 크게 흔들리는 나약한 백성에게 염증을 느끼셨습니다. 모세가 목숨을 걸고 하나님의 손을 붙들지 않았더라면 그들은 다 진멸되고 말았을지도 모릅니다. 산 아래 사람들은 자기들이 누구 덕분에 사는지 알지 못합니다. 이것은 우리도 마찬가지 아닐까요? 모세는 산 아래에서 자행되고 있는 일을 보고는 분노했습니다. 마침내 모세가 산에서 내려와 그들 가운데 섰을 때 백성들의 흥겨운 도취상태는 깨졌습니다. 그들이 그렇게도 뿌듯해 했던 황금송아지도 깨졌습니다.

아론의 종교

오늘 우리는 광야 한복판에서 벌어졌던 이스라엘 역사의 부끄러운 한 부분을 보면서 우리 자신을 돌아보게 됩니다. '지금 이 땅의 교회는 아론의 종교에 깊이 물들어있는 것은 아닌가, 하나님 대신 황금송아지를 중심에 놓고 춤을 추고 있지는 않는가?' 그렇다면 아론의 종교의 특색은 무엇입니까?

1) 하나님의 시간을 기다리지 못합니다. 뭔가에 취해 있지 않으면 불안을 느낍니다. 그렇기에 항상 뭔가 일을 만듭니다. 그들은 고요함을 견디지 못합니다. 신앙은 일상적인 삶의 경험과는 동떨어진 것이라고 생각합니다.

2) 보이는 것에 의지하려 합니다. 믿음은 바라는 것들의 실상이고 보지 못하는 것들의 증거라 했습니다. 하지만 아론의 종교는 보지 못하는 것들은 없는 것이라고 단정하기 일쑤입니다. 그래서 많은 목회자들이 교인 수와 재정 규모에 과도하게 집착합니다. 크고 화려한 교회를 짓고 싶어 합니다. 그러는 동안 잃어버린 하나님의 형상을 회복하는 문제나, 예수를 닮아가기 위한 경건의 연습은 도외시됩니다.

3) 그들이 믿는 하나님은 땅에 속한 우리의 욕망의 그릇을 비우도록 하는 분이 아니라, 그 그릇을 크게 만들고 또 그것을 채워주는 분입니다. 하지만 그 하나님은 성서의 하나님이 아닙니다. 아론이 만든 금송아지가 사람들의 장신구와 금붙이로 만

들었다는 사실은 우리에게 시사해주는 바가 많습니다.

　4) 그들은 희생을 싫어합니다. 하나님의 뜻을 이루기 위한 희생과 헌신, 역사를 새롭게 만들기 위해 흘려야 할 피와 땀과 눈물을 싫어합니다. 우리 삶의 자리에서 일어나는 현실에 대한 불만은 많지만, 그 삶의 자리를 개혁하기 위해 일어서지는 않습니다.

모세, 그리스도, 루터

　이런 종교는 가짜입니다. 진짜 같은 가짜입니다. 이런 신앙은 작은 타격에도 무너집니다. 하나님이 자기 뜻대로 응답하지 않으셨을 때 쉽게 실망합니다. 참 신앙인은 값싼 위안을 구하지 않습니다. 그들은 육신의 욕망이 충족되는 것보다는, 자기의 몸을 통해 하나님의 뜻이 이루어지기를 갈망합니다. 하나님이 자기편이 되기를 원하기보다는 자신이 하나님 편에 서기를 소망합니다. 그의 앞에 '자아'란 없습니다. 오직 하나님의 뜻만이 소중하기 때문입니다. 참 신앙인은 역사에 대해서 책임적입니다. 모세는 백성들의 모습에 넌더리를 내는 하나님 앞에 엎드려 그들의 죄를 용서해달라고 간구합니다.

　만약 하나님이 자기 청을 거절하신다면 차라리 자기 이름을 기록에서 지워달라고 합니다. 우리는 모세에게서 '아버지여, 저희를 사하여 주옵소서. 자기의 하는 것을 알지 못함이니이다' 하고 기도했던 예수님의 그림자를 봅니다. 예수님은 우리에게 황금송아지 앞에 열광하는 종교가 아니라, 사랑과 섬김과 나눔, 그리고 자기 부정을 통해 하나님의 뜻을 행하는 참 신앙의 길을 제시했습니다. 그리고 그 자신이 곧 하나님께 이르는 길이었습니다.

지금 하나님은 새로운 마르틴 루터를 기다리고 계십니다. 진리를 거짓과 바꿀 수 없어 "나는 달리 할 수가 없습니다" 하고 말했던 사람 말입니다. 아론의 종교가 득세하고 있는 세상이지만 하나님의 뜻을 이루기 위해, 백성의 구원을 위해 자기를 내놓은 모세와 같은 사람을 말입니다. 우리가 바로 그런 사람이 되어야 하지 않겠습니까?

성 막 건 설 준 비

출애굽기 25:1-39

출애굽기 25-31장은 모세가 시내산에 머무는 40일 동안 하나님으로부터 받은 성막 건설에 대한 구체적인 지침과 거룩한 백성을 이끌 제사장들의 임직 절차에 대한 이야기를 다루고 있다. 하나님은 탈출 공동체와 맺은 언약을 수행하기 위해 그들 가운데 머무르려 하신다. 그러기 위해서 필요한 것이 만남의 장소인 성막이었고, 매개 존재인 제사장이었다. 물론 하나님이 지상의 한 장소에 갇히실 분은 아니다. 나중에 성전을 지은 솔로몬도 그 사실을 잘 알고 있었다. 그렇기에 다만 이렇게 기도했다. "주께서 전에 말씀하시기를 내 이름이 거기 있으리라 하신 곳 이 성전을 향하여 주의 눈이 주야로 보시오며 주의 종이 이곳을 향하여 비는 기도를 들으시옵소서"(열왕기상 8:29).

성막을 위한 예물

하나님은 성막 건설을 위해 필요한 물품을 어떻게 조달해야 할지를 모세에게 가르치신다. 이스라엘 자손에게 명하여 예물을 가져오게 하라 하신다. 예물은 '터루마'의 번역인데, 이것은 하나님께 바치기 위해 들어 올려진 헌물을 뜻한다. 예물이 예물인 것은 그 안에 기쁨과 감격이 있기 때문이다. 출애굽의 감격, 하나님의 백성이 되었다는 감격이야말로 성막의 내적 본질이 아니겠는가? 이때 중요한 것은 '자발성'이다. "기쁜 마음으로 내는 자가… 너희는 받을지니라"(2절). 아름다운 일과 강제는 양립할 수 없다. 제 아무리 거룩한 일을 위해서라는 명분이 있다 해도 동참한 이들의 마음속에 원망과 꺼림이 있다면 그것은 이미 거룩한 일일 수 없다. 사람들은 솔로몬의 성전 건축을 그의 최대 치적으로 꼽곤 한다. 하지만 솔로몬의 성전건축은 강제 노역과 무거운 세금 부담을 통해 이루어졌다. 성전건축은 어떤 의미에서 이스라엘 민족 분단의 단초가 되었다는 사실을 잊지 말아야 한다.

성막 건설을 위해 필요한 물품은 다양했다. 금, 은, 놋, 청색 자색 홍색 실, 가는 베실과 염소 털, 붉은 물들인 숫양의 가죽, 해달의 가죽과 조각목, 등유와 관유에 드는 향료와 분향할 향을 만들 향품, 호마노와 에봇과 흉패에 물릴 보석 등이다. 그 외에도 많은 것이 필요했을 것이다. 하지만 군이 이 물품 목록을 열거한 까닭이 있다. 이 목록을 보면 부유한 사람만 낼 수 있는 것들이 있고, 가난한 이들이 낼 수 있는 것들도 있다. 성막은 특정한 계층에 속한 사람들의 일방적 기여로 건설되어서는 안 된다. 하나님의 백성으로 부름 받은 모든 이들에게 참여의 기회를 주어야 한다.

여기서 한 가지 중요한 것이 있다. '기여의 경중'은 가려져서도 안 되고, 가려질 수도 없다는 사실이다. '실'을 낸 사람도 위축되어서는 안 되고, 귀금속을 냈다 하여 우쭐거려서도 안 된다. 어느 건물에 들어갔다가 로비에 그 건물을 세우는데 기여금을 낸 이들의 명패가 붙어 있는 것을 보았다. 그런데 기여금의 차이에 따라 명패의 크기가 다르다는 사실을 알고 놀랐던 적이 있다. 그런 차등 혹은 차별이 있는 곳에 거룩함이 깃들 수는 없다. 사람들의 공동생활이 빚어낸 차별을 지우기 위해 이 땅의 현실에 개입하신 하나님을 믿는 이들은 더욱 그럴 수 없다.

성막은 함부로 지을 수 없다. 하나님께서 보여주신 양식대로 지어야 한다. 기능적, 미학적 고려보다 더 중요한 것은 하나님의 뜻을 따르는 것이다. 성막은 언제든 해체하고 이동할 수 있어야 했다. 성막은 하나님이 거주하시는 공간이 아니라 그 백성과 만나시는 장소일 뿐이다.

언약궤, 진설병 상, 등대

하나님은 조각목(아카시아과의 나무)으로 언약궤를 만들라 하신다.

언약궤는 앞으로 주실 증거판을 모시기 위한 것이다. 하지만 언약궤는 하나님이 그들과 동행하심을 보여주는 가시적 징표이다. 언약궤 위에는 덮개 형태의 속죄소(속죄소를 뜻하는 히브리 말은 본래 '덮개'를 의미한다. 이전에는 시은소施恩所라고도 번역했다)를 정금으로 만들고, 속죄소의 양끝에는 날개를 잇댄 채 마주보는 형태의 그룹(Cherup)을 만들어야 했다. 이 속죄소는 하나님이 당신의 뜻을 전하는 곳으로 삼으셨기에 매우 중요한 것이었다.

진설병 상 역시 조각목으로 만들어야 했다. 진설병은 본래 '얼굴의 빵'이라는 뜻인데, 이스라엘의 지파 수에 맞춰 12개의 빵을 상 위에 두 줄로 늘어놓아야 했다. 진설병은 이중적인 의미를 갖고 있다. 그것은 우선 하나님 앞에 있는 이스라엘을 상징하는 것이지만, 그 백성을 먹이시는 하나님 곧 생명의 떡이신 하나님의 현존을 상징하는 것이기도 하다. 진설병 상을 지성소를 가린 휘장 앞에 두었던 것도 그런 뜻일 것이다.

일곱 가지가 달린 등대(Menorah) 곧 등잔 받침 역시 정금으로 만들어야 한다. 등잔은 세상에 빛을 발해야 할 하나님의 백성들의 사명을 암시하는 동시에, 백성 가운데 빛으로 임하시는 하나님의 현존을 상징하는 것이다. 등잔대의 밑판과 줄기와 등잔과 꽃받침과 꽃은 하나로 이어놓아야 했는데, 그것은 기능적 혹은 미학적 고려인 동시에 나뉘지 않은 마음을 드러내기 위한 장치이기도 하다.

성 막 과 제 단
출애굽기 26-27장

지시에 순종해야 하는 까닭

성경을 통독하다가 이 대목에 이를 즈음 많은 이들이 망설이기 시작한다. 어찌 보면 낯설기만 한, 옛 제사전통에 속한 일들을 굳이 읽어야 하나 회의감이 들기 때문이다. 기독교인들은 예수 그리스도께서 친히 대제사장 겸 제물이 되셔서 모든 희생제의가 종결되었다고 믿기에 성막 건설과 또 거기에 사용할 여러 기물을 만드는 이야기는 건너뛰고 싶어 한다. 하지만 성경에 자주 등장하는 제사규정이나 족보 등은 뜻 없이 그 자리에 있는 것은 아니다. 쪽수를 채우기 위해 끼어 넣은 것이 아니라는 말이다. 오늘 본문만 보더라도 성막 건설과 제단 제작에 대한 규정이 매우 상세하게 다뤄지고 있다. 물론 그 까닭은 미루어 짐작할 수 있다. 거룩함에 속한 것은 함부로, 적당히, 아무렇게나 만들어서는 안 되고 정확한 지침에 따라 지어야 했기 때문이다. "무릇 내가 네게 보이는 모양대로 장막을 짓고 기구들도 그 모양을 따라 지을지니라"(25:9).

번다해 보이는 규정을 세세히 따르는 일은 고역일 수도 있지만, 고역을 견디며 지침에 따라 성실하게 일을 진행하다보면 어느 순간 마음은 고요해지고, 의식의 새로운 지평이 열리기도 한다. 추상화를 그리기 전에 형태를 표현하기 위한 방법을 익혀야 하듯이, 노래를 잘 부르려면 호흡법부터 배워야 하는 것처럼, 하나님의 백성으로 지음 받기 위해서는 하나님의 지시에 순응하는 훈련이 필요하다. 그렇다면 성막 건설은 어떤 의미를 갖는 것일까? 철학자이자 신학자이며 영연방 최고 랍비인 조너선 색스는 "개인들의 무리를 언약의 사회로 탈바꿈"하는 데 필요한 일은 "함께 가치 있는 무언가를 창조"하는 것이라고 말한다.

"자유는 외부의 힘에 의해 보장될 수 없다. 하나님의 힘으로도 그것은 불가능하다. 자유는 오로지 국민들 스스로의 공동의 노력을 통해서만 실현될 수 있다. 여기에 성막 건설의 참된 의미가 있다. 국민은 형성에의 노력을 통해 형성된다"(조너선 색스,《사회의 재창조》, 289쪽).

하나님의 지시를 공동으로 수행하는 과정을 통해 언약 공동체 구성원들의 정체성이 새롭게 빚어질 수 있다는 말이다.

성막

26장은 성막의 골격과 그 골격을 덮는 휘장을 어떻게 만들어야 하는지를 가르친다. 먼저 성막의 지붕을 덮기 위해 가늘게 꼰 베 실로 천을 짜고 거기에 청색 자색 홍색 실로 그룹을 수놓은 열 폭 휘장을 만들어야 한다. 다음에는 그것을 다섯 폭씩 연결해서 한 벌이 되게 만들고, 그렇게 해서 마련된 두 벌 폭 가장자리에 쉰 개의 청색 고(loop, [옷고름이나 끈 따위를 서로 잡아맬 때] 매듭이 풀리지 않게 하기 위하여, 한 가닥을 고리 모양으로 잡아 뺀 것)를 만들어 서로 맞물릴 수 있도록 해야 한다. 휘장의 규격 역시 엄격하게 규정되어 있었다. 길이 스물여덟 규빗, 너비는 네 규빗이다. 1규빗을 대략 50cm 정도라고 보면 그 크기를 짐작할 수 있을 것이다.

그 휘장을 덮을 천막은 휘장을 만들 때 사용한 베 실보다는 값싼 염소털로 만들되, 길이 서른 규빗, 너비 네 규빗으로 다소 여유를 두어야 했다. 이때 천막용 휘장은 열 한 폭을 만들어야 했는데, 다섯 폭을 연결해 한 벌을 만들고 나머지 여섯 폭을 연결해 다른 한 벌을 만든 후 여섯째 폭 절반은 성막 앞쪽으로 반을 접어 올려야 했다. 이 두 벌은 놋쇠 갈고리로 연결되었다. 천의 남은 부분은 성막의 좌우편으로 늘어뜨려 성막을 덮는 데 사용했다. 그 위에 붉은 물들인 숫양의 가죽으로 막의 덮개를 만들고, 해달의 가죽으로 그 윗덮개를 만들어 씌웠다. 성막 안에는 기둥이 없었다. 따라서 성막을 지탱하기 위한 지지

대가 필요했다. 본문은 그 지지대와 성막 바닥을 만들어 연결하는 방법, 지성소를 가리는 휘장을 만드는 방법과 설치법, 증거궤와 속죄소 그리고 상과 등잔대를 배치하는 방법 등을 자세하게 언급하고 있다.

제단

27장은 제단을 제작하는 방법과 성막 뜰을 만드는 법식을 보여준다. 제단은 물론 희생제물을 태우는 번제단이다. 제단은 사방 5규빗의 정사각형 모양으로 제작해야 했는데 그 재료는 조각목이었다. 조각목이 타지 않도록 하기 위해서 놋으로 제단을 둘렀다. 놋으로 만든 그물을 가운데 두어 타고 남은 재가 아래로 떨어지도록 했다. 제단에서 사용될 부삽, 대야, 갈고리, 불 옮기는 그릇 등도 놋으로 만들었다.

성막 뜰은 세마포 휘장으로 둘러야 했고 그 규모는 길이 100규빗, 너비 50규빗, 높이 5규빗이었다. 휘장을 지탱하는 데 필요한 기둥과 밑받침을 각각 스무 개씩 놋으로 만들었고, 기둥에 달 갈고리와 가름대는 은으로 만들었다. 기타 다른 규정도 상세하기 이를 데 없다. 성막을 밝힐 등불은 꺼뜨리지 말아야 했기에 감람으로 짠 순수한 기름을 백성들에게 헌납 받았다. 아론과 그의 아들들은 회막 안 곧 지성소의 휘장 밖에서 등불을 보살피는 일을 맡았다. 이 빛은 창조 첫날 하나님께서 말씀으로 창조하신 빛을 연상시킨다.

제사장의 옷과 임직식

출애굽기 28-29장

제사장의 옷

성막 건설에 대한 지침을 주신 후 하나님은 제사장으로 섬길
사람들을 세우라 하신다. 아론과 그의 아들 나답과 아비후와
엘르아살과 이다말이 선택되었다. 이어 제사장들이 입을 옷에
관한 상세한 지침을 주신다. 제사장들이 입을 옷은 위엄이 있
고 아름다워야 한다. 그렇기에 그 옷은 하나님께서 지혜로운
영으로 채운 자들이 만들어야 했다. 옷과 부착물의 종류가 참
많다. 흉패(가슴받이), 에봇, 겉옷, 반포 속옷(줄무늬 속옷), 관, 띠가
그것이다. 이것은 모두 금실과 청색, 자색, 홍색 실과 가늘게
꼰 베 실로 만들어야 했다. 에봇은 겉옷 위에 걸쳐 입는 것으
로 제사장 복색에 있어 가장 중요한 것이다. 에봇 위에는 어깨
받이(일종의 멜빵) 둘을 달아 그 두 끝을 이어지게 해야 했고, 허
리띠도 만들어 붙였다. 에봇의 어깨받이에는 각각 여섯 지파의

이름을 새긴 두 개의 호마노를 좌우편에 달았다. 어쩌면 이것은 제사장들의 무거운 책임을 상기시키는 것인지도 모르겠다. 제사장들은 민족의 운명이 그들에게 달린 듯 조심스럽게 살아야 한다. 제사장의 위엄 있고 아름다운 복장은 특권이 아니라 책임의 무게를 보여주는 것이 아닐까?

판결 흉패는 길이 한 뼘 너비 한 뼘의 사각형 형태의 천을 두 겹으로 겹쳐서 만들고, 그 위에는 네 줄 보석을 박되 매 줄마다 이스라엘 지파의 이름을 새긴 세 개의 보석을 박아 넣었다. 그 외에도 금 고리, 금 사슬, 흉패 고리, 에봇 고리도 만들었다. 판결 흉패 안에는 빛과 완전함을 뜻하는 '우림'과 '둠밈'을 넣었다. 아론은 백성들 사이의 시비를 가리기 위해 하나님 앞에 나아갈 때마다 이 흉배를 부착함으로 자기의 판단이 사사로운 감정에 휘둘리지 않도록 경계했다.

에봇에 딸린 겉옷의 가장자리에는 청색, 자색, 홍색 실로 석류를 수놓고 그 사이 사이에 금방울을 달았습니다. 석류는 생명의 풍성함과 아름다움을 상징하는 것이다. 이해인 수녀는 〈석류의 말〉이라는 시에서 석류의 아름다움을 이렇게 노래하고 있다. "감추려고/감추려고/애를 쓰는 데도//어느새/살짝 삐져나오는/이 붉은 그리움은/제 탓이 아니에요."

'붉은 그리움'이라는 말이 함축하는 바가 참 많다. 제사장의 겉옷 가장자리에 금방울을 단 까닭은 무엇일까? 그것은 아론이 일 년에 한 차례 거룩하신 분 앞에 나아갈 때 지성소 밖의 사람들에게 그가 죽었는지 살았는지를 확인하기 위해서였다. 조선의 유학자인 남명 조식 선생은 마음을 살피고 경거망동한 행동을 삼가기 위해 옷에 경의검敬義劍이라는 칼과 성성자惺惺子라는 방울을 달았다고 한다. 의미는 다르지만 옷조차 마음공부의 도구로 사용하는 지혜로움이 놀랍다.

제사장이 쓰는 관에 부착해야 할 순금패에는 '여호와께 성결'(원문은 '야훼께 속한 거룩함')이라고 썼다. 백성을 대신하여 하나님께 바치는 제물에 관련된 모든 책임을 제사장이 진다는 뜻이다. 제사장으로 산다는 것은 특권이 아니라 무한 책임을 지는 것임을 알 수 있다. 흥미로운 것은 베로 만든 속바지가 허리부터 넓적다리까지 이르게 하여 하체를 가리라(28:42)는 규정이다. 이것은 하나님 앞에 설 때는 성적 에너지를 감추어야 한다는 뜻이다. 이러한 조처는 성적 에너지의 방출을 통해 신을 섬기는 가나안 종교를 염두에 둔 것으로 볼 수 있다.

제사장 임직식

29장은 일주일 동안 지속되는 제사장들의 성별의식과 임직 규정을 다룬다. 제사장들 역시 허물이 많은 존재이기 때문에 먼저 자신들을 성결하게 해야 한다. 모세의 인도를 따라 아론과 그의 아들들은 회막 문으로 나아가 물로 몸을 씻은 후 제사장의 옷을 갖춰 입었다. 아론이 관까지 다 갖춰 입은 후 모세는 기름을 가져다가 아론에게 부었다. 그 후에 아론의 아들들도 같은 절차를 밟았다. 착의식이 끝난 후에는 수송아지를 끌어다가 그 머리에 안수한 후에 그 소를 잡아 속죄제를 바쳤다. 안수한다는 것은 제물을 바치는 자와 제물의 운명이 동일하다는 것을 상징한다. 그러니까 제사장은 스스로 제물로 바쳐지는 존재이다. 이어 숫양을 잡아 번제로 바친 후, 다른 숫양 한 마리를 가져다가 제물로 바쳤는데 이것이야말로 제사장 위임 제사라 할 수 있다. 제물의 피를 제사장들의 오른쪽 귓부리, 오른손 엄지, 오른발 엄지에 바르고 그들의 옷에 뿌린 것(29:20-21)은 그들이 생명을 다루는 직분을 맡았음을 상기시키는 것인 동시에, 백성들의 작은 신음소리에도 두렵고 떨리는 마음으로 귀를 기울여야 한다는 뜻이다.

이어 숫양과 고운 밀가루로 만든 무교병과 기름 섞인 과자와 기름 바른 전병도 바쳤다. 요제, 화제, 거제에 대한 언급도 나온다. 이레 동안 계속되는 제사장 위임식을 통해 제단은 '지극히 거룩한 것'이 된다. 그렇게 해서 그 거룩한 제단과 접촉하는 모든 것이 거룩하게 된다(29:37). 이후에는 제사장들의 일상 업무가 소개되고 있다. 그들은 아침과 저녁에 하나님께 향기로운 냄새를 올려 드리기 위해 제사를 바쳐야 했다. 제사장들이 등장하면서 모세의 역할은 줄어들고 아론의 역할이 커진다. 제국의 지배를 거절하면서 애굽을 탈출했던 공동체가 예배 공동체로 전환되고 있는 것이다.

message 13

모세의 뿔

모세가 두 증거판을 손에 들고 시내 산에서 내려왔다. 그가 산에서 내려올 때에, 그의 얼굴에서는 빛이 났다. 주님과 함께 말씀을 나누었으므로 얼굴에서 그렇게 빛이 났으나, 모세 자신은 전혀 알지 못하였다. 아론과 이스라엘의 모든 자손이 모세를 보니, 모세 얼굴의 살결이 빛나고 있었다. 그래서 그들은 그에게로 가까이 가기를 두려워하였으나, 모세가 그들을 부르자, 아론과 회중의 지도자들이 모두 그에게로 가까이 갔다. 모세가 먼저 그들에게 말을 거니, 그 때에야 모든 이스라엘 자손이 그에게로 가까이 갔다. 모세는, 주님께서 시내 산에서 자기에게 말씀하신 모든 것을 그들에게 명하였다. 모세는, 그들에게 하던 말을 다 마치자, 자기의 얼굴을 수건으로 가렸다. 그러나 모세는, 주님 앞으로 들어가서 주님과 함께 말할 때에는 수건을 벗고, 나올 때까지는 쓰지 않았다. 나와서 주님께서 명하신 것을 이스라엘 자손에

게 전할 때에는, 이스라엘 자손이 자기의 얼굴에서 빛이 나는 것
을 보게 되므로, 모세는 주님과 함께 이야기하러 들어갈 때까지
는 다시 자기의 얼굴을 수건으로 가렸다(출애굽기 34:29-35).

미켈란젤로의 착각?

'설날'이란 말에는 세속의 시간에서 성스런 시간으로 옮겨
가는 날이라는 뜻이 내포되어 있다고 합니다. 시간을 새롭게
하는 날이라는 의미에서 설은 종교적인 날이라 할 수 있습니
다. '설'의 어원을 '낯설다'라는 단어에서 찾는 이들이 있습니
다. 그렇게 본다면 '설'이란 아직 익숙하지 않은 시간을 뜻하는
말입니다. '삼가다'의 옛말인 '섧다'는 말을 '설'의 어원으로 보
는 분들도 계십니다. 그러니까 새로운 시간을 맞이하기 위해
몸과 마음을 삼가는 날이라는 뜻이겠지요. 한자로 설날을 '신
일愼日'이라고 쓰기도 하는데 근신하는 날이라는 뜻입니다. 설
날은 그러니까 세속적인 시간과 성스러운 시간의 경계라 하겠
습니다.

성경에서 산이나 광야는 하나님을 만나는 장소로 여겨졌습
니다. 물론 회막이나 성전도 있지만 인생의 큰 결정을 내려야
하는 이들은 산이나 광야를 찾곤 했습니다. 하나님이 그곳에만
계시기 때문이 아니라, 모든 것을 내려놓고 온전히 하나님 앞
에 서기 위해서였습니다. 모세, 엘리야, 세례자 요한, 예수님은
모두 광야를 체험한 분들입니다. 소설가 이승우 씨는 유대광야

에 서 본 느낌을 이렇게 적었습니다.

"회색의 구릉들이 숨 쉬는 걸 나는 내 '눈으로' 들었다. 광야는 홀로 고요히 신비스런 숨을 쉬고 있었다. 하나의 거대한 생명이 었던 것이다. 광야는 그 고요함과 신비스러움으로 나를 압도했 다."《내 영혼의 지도》, 살림, 1999, 67쪽)

호렙산 떨기나무 불꽃 속에 현현하신 하나님을 만난 모세는 세속과 성스러움의 경계를 오가며 살았습니다. 그런데 오늘 본 문은 놀라운 이야기를 들려줍니다. 모세가 하나님의 산에서 내 려올 때 그의 얼굴에서 빛이 났다는 것입니다. 르네상스 시대 의 화가인 미켈란젤로가 교황 율리우스 2세를 위해 제작한 작 품 중에는 〈모세像〉이 있습니다. 조각으로 표현된 모세는 단호 한 표정을 짓고 있는 근육질의 사나이입니다. 팔과 다리는 단 단해 보이고, 꼬불꼬불한 수염은 배까지 내려옵니다. 그는 오 른손으로 십계명 돌판을 꼭 부둥켜안은 채 뭔가를 바라보고 있습니다. 그의 모습은 경외감을 자아냅니다. 그러나 당혹스럽 게도 그의 머리 위에는 자그마한 뿔이 두 개 솟아 있습니다. 아 이들이 보면 도깨비라고 할 겁니다. 애들 말로 이게 대체 무슨 시추에이션이란 말입니까. 그 작품을 본 사람들은 미켈란젤로 가 성 제롬이 번역한 라틴어 성경(Vulgate)을 의존했기 때문이 라고 말합니다. 제롬은 히브리어로 '빛나다'는 뜻의 '콸렌qalen'

을 '뿔'이라는 뜻의 '콸란qalan'으로 읽었습니다. 그래서 이 대목을 '모세의 머리에 뿔이 났다'는 뜻으로 옮겼던 것입니다.

하지만 모세의 머리에 솟은 뿔은 미켈란젤로가 의도적으로 만든 것입니다. 그는 피렌체 최고의 명문 가문인 메디치가에 속한 로렌초의 후원을 받고 있었는데, 그리스 철학과 신화에 익숙했던 그는 눈에 보이는 물질이나 형상을 통해 눈에 보이지 않는 가치를 드러내는 것을 예술적 이상으로 삼고 있었습니다. 고대 신화에서 '뿔'은 대개 '영적인 힘'을 상징합니다. 그래서 미켈란젤로는 〈모세像〉에 뿔을 덧붙임으로써 모세를 하나님의 현존 앞에 선 사람, 하나님과 하나 됨을 경험한 이상적 인간으로 제시하고 있는 것입니다.

하나님의 현존 앞에서

성경은 모세의 얼굴에 빛이 나타난 까닭을 간명하게 밝히고 있습니다. "주님과 함께 말씀을 나누었으므로 얼굴에서 그렇게 빛이 났으나, 모세 자신은 전혀 알지 못하였다."(29) 그 빛은 결국 하나님과의 만남에서 비롯된 것이라고 볼 수 있겠습니다. 여기서 말하는 '빛'은 어떤 것일까요? 창조의 첫날 "'빛이 생겨라' 하시니, 빛이 생겼다. 그 빛이 하나님 보시기에 좋았다"(창세기 1:3) 했던 그 빛일까요? 세상에 와서 모든 사람을 비춘 참빛이었을까요? 무엇을 의미하든 빛은 하나님과 연관됩니다. 진리가 마치 섬광처럼 우리 삶을 비출 때가 있습니다. 하나님의 말씀을 경청하다보면 어떤 빛이 섬광처럼 우리 삶 전체를 관통하는 것처럼 느껴질 때가 있습니다. 육체적 욕구와 사회적 관습에 따라 살아가는 우리들의 삶이 고스란히 드러나고, 하나님을 등지고 살던 삶을 부끄러워하게 만드는 빛 말입니다. 평생토록 한 번도 그 빛을 보지 못하고 어둠 속에서 방황하는 이들이 있습니다.

"그들은 깨닫지도 못하고, 분별력도 없이, 어둠 속에서 헤매고만 있으니, 땅의 기초가 송두리째 흔들렸다"(시편 82:5).

불쌍한 인생들입니다. 강 하구에서 썩은 물고기를 차지하기 위해 다투는 갈매기들은 높이 그리고 빨리 날기 위해 피나는 연습을 하는 동료 갈매기를 이해하지 못합니다. 세상의 인력에 끌려 하늘을 잊고 사는 이들은 가련한 존재들입니다. 그들은 유다서의 표현대로 "불만에 싸여서 불평을 늘어놓는 사람들이요, 자기들의 욕심대로 사는 사람들입니다. 그들은 입으로 허풍을 떨다가도, 이익을 챙기기 위해서는 남에게 아첨을 합니다"(유다서 1:16). 길 잃고 떠도는 별들인 그들을 위해 마련된 것은 짙은 어둠입니다. 하지만 진리의 조명을 자주 받아 거의 밝음 속에서 살아가는 이들도 있습니다. 우리는 그들을 일러 성자라 합니다. 모세의 얼굴에 드러난 환한 빛은 하나님을 만난 이가 맛본 기쁨과 경외심이 외적으로 드러난 것입니다. 출애굽기 34장의 앞부분에는 구름에 싸여 내려오시는 주님께서 모세에게 자신을 소개하는 말씀이 나옵니다.

"주, 나 주는 자비롭고 은혜로우며, 노하기를 더디하고, 한결같은 사랑과 진실이 풍성한 하나님이다. 수천 대에 이르기까지, 한결같은 사랑을 베풀며, 악과 허물과 죄를 용서하는 하나님이다. 그러나 나는 죄를 벌하지 않은 채 그냥 넘기지는 아니한다. 아버지가 죄를 지으면, 본인에게 뿐만 아니라 삼사 대 자손에게까지 벌을 내린다"(출애굽기 34:6-7).

하나님의 선하심을 머리가 아닌 존재 전체로 맛본 사람은 세상의 염려와 근심으로부터 자유롭게 됩니다. 자비로우신 하나님의 사랑에 온전히 몸을 맡겨본 사람은 깊은 평화와 안식을 누립니다. 우리 삶에서 떨쳐버리기 어려운 불안과 두려움은 어디에서 비롯되는 것입니까? 그것은 자아입니다. 지켜야 할 자아로 인해 우리는 다른 이들과 세상을 경계합니다. 어린 아이들이 타자를 의식하기 시작하면서 자주 사용하는 말은 "내 거야!"입니다. 아이들은 자기 외부 세계를 내 편과 네 편으로 가르기 시작합니다. 삶이 고단해지기 시작하는 겁니다. 하지만 하나님과 깊은 일체감 속에서 말씀을 나눈 사람은 자기를 잊습니다(忘我). 내가 없으니 두려움도 없습니다. 하나님 안에서 자아를 잊은 사람에게서 떠오르는 빛은 평온함으로도 나타나고, 인자함으로도 나타납니다. 깨끗함으로도 나타나고, 거룩함으로도 나타납니다.

하지만 모세의 빛나는 얼굴은 백성들에게 두려움을 자아냈습니다. 그것은 너무도 낯선 모습이었기에 사람들은 선뜻 다가설 수 없었습니다. 모세가 그들을 부르자 그때서야 아론과 회중의 지도자들, 그리고 이스라엘 자손이 그에게로 가까이 다가갔습니다. 모세는 주님께서 시내 산에서 들려주신 모든 것을 그들에게 명하였습니다. 모세의 얼굴에 떠오른 빛으로 인해 그 말씀은 권위 있는 말씀이 되었을 것입니다. 모세의 얼굴에 나타난 빛은 그들에게 선포된 말씀이 하나님의 말씀임을 나타내는 외적 표징이었던 셈입니다.

수건으로 가리다

모세는 말을 다 마치면 자기의 얼굴을 수건으로 가렸습니다. 왜 그랬을까요? 바울 사도는 고린도후서에서 자기 나름의 해석을 시도합니다.

> "모세는, 이스라엘 자손이 자기 얼굴의 광채가 사라져 가는 것을 보지 못하게 하려고 그 얼굴에 너울을 썼지만, 그와 같은 일을 우리는 하지 않습니다"(고린도후서 3:13).

시간이 지날수록 그의 얼굴에서 빛이 사라지는 광경을 백성들이 보지 못하도록 하기 위해서 그랬다는 것입니다. 일리가 있습니다. 하나님과의 그 황홀하고도 친밀한 일치감은 시간이 지나면서 줄어들게 마련입니다. 하지만 바울이 이 이야기를 끌어들이는 맥락을 살필 필요가 있습니다. 바울은 율법이 얼마나 유한한가를 말하기 위해 이 예를 들고 있습니다. 시간이 가면 저절로 스러질 율법의 빛에 비하면, 예수 그리스도를 통해 우리에게 비춰진 복음의 빛은 결코 스러질 수 없다는 것입니다.

저는 조금 달리 생각해보고 싶습니다. 모세가 자기 얼굴을 가린 것을 겸허함으로 볼 수는 없는 것일까요? 그는 말씀을 전하는 자이지만, 사람들 속에서 살아가야 하는 존재였습니다. 사람들에게 다가서려면 그들과 같이 되는 수밖에 없습니다. 빌립보서 2장에서 우리는 겸비의 그리스도를 배웁니다.

"그는 하나님의 모습을 지니셨으나, 하나님과 동등함을 당연하게 생각하지 않으시고, 오히려 자기를 비워서 종의 모습을 취하시고 사람과 같이 되셨습니다"(빌립보서 2:6-7).

옛 사람은 진리 안에서 사는 사람의 특색을 "그 날카로움을 무디게 하여 엉클어진 것을 풀고, 그 빛을 감추어 먼지와 하나로 된다"(挫其銳 解其紛 和其光 同其塵,《노자》 4장)고 요약했습니다. 너무 날카로우면 사람들이 다가설 수 없습니다. 인간관계는 더 멀어지게 마련입니다. 우리 속에 있는 날카로운 것을 무디게 해야 상대방의 날카로운 것도 무디게 할 수 있습니다. 또 진리 안에 있는 사람은 자기의 생각이나 뜻을 너무 내세우지 않습니다. 예수님은 먹고 마시기를 탐하는 자라는 별명을 들으면서까지 죄인들과 어울리셨습니다.

수난을 앞둔 주님

모세의 빛나는 얼굴을 중심으로 이야기를 하면서 제가 염두에 둔 것은 변화산 사건입니다. 수난의 시간을 앞두신 주님은 가까운 제자 셋을 데리고 다볼산에 올라가셨습니다. 그곳에서 제자들은 거룩하게 변화된 주님의 모습을 뵙게 됩니다. "얼굴은 해와 같이 빛나고, 옷은 빛과 같이 희게 되었다"(마태복음 17:2). 그 놀라운 광경을 보면서 제자들이 느낀 것은 경건한 두려움이었습니다. 신비스럽고 초월적이어서 매혹적이지만, 낯설기에 두렵기도 한 체험을 가리켜 종교학자인 루돌프 오토는 '누미노제'(Numinose)라 했습니다. 제자들은 예수님의 변화된 모습을 통해 누미노제를 경험했습니다. 영광의 길이 아니라 수난의 길을 가야 할 주님께서 제자들에게 그런 모습을 보여주신 까닭은 무엇일까요? 우리는 이 질문에 답하기 위해 바울 사도의 서신을 참고할 필요가 있습니다.

"'어둠 속에 빛이 비쳐라' 하고 말씀하신 하나님께서, 우리의 마음속을 비추셔서, [예수] 그리스도의 얼굴에 나타난 하나님의 영광을 아는 지식의 빛을 우리에게 주셨습니다"(고린도후서 4:6).

주님의 빛나는 얼굴은 역사의 어둠을 뚫고 살아가야 하는 제자들의 마음에 밝혀진 꺼지지 않는 빛이 되었습니다. 그 빛은 절망으로부터 그들을 일으켜 세우는 힘이었고, 매인 데 없는 자유를 누리며 살도록 해주는 거대한 뿌리였습니다. 바울은 그것을 '질그릇 속에 간직한 보물'이라 말합니다. 바울은 이 보물을 간직한 사람의 삶을 인상적으로 기록하고 있습니다.

"우리는 사방으로 죄어들어도 움츠러들지 않으며, 답답한 일을 당해도 낙심하지 않으며, 거꾸러뜨림을 당해도 망하지 않습니다. 우리는 언제나 예수의 죽임 당하심을 우리 몸에 짊어지고 다닙니다. 그것은 예수의 생명도 또한 우리 몸에 나타나게 하기 위함입니다"(고린도후서 4:8-10).

사순절이 시작되기 직전 주일인 오늘은 교회력으로 산상변화주일입니다. 수난의 골짜기를 걷기 전 주님은 당신이 누구인지를 제자들에게 드러내 보여주셨습니다. 주님의 말씀에 따라 태초의 어둠을 밝힌 그 빛이 모세의 얼굴을 통해, 그리고 주님의 얼굴을 통해 나타난 것처럼, 이제는 우리의 얼굴을 통해 나타나야 합니다. 저는 "그러므로 네 속에 있는 빛이 어둡지 않은지 살펴보라"(누가복음 11:35)는 말씀을 붙들고 사순절 순례의 여행을 떠나려 합니다. 사순절은 어둡고 우울한 여정이 아니라, 마음에 하늘의 빛을 받은 이들의 순례 여정이 되어야 합니다. 세속적인 시간과 성스러운 시간의 갈림길인 설날 아침, 주님의 신령한 빛이 우리 마음과 삶을 두루 비추어주시기를 기원합니다.

성물 만들기

출애굽기 30장

_____ 삶은 고르기우스의 매듭처럼 복잡하게 얽혀 있어 풀어내기가 여간 어려운 게 아니다. 알렉산더 대왕은 단칼에 그 매듭을 잘라버렸다고 하지만 그렇게 해서 문제가 해결된 것은 아니다. 머리카락 한올한올이 뱀이었다는 메두사는 어쩌면 인간의 실존적 곤경을 가리키는 은유인지도 모르겠다. "모든 만물이 피곤하다는 것을 사람이 말로 다 말할 수는 없나니 눈은 보아도 족함이 없고 귀는 들어도 가득 차지 아니하도다"(전도서 1:8). 전도서 기자의 이런 탄식이 조금도 낯설지 않다. 종교는 그처럼 복잡한 삶에 초점을 잡아주는 역할을 한다. 본래적인 것과 비본래적인 것을 나누고, 본래적인 것에 마음을 집중하도록 도와준다. 종교의 아름다움은 단순함과 소박함에 있다. 그런데 출애굽기가 들려주는 성막 건설과 예배에 필요한 것들을 장만하는 과정은 복잡하기 이를 데 없다. 굳이 그런 번

거로운 절차를 다 거쳐야 하는가 회의가 생기기도 한다. 많은 이들이 이 대목을 건성으로 읽어치울 때가 많다.

유럽의 옛 예배당 건물을 찬찬히 둘러보면 곳곳에 복잡한 기하학적 무늬가 새겨져 있음을 알 수 있다. 그 무늬들이 과연 종교적 용도로 마련된 건물에 어떤 의미를 부여하는 것일까 의아해 할 수도 있다. 그 까닭은 명확하다. 건축가들은 그런 무늬 혹은 문양을 그림으로써 하나님이 창조하신 세계의 복잡함과 정교함을 나타내는 동시에, 그것이 하나로 이어져 있음을 나타내고 싶었던 것이다. 그러니까 그 문양은 복잡해 보이는 세상이지만 하나님의 섭리 가운데 있다는 사실을 가리키는 것이라 할 수 있다.

종교적 절차를 따르는 일이 어떤 때는 불필요한 시간 낭비처럼 보일 수도 있다. 하지만 하나님의 지시에 따라 조심스럽게 성물들을 만드는 과정 자체가 하나님의 리듬에 맞춰 우리 삶을 조율하는 일이라 할 수 있다. 이런 관점에서 성소의 여러 기물을 만드는 이야기를 보면 그 제작 행위 하나하나가 이미 예배임을 알 수 있다.

성물 제작(30:1-10, 17-38)

먼저 분향단(1-10절)이다. 성소 앞에 놓아둘 분향단은 조각목을 사용해 사방 1큐빗의 정사각형 모양으로 만들어야 했다. 제사장들은 아침 저녁으로 분향단에 향을 피워야 했고, 일 년에 한 번씩 속죄제물의 피를 발라 분향단을 정화해야 했다. 개신교 예배에서는 향을 사용하지 않지만 다른 종교 전통에서는 향을 사용하는 것이 일반화된 일이었다. 국보 287호인 백제금동용봉봉래산대향로는 우리나라에서도 옛날부터 향을 피우는 것이 아주 중요한 종교 행위였음을 보여준다. 여러 종교 전통의 예배에서 향을 피운 것은 아마도 불유쾌한 냄새를 제거하기 위한 실용적인 목적 외에도 몇 가지의 상징적 의미가 있었을 것이다. 예배에 사용되는 모든 물품은 하나님의 현존을 상기시키는 도구들이다. 사람은 오감의 자극을 통해 하나님의 현존을 자각하기도 한다. 향은 후각과 관련이 있다. 타오르는 향은 또한 성도들이 하나님께 바치는 기도를 상징하기도 한다. 이런 상징들을 잃어버린 것이 개신교 예배의 문제 가운데 하나가 아닐까?

물두멍(30:17-21)은 제사장이 만남의 장막에 들어갈 때 그리고 제단으로 나아갈 때에 정화의식을 위해 마련된 것이었다. 솔로몬 성전에는 지름이 10큐빗, 둘레 30큐빗 규모의 이천 말들이 '바다'와 지름 4큐빗 정도의 사십 말 들이 물두멍 열 개가 있었다(왕상7:23-26, 38-39). 그 크기와 숫자를 보면 물두멍에 담긴 물이 단순히 제사장들의 정화의식에만 사용된 것 같지는 않다. 희생동물들을 씻거나 나중에 번제물로 태운 후 그 재를 치우는 데 쓰였던 것으로 보인다.

향기름과 가루향을 만드는 법식도 아주 자세히 소개되고 있다. 액체 몰약, 육계, 창포, 계피, 감람 기름을 정해진 분량대로 섞어 얻어진 향기름은 만남의 장막과 거기에 딸린 각종 물건들, 그리고 제사장들에게 바름으로써 그것을 거룩하게 구별하는 용도로 사용해야 했다. 여기서 우리에게 흥미롭게 다가오는 것은 그 향기름은 거룩한 것이기 때문에 거룩한 용도에만 사용해야 한다는 것이다. 그것을 몸치장을 위해 사사로이 사용한다든지 똑같은 배합법으로 향유를 만들어 쓰는 일은 엄격하게 금지되었다. 상징적 경계 만들기는 종교 의례에서 매우 중요한 요소다. 종교 공동체 밖에 있는 이들에게는 물질에 지나지 않는 것이 공동체 내부의 사람들에게는 물질을 넘어서는 성사의 도구가 될 수 있는 법이다.

성소의 분향단에서 쓸 향은 호합향, 나감향, 풍자향의 향품을 각기 같은 분량으로 섞어서 만들되, 소금을 쳐서 성결하게 한 후 그것을 빻아 순수하고 거룩한 가루향으로 만들어 회막 안 증거궤 앞에 두어야 했다. 향이 좋다고 하여 그것을 사사로이 만드는 일은 향기름과 마찬가지로 금지되었다. 사적으로 전유되는 순간 그것은 거룩의 광휘를 잃을 수도 있었기 때문일 것이다.

목숨값(30:11-16)

성물 제작에 대한 이야기 한 복판에 인구조사 이야기가 뜬금없이 끼어들고 있다. 아마도 회막에 필요한 물품들을 마련할 비용 마련을 염출하기 위한 것이었다. 대개의 인구조사가 징집이나 세금 부과를 위해서였던 것과는 대조가 된다. 어떤 경우든 인구조사는 민중들의 만만치 않은 저항에 부딪혔다. 비극적인 일들이 일어나기도 했다. 사람들은 그것을 신이 진노하여 내리는 징벌로 이해했다. 그렇기에 인구를 조사할 때 조사받은 사람들은 자기 생명의 속전을 하나님께 드려야 한다는 규정이 생겼다. 높은 사람이든 낮은 사람이든 성소의 세겔로 반 세겔을 내야했다. 나중에 이것은 성전세로 진화하게 된다.

소명의 다양함

출애굽기 31장

─────── 아무리 뛰어난 사람도 모든 일을 다 할 수는 없다. 다중지성이라는 말이 있지만 비범한 한 사람의 생각보다는 평범한 이들의 통합된 지성이 더 올바를 수 있다. 모세는 뛰어난 사람이었지만 백성을 재판하는 일을 독점하지 않았다. 스스로 뛰어나다고 생각하는 사람들의 문제 가운데 하나는 다른 이들을 신뢰하지 않는 것이다. 진정으로 뛰어난 사람은 모든 것을 다 잘 하는 사람이 아니라 종합적으로 사고할 수 있는 능력이 있는 사람인 동시에, 적재적소에 사람들을 잘 배치할 줄 아는 사람이다.

공자의 일화는 우리에게 많은 것을 시사해준다. 어느 날 제자인 자하가 스승인 공자에게 제자들의 됨됨이에 대해 물었다. 공자는 안회는 '덕이 많은 사람'이라 했고, 자공은 '말재주가 뛰어난 사람'이라 했으며, 자로는 '용기 있는 사람'이라 했고, 자장은 '점잖은 사람'이라 했다. 그러자 자하가 "네 사람의 장점이 선생님보다 낫다고 말씀하셨는데 그렇다면 왜 그들이 선생님을 스승으로 모시는 겁니까?" 하고 물었다. 공자는 그에 대해 "안회는 덕이 있지만 상황에 따른 융통성이 없다. 자공은 말재주가 뛰어나지만 때로 침묵이 말을 유창하게 하는 것보다 효과가 있는 것을 모르지. 자로는 용기가 있지만 때로 남에게 굽히는 것이 진정한 용기임을 모른다. 그리고 자장은 점잖지 못한 사람과 어울리지 못하지. 그러나 나는 이런 점에서 그들보다 낫다. 또한 나는 그들의 장점을 누구보다 잘 알고 받들어 주지. 이것이 바로 그들이 나를 스승으로 삼는 이유이다."

재능을 주신 까닭

회막 예배에 필요한 여러 가지 기물들을 어떻게 만들어야 할지 자세하게 이르신 하나님은 그 일을 위해 사람을 구별하여 세우신다. 유다 지파에 속한 브살렐이다. 브살렐이라는 이름을 연구한 학자들은 그 이름이 "하나님의 그늘 아래"라는 뜻이라고 말한다. 그가 은총 안에 살아가는 사람임을 넌지시 가리키는 이름이다. 하나님은 당신의 "영을 그에게 충만하게 하여 지혜와 총명과 지식과 여러 가지 재주로 정교한 일을 연구하여 금과 은과 놋으로 만들게 하며 보석을 깎아 물리며 여러 가지 기술로 나무를 새겨 만들게 하리라"(31:3-5)고 말씀하셨다. 옛 사람들은 남보다 뛰어난 재주를 가진 이들의 능력이 하나님에게서 유래한다고 믿었다. 그리스 사람들이 시인의 능력은 뮤즈 여신이 주는 영감 때문이라고 믿었던 것과 일맥상통한다. 브살렐은 하나님이 지시하신 양식대로 회막의 기물들을 제작할 것이다. 그는 단순한 기능공이 아니다. 하나님은 형상을 창조해내는 그의 상상력과 재능을 십분 활용하신다.

하나님은 브살렐에게 동료를 보내주신다. 단 지파에 속한 오홀리압과 지혜로운 마음이 있는 사람들이다. 오홀리압은 '아버지의 천막'이라는 뜻이다. 그는 어쩌면 여호수아가 모세의 수종을 들었던 것처럼 브살렐의 가장 가까운 곳에서 그의 일을 돕는 역할을 한 것 같다. 브살렐과 오홀리압 그리고 함께 일하게 될 지혜로운 사람들은 모두 하나님의 영에 감화된 이들이다. 출애굽기는 각자가 가지고 있는 뛰어난 영감이나 기술의 뿌리가 하나님의 영이라고 말한다. 그렇다면 그들의 예술적 소양은 하나님의 뜻을 수행하는 일에 바쳐져야 한다. 바울 사도는 성령의 은사가 공동체를 세우는데 활용되어야 한다고 가르쳤다. "각 사람에게 성령을 나타내심은 유익하게 하려 하심이라"(고린도전서 12:7).

과학 기술에 대해 맹목적 신뢰를 보내는 이들이 많다. 바야흐로 기술공학자들이 사람들의 의식을 지배하는 시대다. 하나님의 존재를 냉소적으로 부정하는 과학적 무신론자들 때문에 신앙의 위기를 겪는 이들이 있다. 과학은 잘 활용하면 좋은 것이지만 잘못 활용되면 생명을 죽이는 도구가 된다.

안식일

회막과 거기에 사용되는 기구 제작에 관해 말하던 이야기의 흐름은 12절부터 등장하는 안식일 이야기로 인해 급격하게 단절된다. 왜 느닷없이 안식일 이야기가 나오는 것일까? 물론 회막과 기구를 제작하는 이들이 일에만 몰두하지 말고 하나님의 리듬 속에 머물러야 한다는 뜻일 수도 있다. 하지만 여기에는 조금 더 심오한 뜻이 있다. 회막 이야기는 "여호와께서 모세에게 말씀하여 이르시되"(25:1)로 시작되었다. 이 단락은 안식일 이야기가 끼어들기 전에 총 여섯 개의 지시로 구성되어 있다. 성막 및 부속 기물에 대한 지시, 목숨값, 놋쇠 물두멍, 성별하는 향유, 가루향, 기술자에 관한 이야기가 그것이다. 눈치 빠른 이들은 이미 알아차렸겠지만 회막 이야기는 창조 이야기와 대칭을 이루고 있다. 출애굽기 40장 2절은 회막이 첫째 달 초하루에 세워졌다고 말한다. 첫째 달 초하루는 혼돈이 끝나고 질서가 도래하고 있음을 상징한다. 노아의 홍수 이야기도 "육백일 년 첫째 달 곧 그 달 초하룻날에 땅 위에서 물이 걷힌지라"(창세기 8:13)라고 말한다. 우리는 창조의 완성이 안식일임을 알고 있다. 출애굽기 기자는 회막의 건설을 창조의 빛 속에서 바라보고 있기에 안식일 이야기를 이 대목에 추가한 것이다. 안식일을 반영하거나 지향하지 않는 교회 건축은 자칫하면 사람의 영광을 위한 것이 될 수도 있다. 그런데 안식일을 반영한 교회 건축은 어떤 것일까?

브살렐, 오홀리압

모세가 이스라엘 자손에게 말하였다. "주님께서 유다 지파 사람, 훌의 손자이며 우리의 아들인 브살렐을 지명하여 부르셔서, 그에게 하나님의 영을 가득하게 하시고, 지혜와 총명과 지식과 온갖 지식을 갖추게 하셨습니다. 그래서 그는 여러 가지를 생각해 내어, 그 생각해 낸 것을 금과 은과 놋으로 만들고, 온갖 기술을 발휘하여, 보석을 깎아 물리는 일과, 나무를 조각하는 일을 하게 하셨습니다. 또한 주님께서는 그와 단 지파 사람 아히사막의 아들 오홀리압에게는 남을 가르치는 능력도 주셨습니다. 주님께서는 그들에게 기술을 넘치도록 주시어, 온갖 조각하는 일과 도안하는 일을 할 수 있게 하시고, 청색 실과 자주색 실과 홍색 실과 가는 모시 실로 수를 놓아 짜는 일과 같은 모든 일을 할 수 있게 하시고, 여러 가지를 고안하게 하셨습니다. 그러므로 브살렐과 오홀리압과 기술 있는 모든 사람, 곧 주님께서 지혜와 총명을 주셔서 성소의 제사에 필요한 모든 것을 만들 줄 아는 사람들은, 모든 것을 주님께서 명하신 그대로 만들어야 합니다"(출애굽기 35:30-36:1).

가장 큰 은혜

해마다 6월이 오면 가슴에 새겨진 아픈 기억으로 속앓이를 하는 이들이 많습니다. 동족끼리 벌인 전쟁, 그리고 계속되고 있는 분단 상황이 빚어낸 아픔과 상처가 좀처럼 아물지 않습니다. 6월 10일은 민주화 항쟁 역사에서 기념할만한 날입니다. 온 국민의 힘으로 정치의 패러다임을 바꾼 날이기 때문입니다.

지난 주 내내 제 마음이 머문 곳은 시리아의 북부 도시 훌라(Houla)입니다. 지난 25일에 벌어진 학살극으로 인해 수십 명의 어린이들이 죽임을 당했습니다. 무차별적인 폭격이 아니라 의도적인 살해였기에 충격은 더욱 컸습니다. 학살을 저지른 이들은 이슬람 시아파 소수 종파인 알라위파의 폭력단체인 '샤비하Shabiha'에 속한 이들이었다고 합니다. '유령'을 뜻하는 아랍어에서 유래한 샤비하는 자기 영향력을 확장하기 위해 그 어린 생명들을 무참히 학살했던 것입니다. 수니파 무슬림들의 보복이 예고되고 있기에 그 땅에서는 더 큰 학살의 악순환이 벌어질 것 같습니다. 무저갱이 열린 것 같습니다. 초기 기독교의 흔적이 많이 남아있는 그 땅에서 벌어지는 일을 보며, 다시금 '인간이란 무엇인가?'를 묻지 않을 수 없습니다. 아니, 나치의 학살에서 살아남아 평생을 그 잔학한 시대에 대한 증언자로 살았던 프리모 레비의 말대로 '이것이 인간인가?'라고 묻지 않을 수 없습니다.

정보통신 기술의 발전으로 말미암아 지식의 총량은 기하급수적으로 증가하고 있지만 사람다운 삶에 대한 의식은 오히려 퇴보하고 있는 것 같습니다. 기독교인들이 정신을 똑바로 차려야 할 까닭이 여기에 있습니다. 우리는 지금 세상을 휩쓸고 있는 탐욕과 광기에 맞서 새로운 삶이 가능하다는 사실을 삶으로 증언하도록 부름 받고 있습니다. 그것은 시대정신에 맞서는 일이기도 합니다. 지금 세상의 권세자들은 우리 속에 끊임없는 불만족을 만들어냄으로써 우리를 지배하려 합니다. 그들은 인간이 영적 존재라는 사실을 은연중에 부인하고 있습니다. 이런 상황에서 성도는 세상이 만들어 놓은 프레임 속에서 사고하는 이들이 아니라, 성경을 통해 우리에게 계시된 하나님의 뜻 안에서 생각하는 이들입니다.

세상 질서에 동화되기를 거부하기란 쉬운 일이 아닙니다. 하지만 좁은 문을 통하지 않고는 영생에 이를 수 없다고 하지 않습니까? 바울은 일찍이 "우리의 싸움은 인간을 적대자로 상대하는 것이 아니라, 통치자들과 권세자들과 이 어두운 세계의 지배자들과 하늘에 있는 악한 영들을 상대로 하는 것"(에베소서 6:12)이라고 말했습니다. 어두운 세계의 지배자들의 전략이 뭔지 아십니까? 그들은 우리에게서 공동체를 빼앗아갑니다. 함께 나누고 돌보고 섬기는 이들은 악한 영의 주술에 넘어가지 않기 때문입니다. 누군가의 사랑과 관심을 느끼는 사람, 그리고 기꺼이 누군가를 돌보려고 하는 사람의 내면에는 누구도 빼앗아갈 수 없는 든든함이 찾아듭니다.

교회의 근본

현대인들은 어떤 의미에서는 '돈'이라는 바벨론에서 포로생활을 하고 있는지도 모르겠습니다. 바벨론 포로생활에 이미 익숙해진 사람들, 자포자기한 사람들에게 제2이사야는 아름다운 소식을 전합니다. 그것은 백성들이 기대하는 것이 아닐지도 모릅니다. 그 소식은 두 마디로 요약할 수 있습니다.

"여기에 너희의 하나님이 계신다"(이사야 40:9).
"너의 하나님께서 통치하신다"(이사야 52:7).

아름다운 소식이란 무엇입니까? 바벨론이 세계를 지배하는 것처럼 보이지만 그렇지 않다는 것입니다. 바벨론이 제 아무리 막강하게 보여도 세우기도 하고 허물기도 하시는 하나님의 손아귀를 벗어날 수 없다는 것입니다. 돈이 지배하는 세상은 일견 든든해 보일지 모르지만 사실은 모래 위에 세운 집과 다를 바가 없습니다. 여러분은 지금 "여기에 너희의 하나님이 계신다", "너의 하나님께서 통치하신다"는 말씀에 귀를 기울이며 사십니까? 오늘의 교회가 무기력증에 빠진 것은 바벨론에 동화되었기 때문입니다. 교회의 교회됨은 결국 하나님의 몸이 되는 데 있습니다.

아주 오래 전입니다만 저는 오승윤 화백의 전시회를 보며 깊은 감명을 받은 적이 있습니다. 한국의 오방색(동서남북 그리고 중앙을 뜻하는 청백적흑황색)을 가장 잘 활용한 화가로 알려진 그는 한국 인상주의 회화의 대가인 오지호 화백의 아들입니다. 그 전시회에 걸린 그림은 모두 '산 그림'이었는데, 화가가 100개의 산에 오르며 그린 그림이었습니다. 그림을 보면서 제가 좀 놀란 것이 있습니다. 초기의 그림은 봄·여름·가을·겨울에 따라 변화하는 산 빛과 형태를 그렸습니다. 그런데 후기로 갈수록 화가는 산의 외부가 아니라 내부의 골격을 그렸습니다. 어쩌면 그는 계절이 변해도 변하지 않는 어떤 핵심을 그리고 싶었던 것인지도 모르겠습니다.

그의 그림에 빗대 말하자면 교회도 겉으로 드러난 모습을 완전히 무시할 수는 없지만, 그것을 판단의 유일한 기준으로 삼으면 안 됩니다. 중요한 것은 세월이 가도 상황이 바뀌어도 흔들리지 않는 '본질을 붙들고 있는가'입니다. 그렇다면 교회는 살아있는 것이고, 그렇지 않다면 죽어가는 것입니다. 말할 필요도 없지만 교회의 중심은 삼위일체 하나님이십니다. 그 하나님에 대한 사랑과 경외심, 예수 그리스도의 몸이 되어 살려는 결의, 성령의 인도하심을 따르려는 열린 태도야말로 교회가 한순간도 놓치지 말아야 할 핵심입니다.

교회는 중심이신 삼위일체 하나님과 연결되어 있을 때 비로소 교회라 할 수 있습니다. 노자는 서른 개의 바퀴살이 바퀴통 하나에 모이되 바로 거기가 비어 있어서 수레를 쓸 수 있다(11장)고 했습니다. 서른 개가 하나의 중심에 모인다는 것이 우선이지만, 그러기 위해서는 먼저 그곳이 비어 있어야 한다는 것입니다. 그리스도의 이름을 부르기는 하지만 각각 자기로 가득 차 있다면 교회라는 수레는 구를 수 없습니다. 그리스도를 믿는다는 것은 주님께 우리 자신을 온전히 맡기는 것입니다. 예수님이 당신을 따르겠다는 이들에게 요구하신 것은 다름 아닌 '자기 부인'이었습니다. 자기를 부인하지 않는 한 하나님의 뜻으로 채워질 수 없기 때문입니다. 우리 마음이 빈 데 없이 내 이익, 내 견해, 내 계획으로 꽉 차 있으면 하나님의 뜻이 개입할 여지가 없어지고, 이웃과의 평화도 불가능한 법입니다.

성막 짓기

일전에도 말씀드린 바가 있지만 저는 출애굽 공동체가 함께 지었던 성막이야말로 아름다운 교회의 모델이라고 생각합니다. 하나님은 히브리인들을 압제의 땅인 애굽에서 이끌어내셨고, 시내산에서 그 백성과 언약을 맺으셨습니다. 당신의 법을 일방적으로 부과한 것이 아니라 백성들의 동의를 구하셨습니다. 하나님은 그들과 언약을 맺으면서 '제사장 나라', '거룩한 백성'이 되라고 말씀하셨습니다. 그 백성의 정체성은 핏줄이나 지역에 뿌리를 둔 과거의 기억이 아니라, 함께 이루어가야 할 미래의 비전에 있었던 것입니다.

비전이라는 말은 우리의 가슴을 뛰게 합니다. 비전은 미래의 청사진입니다. 지향해야 할 비전이 없다면 삶은 무기력하거나 권태로울 것입니다. 문제는 비전은 아름답지만 그것을 이루어가는 과정은 만만치 않다는 사실입니다. 역사가 아주 조금 진보하기까지는 수많은 사람들의 눈물과 헌신과 희생이 있었음을 우리는 압니다. 세상에서 누릴 것을 다 누리고 사는 사람들은 끈질기게 요구하지 않는 한 자기들의 기득권을 조금도 내놓지 않습니다. 비전은 현실의 장벽에 가로막혀 퇴색되기 일쑤입니다. 그렇기에 자꾸만 새롭게 상기될 필요가 있습니다.

하나님은 자기 백성들이 비전을 잃지 않도록 하기 위해 그들과 지속적으로 만나시기로 작정하셨습니다. 그래서 모세를 통해 성막을 만들라고 지시하셨습니다. 성막은 하나님이 그들 가운데 현존하고 계심을 보여주는 상징물이었습니다. 그것은 그들이 억압과 착취와 비인간화의 땅인 애굽을 떠나 자유와 평화와 사랑이 넘치는 새로운 세상을 향하고 있음을 일깨우는 상징물이기도 했습니다. 그것은 그들이 바로의 이야기가 아니라 하나님의 이야기에 동참하는 백성임을 일깨우는 것이었습니다.

출애굽 공동체는 아주 기꺼운 마음으로 성막을 만드는 데 필요한 자재를 헌납했습니다. 강요 때문에 마지못해 한 것이 아니었습니다. 그들은 자기 의지로 창조적인 일에 동참한 것입니다. 성경은 그들이 봉헌한 헌물이 너무 많아서 '이제는 그만 가져오라'고 부탁해야 할 정도였다고 말합니다. 자기 것을 내주면서도 기쁠 수 있었던 것은 그들에게 자유인의 긍지가 있었기 때문입니다. 그들은 물건만 봉헌한 것이 아니라, 자기들의 시간과 재능까지도 바쳤습니다.

몇 해 전 여수에 신앙집회를 인도하러 간 적이 있습니다. 목사님의 안내를 받아 교회를 둘러보며 참 놀랐습니다. 매우 아름다웠기 때문입니다. 그런데 더 놀랐던 것은 그 교회를 짓는 데 온 교인들이 몸으로 동참했다는 사실이었습니다. 남편들이 일 나가고 아이들도 학교에 가고 나면 아내들은 도시락을 싸들고 교회에 와서 온갖 허드렛일을 다 했습니다. 저녁이 되면 퇴근한 남성 교우들이 찾아와 늦도록 함께 일을 했다고 합니다. 요즘도 이런 교회가 있나 싶었습니다. 그 땀 흘림의 과정을 통해 교인들은 하나가 되었고, 주님의 은혜를 더 깊이 체험하게 되었다고 합니다.

기술, 하나님의 선물

성막을 짓는 데 있어서 아주 중요한 역할을 했던 사람은 브살렐과 오홀리압입니다. 그들은 요즘으로 말하자면 아주 솜씨 좋은 장인匠人들입니다. 어쩌면 출애굽 이전에도 비슷한 일을 하던 사람인지도 모르겠습니다. 하지만 성서 기자는 그들의 그 숙련된 솜씨를 하나님이 주신 은사라고 말합니다. 하나님은 브살렐을 지명하여 부르신 후 "그에게 하나님의 영을 가득하게 하시고, 지혜와 총명과 지식과 온갖 기술을 갖추게 하셨습니다"(31절). 그는 아이디어가 넘치는 사람이었을 뿐만 아니라, 머릿속 생각을 작품으로 만드는 일에도 천부적인 재능을 보였습니다.

오홀리압에게도 동일한 은사를 주셨는데, 특히 그에게는 '남을 가르치는 능력도 주셨다'고 합니다. 그는 재능 있는 사람들을 선발하여 성막과 기물을 만드는 데 필요한 기술을 전수해 주는 역할을 맡았던 것으로 보입니다. 창조적인 일에 자발적으로 동참하면서 그들은 이전의 노동에서는 맛볼 수 없었던 기쁨과 감사를 경험했을 것입니다.

여기서 우리가 잠깐 주목해야 할 것이 있습니다. 성경은 브살렐과 오홀리압의 재능이 하나님의 영의 충만함에서 나온 것이라고 여러 차례 말한다는 사실입니다. 여기서 잠깐 그리스적 사고와 히브리적 사고가 어떻게 다른지에 대해 생각해 보아야 하겠습니다. 그리스 사상을 이해하기 위해 아주 중요한 단어 가운데 하나는 아레테aret 입니다. 주로 인간의 탁월함을 가리키는 데 사용하는 말입니다. 이 단어는 따라서 삶의 모든 분야에서 적용됩니다. 건강의 아레테, 아름다움의 아레테, 운동 능력의 아레테, 기술의 아레테를 성취하는 것이 그리스인들의 이상이었습니다. 기술 혹은 예술을 뜻하는 테크네techn 라는 단어도 매우 중요한 데, 이 단어는 신의 활동에 대비되는 인간의 활동을 뜻하는 말입니다. 테크네를 가진 사람은 인간적 자부심을 가질 만합니다. 그는 빼어난 존재이기 때문입니다.

그런데 히브리인들은 아레테 혹은 테크네가 인간의 탁월함에 기인한 것이 아니라 하나님의 선물이라고 말하고 있습니다. 이 두 입장은 어떤 차이가 있는 것일까요? 그것이 인간 자신에게서 유래한 탁월함이라면 그렇지 못한 이들보다 우월감을 가져도 좋을 것입니다. 하지만 그것이 하나님에게서 온 것이라면 하나님의 뜻에 맞게 사용해야 합니다. 바울 사도도 성령께서 주시는 은사의 다양성을 설명하면서, 하나님께서 각자에게 은사를 주신 까닭은 공동체를 세우는 일에 쓰라는 것이라고 말했습니다(고전12:7). 그는 은사를 자랑하는 성도들에게 "아무도 자기의 유익을 추구하지 말고, 남의 유익을 추구하십시오"(고린도전서 10:24)라고 단호하게 요구합니다.

요즘 들어 많은 사람들이 재능 기부에 동참하고 있습니다. 자기에게 주어진 재능을 다른 이들의 유익을 위해 활용하려는 이들이 늘고 있는 것입니다. 어쩌면 교회가 마땅히 해야 할 일이 아닌가 싶습니다. 저는 이제부터 교인들이 자신의 재능을 우리 신앙공동체는 물론이고 사회의 성숙을 위해 사용할 수 있는 길을 만들기 위해 노력하겠습니다. 브살렐 오홀리압의 경우가 그러하듯이 오늘 우리가 다소라도 잘 하는 것이 있다면 그것은 하나님께서 주신 선물이기 때문입니다. 우리가 그렇게 나누고 섬기는 일에 열중하다 보면 '돈'의 지배력은 약화될 것입니다. 하나님의 통치가 시작되고 있기 때문입니다.

교회는 돈이 주인 노릇하는 세상에 중독되었던 이들이 깨어나는 곳이 되어야 합니다. 새로운 세상이 가능하다는 사실을 자각할 뿐만 아니라, 그런 세상을 이루기 위해 기쁘게 헌신하는 이들이 나오는 곳이 되어야 합니다. 자기만을 위해 살 때 삶의 외로움은 극복되지 않습니다. 이웃을 위해 자기를 바치며 살 때 외로움과 두려움은 가뭇없이 사라집니다. 주님은 우리를 이 아름다운 사귐에로 부르고 계십니다. 이 한 주간 동안 살아가면서 일상의 모든 순간에 주님이 요구하시는 바를 기쁘게 수행하십시오.

세상 도처에서 평화의 일꾼들이 일하고 있습니다. 땀 흘려 씨를 뿌리고, 목숨을 바치기도 합니다. 십자가의 길은 언제나 어리석어 보이지만 그 길을 거치지 않고는 부활의 기쁨에 동참할 수 없습니다. 더디더라도 주님이 기뻐하시는 길을 따라 한 걸음씩 내딛는 우리가 되기를 기원합니다.

금 송 아 지 사 건 1

출애굽기 32:1-14

우상 없이 기다리라(32:1-6)

시내산에 올라간 모세는 무려 사십일을 그곳에 머물렀고 마침
내 하나님은 그에게 친히 쓰신 돌판 곧 증거판을 주셨다. 이제
언약을 맺을 모든 준비가 끝났다. 하지만 32장은 시내산 발치
에서 벌어진 참담한 사건을 기록하고 있다. 모세가 시내산에
머무는 기간이 길어지자 백성들은 불안에 사로잡혀 아론을 찾
아온다. 그들은 "우리를 인도할 신"을 만들어 달라고 요구한
다. 그들의 요구를 하나님에 대한 배신으로 간주할 까닭은 없
다. 불안감에 사로잡힌 이들은 가시적인 어떤 대상에 집착하는
경향이 있다. 어둑한 산길에서는 어린아이 하나만 곁에 있어도
마음이 적이 안정되는 법이다.

　백성들의 마음이 불안에 흔들리고 있다. 바로 이런 때 지도
자의 역할이 중요하다. 아론이 야훼 하나님에 대한 분명한 인

식을 가지고 있었다면, 단호하고도 확고한 태도로 백성들의 어리석음을 꾸짖었을 것이다. 하지만 아론의 마음 또한 흔들렸던 것 같다. 마치 기다렸다는 듯이 그는 금붙이를 모아 오라고 지시한 후에 그것으로 금송아지를 만들었다. '만들다'라는 단어가 중요하다. 회막과 거기 딸린 기물들은 철저히 하나님의 지시에 따라 만들어야 했다. 하지만 백성들은 자의적으로 신상을 만들었다. 금송아지를 보며 그들은 "이스라엘아 이는 너희를 애굽 땅에서 인도하여 낸 너희 신이로다"(32:4) 하고 외쳤다. 인간이 바야흐로 신의 창조자가 된 것이다. 인간에 의해 창조된 신은 인간의 뜻을 거스를 수 없는 법이다. 그런 신은 인간의 욕망에 종속된 존재이기 때문이다. 하나님을 믿는다고 말하면서도 자기가 만든 신을 섬기는 이들이 얼마나 많은가.

그들이 신의 모습으로 선택한 것이 왜 하필이면 송아지였을까? 이 물음에 답하려면 고대인들이 황소에 대해 갖고 있었던 각별한 마음을 알아야 한다. 애굽 사람들은 자기들이 섬기던 신들인 아피스나 므네비스를 황소로 형상화했다. 메소포타미아 문명권에서도 황소 숭배가 일반화되어 있었다. 황소는 힘과 활력 그리고 풍요를 상징하는 동물이다. 황소는 그러니까 출애굽 공동체에도 매우 익숙한 신의 모습이었던 셈이다. 물론 아론은 자기들이 만든 금송아지가 하나님의 형상에 지나지 않는다는 사실을 잘 알고 있었지만, 백성들은 그것을 신과 동일시했다. 우매한 종교는 이렇게 탄생하는 것이다. 신학자인 가브리엘 바하니안은 '우상 없이 기다리는 것'이 진정한 신앙이라고 말했다.

그런데 성서 기자는 그들이 만든 것이 '황소'가 아니라 '송아지'라고 말한다. 사실 '송아지'를 뜻하는 히브리어 단어에는 이중적인 의미가 담겨 있다. 활력이 있다는 것이 기본적인 의미이지만, '애송이' 혹은 '저속한 정열'이라는 경멸적 의미도 내포하고 있다. 송아지 앞에서 치른 백성들의 제의와 축제를 보면 그 숨겨진 뜻이 드러난다. 아론이 단을 쌓은 다음날을 '여호와의 절기'로 선포하자, 백성들은 송아지 상 앞에 모여 번제와 화목제를 바친 후 앉아서 먹고 마시며, 일어나서 뛰놀았다. '먹고 마시다', '뛰어놀다'라는 단어는 잔치의 흥겨움을 묘사하기 위한 것이라기보다는 그들의 방종한 모습을 드러내기 위해 선택된 의도적 표현이다. 이 이야기를 전하는 이가 주신제(酒神祭)를 염두에 두고 있었음이 분명하다. 주신제는 성적인 방종을 내포한다.

하나님 앞에 서다(32:7-14)

산 아래에서 이런 일이 벌어지는 것을 보시고는 하나님께서 모세를 내려보내신다. "너는 내려가라. 네가 애굽 땅에서 인도하여 낸 네 백성이 부패하였도다"(7절). 매정한 표현이다. 하나님은 마치 출애굽의 주체가 모세인 것처럼 말씀하고 계신다. 믿음 없는 백성에 대한 염오(厭惡)의 감정이 그렇게 노출된 것이 아닐까? 하나님은 우상 없이 기다리지 못한 백성을 일러 '목이 곧은 백성'이라 하신다. '목이 곧다'는 평가가 적절한 것일까? 목이 곧다는 것이 교만함을 의미하는 것으로 본다면 이 말은 적절하지 않은 것 같다. 하지만 이것을 하나님에 대한 신뢰의 실패로 본다면 이야기는 달라진다. 목이 곧은 것은 자아로 가득 차 있는 상태다. 그들은 자기 이외의 것은 신뢰하지 않는다. 하나님은 이런 이들을 좋아하지 않으신다.

　하나님은 그 백성을 진멸한 후에 모세로 하여금 큰 나라를 이루게 하겠다고 말씀하신다(10절). 모세와 그 백성을 짐짓 분리하고 계신 것처럼 보인다. 하지만 모세는 그런 분리를 단호하게 거절한다. 그도 백성들의 행태를 용납할 수 없었지만 차마 그들을 버릴 수는 없었다. 그래서 그는 하나님께 뜻을 돌이켜 달라고 청한다. 그는 두 가지 논거를 가지고 하나님께 엎드린다. 첫째, 하나님의 명예가 손상된다는 것이다. 애굽에서 이끌어낸 백성을 버린다면 세상 사람들은 그것을 하나님의 무능 혹은 실패의 증거로 받아들일 것이라는 것이다. 둘째, 이스라엘의 조상들에게 주셨던 땅과 자손에 대한 약속을 파기하지 말아달라는 것이다. 하나님은 뜻을 돌이키시어 모세의 청을 받아들이신다. 모세는 하나님의 뜻을 말없이 따르는 사람이 아니라, 백성들을 지키기 위해 위험을 무릅쓰고 하나님의 뜻에 도전하는 사람이다. 지도자란 이렇게 백성들의 약함까지도 자기 어깨로 버텨내는 사람이어야 한다.

금 송 아 지 사 건 2

출애굽기 32:15-35

분노하는 모세(32:15-20)

모세는 하나님께서 손수 만들어주신 증거 판을 들고 산에서
내려왔다. 출애굽기 기자는 그 판은 하나님이 만드신 것이고
글자 또한 하나님이 손수 새기신 것이라고 몇 번씩 명토박아
말한다. 그것은 율법이 인간의 고안물이 아니라 하나님께로부
터 주어진 것이니 신성하게 여겨야 한다는 뜻을 내포하고 있
다. 산 중턱에서 모세를 영접한 여호수아는 산 아래에서 들려
오는 소란스런 소리에 당혹감을 느낀다. 그는 그 소리를 전투
가 벌어진 증거로 여겼던 것이다. 하지만 이미 그 소리의 내력
을 잘 알고 있는 모세는 진을 향해 곧장 나아간다. 금송아지
를 가운데 두고 춤을 추는 백성들의 모습이 보이자 모세는 신
적 분노에 사로잡혔다. 그는 증거 판을 산 아래로 던져서 깨뜨
리고 만다. 그것은 거룩한 분노를 나타내는 동시에 하나님과의

계약이 파기되었음을 알리는 행동이었다. 하나님 앞에서 그 백성들을 위해 중보 하던 모세의 모습과는 판이하다.

모세는 금송아지를 불에 태워 가루로 만든 후 그것을 물에 타 백성들로 하여금 마시게 한다. 이 이상한 행동은 백성들의 불신에 대한 처벌이라기보다는 중층적인 상징 행동으로 보아야 할 것이다. 첫째, 금송아지의 흔적 지우기다. 그런다고 해서 금송아지에 대한 기억조차 사라지지는 않겠지만 우상을 만드는 행위에 대한 모세의 단호한 입장은 넉넉히 드러났을 것이다. 둘째, 우상의 무력함을 드러내는 것이다. 불에 녹고, 가루가 되고, 사람들에게 삼켜지는 우상이 누구를 도울 수 있다는 말인가? 셋째, 백성들이 그 참담한 기억을 몸에 새기는 행위이다. 과거에 글을 겨루던 선비들은 자기 차례가 되어도 글을 짓지 못하는 이들에게 먹물을 마시게 했다. 먹통이라는 말은 여기서 유래한 것이다. 먹물을 마신 사람은 그날의 치욕을 기억하며 절치부심했을 것이다. 마찬가지로 가루가 된 우상을 물에 타 마신 이들은 평생 그날의 부끄러움을 잊을 수 없었을 것이다.

변명과 형벌(21-29절)

우상을 없애기는 했지만 그것으로 모든 문제가 해결된 것은 아니다. 백성들을 미혹된 길로 인도한 사람에 대해 책임을 묻지 않을 수 없다. 결국 책임은 지도자에게 있다. 권한의 위임은 책임을 내포하기 때문이다. 모세는 형 아론을 준엄하게 문책한다. 아론의 변명은 구차하기 이를 데 없다. "이 백성의 악함을 당신이 아나이다." 선악과를 따먹은 책임을 하와에게 돌렸던 아담의 판박이다. "그들이 그것을 내게 가져왔기로 내가 불에 던졌더니 이 송아지가 나왔나이다"(24절). 변명이 길어질수록 더욱 누추해진다.

"모세가 본즉 백성이 방자하니 이는 아론이 그들을 방자하게 하여 원수에게 조롱거리가 되게 하였음이라"(25절). 모세는 백성들이 뭔가에 사로잡힌 것처럼 방자하게 된 책임이 아론에게 있다는 사실을 깨닫는다. 하지만 입참마속立斬馬謖을 단행하지는 못한다. 차마 자기와 동고동락해온 친형을 단죄할 수는 없었기 때문일 것이다. 그는 하나님께 충성하려는 이들을 부른다. 오직 레위 자손만 그의 앞으로 나왔다. 다른 이들은 마치 술객의 피리소리에도 귀를 막은 독사들처럼 반응을 보이지 않는다. 모세는 레위 사람들에게 형제와 친구들과 이웃들을 도륙하라 명하고 그들은 그 명령을 주저 없이 수행한다. 오늘의 관점에서는 도저히 납득하기 어려운 요구이다. 하지만 이것은 고대 세계에서 카리스마적 지도자가 질서를 수립하기 위해 택했던 '기원적 폭력'(르네 지라르)이라는 관점에서 살펴볼 수 있다. 우상숭배를 통해 혼란에 빠졌던 한 공동체는 기원적 폭력을 통해 정화된다는 고대세계의 사고가 이 이야기 속에 반영되어 있다.

"모세가 이르되 각 사람이 자기의 아들과 자기의 형제를 쳤으니
오늘 여호와께 헌신하게 되었느니라 그가 오늘 너희에게 복을
내리시리라"(29절).

'여호와께 헌신하게 되었다'는 말은 레위 지파가 제사장직
을 수행하게 된다는 사실을 암시한다. 제사장은 이처럼 폭력을
다루는 이들이다. 제물을 바치는 행위는 일종의 제의화된 폭력
이다. 그런 폭력을 통해 사회를 위협하는 폭력을 제거하는 것
이 제사장들의 일이다.

모세의 간청(30-35절)

모세는 이튿날 다시 하나님 앞에 나아가 백성들을 대신하여
참회하며 중보한다.

"그러나 이제 그들의 죄를 사하시옵소서 그렇지 아니하시오면
원하건대 주께서 기록하신 책에서 내 이름을 지워 버려 주옵소
서"(32절).

모세는 백성들의 죄에 대한 책임이 자기에게 있다고 생각한
다. 모세가 꼭 이렇게 해야 할 의무는 없다. 그는 백성들과 자
기를 구분할 수도 있었다. 하지만 모세는 자기와 백성들을 동
일시할 뿐 아니라 그들과 운명을 같이하겠다고 말한다. 그런

의미에서 그는 책임적 주체이다. 누군가가 강제하기 때문이 아니라 그렇게 하지 않을 수 없는 내적 동기에 따라 움직이고 있기 때문이다.

하나님은 다른 이들의 책임까지 수납하려는 모세의 청을 거절한다. 그러면서도 그 백성들을 포기하지는 않으신다. 그들이 마땅히 받아야 할 벌을 유보하시면서 모세에게 그들을 약속의 땅으로 인도하라 명하신다. 34절에 나오는 '내가 보응할 날'을 북왕국 이스라엘의 멸망을 가리키는 것이라고 보는 학자들도 있다. 이스라엘 백성들이 그러하듯이 우리 또한 유예된 시간을 살고 있는지도 모른다. 유예된 시간은 돌이킬 수 있는 기회이다.

함께 하시는 하나님

출애굽기 33장

장신구를 떼다(1-6절)

33장 첫머리에 하나님이 모세에게 이르신 것은 두 가지다. 첫
째, '백성들을 이끌고 약속의 땅으로 가라.' 이 명령은 당신의
사자들을 앞서 보내 길을 예비하게 하겠다는 말씀과 잇대어
있다. 둘째, '나는 너희와 동행하지 않겠다.' 목이 곧은 백성들
인지라 길 위에서 그들을 진멸할까 염려되기 때문이라는 것이
다. 돕기는 하겠지만 그들과 깊이 연루되는 일은 피하고 싶다
는 말씀에 백성들은 깊은 슬픔을 느낀다. 슬픔은 자칫하면 부
정적 감정이 되기 쉽지만, 슬픔은 우리 속에 깃든 무정함을 녹
이는 용매가 되기도 하고, 비본래적인 것에서 돌이켜 본래적
인 것을 향하도록 하는 전환점이 되기도 한다. 슬픔을 느낀 백
성들은 한 사람도 자기의 몸을 단장하지 않았다(4절). 하나님은
백성들의 몸에서 '장신구를 떼어내라'(5절) 이르신다. 장신구는

자기 강화 혹은 확장의 욕망이 외화된 것이 아닐까? 장신구를 떼어내라 하신 하나님의 명령은 자기를 부정하지 않으면 나를 따를 수 없다 하셨던 예수님의 말씀과 통한다. 버려야 할 것을 버릴 때 삶이 맑아진다. 장신구를 떼어낸다는 것은 옛 삶과의 단절을 상징하는 것이다.

거룩함 앞에 서다(7-11절)

7절부터 11절은 이야기의 흐름을 단절시킨다. 하지만 그것은 외적인 단절일 뿐 내적인 단절은 아니다. 여기서 다뤄지고 있는 회막 이야기는 중보자인 모세의 권위를 설명하기 위한 것으로 보아야 한다. 모세는 진 밖에 장막을 치고 그것을 회막이라 이른다. 이것은 제사를 위해 구별된 성막과는 몇 가지 차이를 보인다. 우선 진 한복판이 아니라 진 바깥에 친다는 점이 그렇고, 회막을 돌보는 것도 레위인들이 아니라 여호수아라는 점이 그렇다. 그곳은 말 그대로 하나님과의 만남의 장소다. 백성들은 모세가 회막에 들어갈 때면 각자 자기 장막 문에 서서 바라보았다. 하나님의 현존의 상징인 구름기둥이 회막에 임하면 백성들은 자기 장막 문에 서서 예배를 올렸다. 금송아지 앞에서 먹고 마시며 춤추던 모습과는 사뭇 대조적이다.

본문은 하나님의 현존 앞으로 나아갈 수 있는 것은 모세뿐이었다고 말한다. 사실 모세도 아무 때나 하나님을 만날 수는 없었다. 하나님이 부르실 때라야 그 앞에 설 수 있었다. 거룩함은 인간이 임의로 다룰 수 없는 것이다. 하지만 하나님은 마치 사람이 자기 친구와 이야기함 같이 모세와 대면하여 말씀하셨다(11절). 얼굴을 마주본다는 것은 깊은 친밀함을 일컫는 말이다. 죄가 '마주 봄'의 관계를 파괴하면 '등 돌림'이 시작된다. 죄는 소외시키는 힘이기 때문이다. 그런데 하나님과 모세의 친밀한 관계를 나타내는 이 구절은 동시에 모세의 중보기도가 응답될 것임을 암시하고 있다. 7절부터 11절까지의 이야기가 괜히 끼어든 것이 아님을 알 수 있다.

간청과 응답(12-23절)

모세는 주님의 계획을 가르쳐달라고 간청한다. 우리는 소돔을 향해 가시던 여호와께서 "내가 하려는 것을 아브라함에게 숨기겠느냐"(창세기 18:17) 자문하셨던 것을 기억한다. 하나님의 사람이란 하나님의 비밀을 나눈 사람이다. 모세는 과감하게 자기 청을 아뢴다.

> "내가 참으로 주의 목전에 은총을 입었사오면 원하건대 주의 길을 내게 보이사 내게 주를 알리시고 나로 주의 목전에 은총을 입게 하시며 이 족속을 주의 백성으로 여기소서"(13절).

구문이 복잡한 듯 보여도 내용은 두 가지다. 주님의 뜻을 알려달라는 것과 출애굽 공동체를 주의 백성으로 여겨달라는 것이다. 모세는 하나님께서 '이 백성', '고집이 센 백성'이라는 말로 거리를 두던 이들을 일러 '주의 백성'이라고 분명하게 말하고 있다. 같은 대상이라도 어떤 이름을 붙이느냐에 따라 관계의 양태는 사뭇 달라진다. 14절과 15절에 나오는 모세와 하나님의 대화도 흥미롭다. 하나님은 모세와 동행할 것을 약속하면서 '너'를 편케 하겠다 하신다. 하지만 모세는 하나님께서 '우리'와 함께 하지 않으시면 길을 떠날 수 없다고 단호하게 말한다. '주님이 함께 하심'이야말로 주님의 백성으로서의 징표가 아니냐는 것이다.

모세는 은총을 약속하신 주님께 하나님의 영광(kabod)을 보여 달라고 청한다. 이것은 일종의 표징 요구이다. 표징을 요구한다는 것은 마음 한 구석에 미심쩍음이 있다는 이야기다. 하나님은 모세의 불신을 꾸짖지 않으시고 그의 요구를 받아들이신다. 하지만 '보여 달라'는 모세의 요구는 절반만 응답된다. 모세는 하나님이 어떤 분이신지에 대한 선포를 먼저 들어야 했다. 거룩하신 하나님은 "은혜 베풀 자에게 은혜를 베풀고 긍휼히 여길 자에게 긍휼을 베푸시는 분"(19절)이다. 여기서 주목해야 할 것은 '거룩함'이 '긍휼히 여김'과 긴밀히 연결되어 있다는 사실이다. 긍휼히 여기는 마음이 없는 거룩은 형용모순일 뿐이다.

하나님에 대한 이런 인식을 가진 후에라야 하나님을 보는 일이 의미를 갖는다. 하나님은 모세를 바위 틈에 집어넣으시고 당신이 다 지나가실 때까지 그의 눈을 손바닥으로 가렸다가 손바닥을 거두실 것이라고 말한다. 모세가 볼 수 있는 것은 오직 하나님의 등뿐이다. 이 말은 하나님이 인간의 지각으로 파악불가능한 분이라는 사실을 암시한다. 우리는 모두 부분적으로만 하나님을 알 뿐이다.

message 15

어깨동무 교회

모세는, 브살렐과 오홀리압과, 주님께서 그 마음에 지혜를 더하여 주신 기술이 있는 모든 사람, 곧 타고난 재주가 있어서 기꺼이 그 일을 하고자 하는 모든 사람을 불러모았다. 그들은 이스라엘 자손이 성소의 제사에 필요한 것을 만드는 데 쓰라고 가져온 모든 예물을 모세에게서 받았다. 그런 다음에도 사람들은 아침마다 계속 자원하여 예물을 가져 왔다. 그래서 성소에서 일을 하는 기술 있는 모든 사람이, 하던 일을 멈추고 모세에게로 와서, 이르기를 "백성들이, 주님께서 명하신 일을 하는 데에 쓰고도 남을 만큼 많은 것을 가져 오고 있습니다" 하였다. 그래서 모세는 진중에 명령을 내려서 '남자든 여자든, 성소에서 쓸 물품을 더는 헌납하지 말라'고 알리니, 백성들이 더 이상 바치지 않았다. 그러나 물품은 그 모든 일을 하기에 넉넉할 뿐 아니라, 오히려 남을 만큼 있었다(출애굽기 36:2-7).

교회 점검표

오늘은 청파교회 설립 102주년이 되는 주일입니다. 곡절 많은 역사의 한복판을 굽이굽이 흐르며, 때로는 모래톱도 만들고, 때로는 급류처럼 일렁이기도 하면서 우리는 오늘의 자리에 이르렀습니다. 교회의 역사 속에는 많은 성도들의 이야기가 스며들어 있습니다. 그 이야기는 기쁨과 슬픔, 낙담과 희망, 갈등과 화해의 순간들이 만들어내는 삶의 무늬였습니다. 주중에 화장실 공사를 하는 인부가 벽돌을 쌓아올리는 모습을 유심히 살펴보았습니다. 한 켜 한 켜 쌓을 때마다 수평과 수직의 균형을 잡기 위해 세심하게 마음을 쓰고 있었습니다. 아무리 사소해 보여도 우리가 누리는 모든 것들은 누군가의 정성어린 손길에 의해 그곳에 있음을 절감했습니다. 건물로서의 교회당은 30년 째 이곳에 서있지만, 그리스도의 몸으로서의 교회는 지금도 여전히 건축 중입니다. 에베소서는 교회의 신비를 이렇게 말합니다.

"여러분은 사도들과 예언자들이 놓은 기초 위에 세워진 건물이며, 그리스도 예수가 그 모퉁잇돌이 되십니다. 그리스도 안에서 건물 전체가 서로 연결되어서, 주님 안에서 자라서 성전이 됩니다. 그리스도 안에서 여러분도 함께 세워져서 하나님이 성령으로 거하실 처소가 됩니다"(에베소서 2:20-22).

과연 우리는 하나님이 성령으로 거하실 처소입니까? 오늘 우리 공동체에, 그리고 우리가 맺고 있는 관계 속에 하나님이 마음 편히 거하실 수 있습니까? 우리는 이 질문 앞에 서있습니다. 누구도 '그렇다'고 자신 있게 대답할 수 없습니다. 하지만 지향은 분명해야 합니다. 많은 이들에게 깊은 영감을 주고 있는 작가 필립 얀시는 살아있는 교회의 표징을 세 가지로 제시합니다.

첫째는 다양성(diversity)입니다. 오순절 날 마가의 다락방에 임한 성령의 역사는 사람들 사이를 가르고 있던 분리의 장벽을 무너뜨렸습니다. 남자냐 여자냐, 유대인이냐 이방인이냐, 의로운 사람이냐 죄인이냐, 주인이냐 노예냐 하는 가름이 일거에 무너진 것입니다. 초대교회는 그래서 다양한 사람들이 함께 섞여 사는 밥상 공동체가 되었습니다. 가장 건강한 생태계는 다양성을 특징으로 합니다. 교회는 모든 연령과 계층의 사람들이 함께 모여 예배를 드리고 친밀한 사랑을 나눌 때 그리스도의 몸으로 든든히 서 가게 됩니다.

둘째는 일치(unity)입니다. 다양한 경험과 생각을 가진 이들이 모여서 서로 갈등하고 싸운다면 교회는 생명 공동체가 될 수 없습니다. 교회 일치의 중심은 그리스도이십니다. 예수님은 서로 원수 된 사람들을 "자기 안에서 하나의 새 사람으로 만들어서 평화를 이루"(에베소서 2:15)셨습니다. 우리의 자아가 예수 안에서 녹아질 때 우리는 평화의 새 사람이 될 수 있습니다.

셋째는 사명(mission)입니다. 사명은 예수님의 몸이 되는 것입니다. 예수님은 생명을 풍성하게 하는 것을 당신의 사명으로 삼고 사셨습니다. 생명이 넘치는 세상은 사랑과 이해와 돌봄이 있는 곳에서 열립니다. 자기에게 속하지 않은 이들의 유익을 위해 일하는 공동체야말로 예수의 교회라 할 수 있습니다.

성막 건설의 의미

어떻게 하면 이런 교회를 세워나갈 수 있을까요? 저는 출애굽 공동체가 세웠던 성막에서 그 대답을 찾아보고 싶습니다. 우리는 출애굽 공동체가 단일한 민족이 아니라, 애굽의 전제 정치 하에 시달리던 밑바닥 계층 사람들로 구성되었음을 압니다. 하나님은 그들의 신음소리를 '우리를 구하소서'라는 기도로 들으시고 모세를 보내 그들을 구원하게 하셨습니다. 노예들의 해방 요구를 받아들일 수 없었던 바로는 열 가지 재앙을 겪고서야 그들이 떠나는 것을 허용했습니다. 애굽 온 땅에 재앙이 내렸지만, 히브리들은 피해를 보지 않았습니다. 출애굽 공동체는 바다가 갈라지는 기적도 체험했습니다. 하늘에서 만나와 메추라기가 내리는 기적도 맛보았고, 바위에서 물이 솟아나는 기적도 목격했습니다. 그리고 마침내 시내산 앞에 이르렀을 때 하나님과 언약을 맺게 되었습니다.

"이제 너희가 정말로 나의 말을 듣고, 내가 세워 준 언약을 지키

면, 너희는 모든 민족 가운데서 나의 보물이 될 것이다. 온 세상
이 다 나의 것이다. 그러므로 너희는 내가 선택한 백성이 되고,
너희의 나라는 나를 섬기는 제사장 나라가 되고, 너희는 거룩한
민족이 될 것이다"(출애굽기 19:5-6).

하나님은 천덕꾸러기로 살아가던 노예들을 향해 '나의 보
물'이라 이르십니다. 그리고 그들을 '제사장 나라', '거룩한 민
족'이 되게 하겠다고 말씀하십니다. 물론 전제가 있습니다. 하
나님의 말씀을 경청하고, 언약을 지키는 것입니다. 이를 통해
그들은 하나의 '나라'가 되었습니다. 인종이나 피부색이나 살
아온 지역이 아니라 '신앙'에 바탕을 둔 새로운 나라 말입니다.
　하지만 영연방 유대교 최고 랍비인 조나선 색스는 새로운
관점을 제시하고 있습니다. 모래알과도 같았던 히브리들을 하
나의 언약 공동체로 탈바꿈시킨 것은 '성막 건설'이었다는 것
입니다. 그는 구성원들이 함께 창조적인 일에 동참할 때 비로
소 공동체가 세워진다고 말합니다.
　시내산에서 내려온 모세는 백성들에게 하나님이 백성 가운
데 머무실 성막을 지어야 한다고 말합니다. 성막은 백성들에게
하나님과 맺은 언약을 상기시키는 가시적 상징물이 될 것이었
습니다. 광야를 진군해 나가던 출애굽 공동체는 여러 가지 위
협에 직면하곤 했습니다. 앞날을 예측할 수 없는 불안감이 있
었지만, 그들은 구름 기둥과 불기둥으로 인도하시는 하나님을

391 /

믿었습니다. 그리고 숙영지를 세울 때마다 그 중앙에 성막을 세움으로써 하나님이 자기들과 함께 하신다는 사실을 확신할 수 있었습니다. 바퀴살 서른 개가 하나의 중심에 연결될 때 수레가 움직일 수 있는 것처럼, 출애굽 공동체는 중심이신 하나님과 연결될 때 비로소 설 수 있었던 것입니다.

기여에 경중은 없다

성막의 필요성은 모두가 인정하게 되었습니다. 모세는 백성들에게 각자의 소유 가운데서 주님께 바칠 예물을 가져오라고 말합니다. 성소를 세우는 데는 금, 은, 동, 청색 실, 자주색 실, 홍색 실, 가는 모시 실, 염소 털, 붉게 물들인 숫양 가죽, 돌고래 가죽, 아카시아 나무, 등잔용 기름, 향품, 홍옥수를 비롯한 각종 보석 등이 필요했습니다. 과연 이런 필요에 백성들이 응답했을까요? 그런데 정말 놀라운 일이 벌어졌습니다. 성경은 이것을 간결하게 보도합니다.

"마음이 감동되어 스스로 그렇게 하기를 원하는 사람은 모두 나서서 … 갖가지 예물을 주님께 가져 왔다"(35:21).

그들은 비상시를 대비해 여뤄두었던 것을 아낌없이 내놓았습니다. 자재 헌납을 보도하는 대목에서 성서 기자가 거듭해서 사용하고 있는 표현이 하나 있습니다. 그것은 '스스로 원하는 사람들', '스스로 바치고 싶어 하는 모든 남녀'라는 말입니다. 조금 개념적인 표현으로 바꿔 말하자면 백성들이 강요에 의해서 혹은 체면 때문이 아니라 자발적으로 동참했다는 말입니다. 그러한 자발성의 비밀은 '마음이 감동되어'라는 말 속에 있습니다. 하나님이 주시는 신적인 신명이 그들에게서 이기심의 껍질을 벗겨냈습니다. 사람은 보람을 먹고 삽니다. 뭔가 창조적인 일에 동참한다는 기쁨이 인색한 마음을 압도했습니다. 하나님의 일에는 강제가 없어야 합니다. 그런데 하나님의 백성이 된 감격 때문인지 백성들이 바친 물품은 하나님이 명하신 "모든 일을 하기에 넉넉할 뿐 아니라, 오히려 남을 만큼 있었다"(36:7)고 합니다. 기적입니다. 또한 브살렐과 오홀리압 같은 이들은 하나님이 주신 기술과 재주를 바쳤습니다.

교회의 양적 성장을 목표로 삼는 교회는 유난히 헌신을 많이 강조합니다. 헌신을 이끌어내기 위해서 자주 동원되는 것이 부흥회와 신앙간증입니다. 헌금 많이 해서 복 받은 사람 이야기와, 헌금 생활 소홀히 하다가 어려움 겪는 사람의 이야기가 빠지지 않습니다. 많은 이들이 두려움 때문에, 혹은 체면 때문에, 혹은 복 받으려고 헌금을 합니다. 자발적인 것처럼 보이지만 사실은 강요된 자발성입니다. 색스는 광야에서 만든 성막과 솔로몬이 세운 성전을 간결하게 비교합니다.

"자발적 기여로 창조된 성막은 민족을 통합시켰으나 강제 징발된 노동력의 산물인 성전은 민족을 분열시켰다"(조나선 색스,《사회의 재창조》, 298쪽).

솔로몬이 죽은 후 남북 왕조로 분단된 현실을 이르는 말입니다. 성전을 세운다는 미명 하에 백성들에게 부과된 세금과 부역이 사람들을 갈라놓았던 것입니다. 성막 세우기에서 가장 중요한 말은 '스스로 원해서'라는 말입니다. 아무리 어려운 일이라도 스스로 원해서 한다면 즐거운 법입니다. 교회의 김장을 담근다든지 대청소를 할 때도 마지못해 동참하는 이들과 그렇지 않은 이들은 표정에서 벌써 차이가 납니다.

또 한 가지 중요한 것은 각자가 기여한 바가 다르지만, 모든 사람의 헌신이 하나하나 소중히 여겼다는 사실입니다. 사람들은 자기에게 있는 것을 가져왔습니다. 금이나 은을 가져온 사람도 있고, 실을 가져온 사람도 있었고, 나무를 가지고 온 사람도 있었습니다. 하지만 기여의 경중이 가려지지는 않았습니다. 많이 냈다고 동판에 큰 글자로 새겨 벽에 거는 일도 없었고, 적게 냈다고 무시당하는 일도 없었습니다. 많이 내도 우쭐거리거나 음성이 높아지지 않았고, 적게 내도 부끄럽지 않았습니다. 함께 어울려 더 큰 세계를 만들어 냈습니다. 화이부동和而不同입니다. 일곱 색깔 무지개가 하늘에 걸리면 아무리 무덤덤한 사람이라도 가던 길을 멈추어 선 채 하늘을 바라보게 마련입니다. 우리는 어쩌면 서로 다른 것들이 어울려 조화를 이루는 게 얼마나 아름다운지를 본능적으로 느끼는 것인지도 모르겠습니다.

바람아, 불어라

한 가족과 세 명의 젊은이가 경북 청송군에서 한집 살림을 시작하기로 했습니다. 그 일을 곁에서 도왔던 어떤 이가 원주의 장일순 선생님께 어떻게 해야 그들이 뜻을 이뤄가며 화목하게 잘 살 수 있을지를 물었습니다. "나 같은 건달이 그런 걸 어떻게 알겠어." 장일순은 웃으며 이렇게 운을 떼고 말을 이어갔습니다. "그러나 다음 두 가지는 얘기를 할 수 있겠지. 여럿이 모였다면 깃발이 있을 것 아냐, 어떻게 가겠다는? 그 깃발 아래 모였으니 깃발을 중심으로 해야 할 테지만 깃발을 너무 앞세울 때는 함께 가는 사람 가운데 늦게 일어난다거나 일을 게으르게 하는 사람이 있으면 나무라기 쉽지. 미워하는 마음이 일기 쉽다는 거야. 그럴 때는 말이지, 따뜻한 마음을 갖고 어깨동무를 해서 일으켜 세워 같이 가는 마음이 중요해. 다른 하나는 그렇게 하다 보면 일이 이뤄질 것 아냐? 크든 작든 공이 생긴단 말이야. 그때 그건 내가 잘해서 그렇게 됐다 하지 말고, 같이 가는 사람들 공이다, 이렇게 공을 남에게 넘기라는 거지. 이 두 가지를 지키면 되지 않을까 싶네"(최성현, 《좁쌀 한 알》, 245쪽).

참 평이하면서도 분명한 가르침입니다. 무슨 일을 하든지 깃발을 너무 앞세우면 마음에 원망이나 미움이 깃들기 쉽습니다. 그럴 때면 오히려 따뜻한 마음으로 어깨동무를 해서 일으켜 세우랍니다. 그리고 공은 남에게 돌리라는 것입니다. 화목의 비결이 여기에 있습니다. 도마복음에는 "한 집에 사는 두 사람이 화목하면 그들이 산아 움직여라 하면 산이 움직인다"는 말이 나옵니다. 공동체를 이루려는 이들이 새겨들어야 할 말씀들입니다.

하지만 살아있는 교회가 되기 위해서는 한 가지가 더 있어야 합니다. 어쩌면 그것이 더 본질적인 것이라 할 수 있습니다. 그것은 성령의 임재입니다. 초대교회 교인들은 성령 충만을 체험한 후에 '어깨동무'가 되었습니다. 말씀을 나누고, 서로를 위해 기도하고, 음식을 나누고, 서로에게 필요한 것을 공급해 주었습니다. 그들은 두려움을 떨치고 일어나 복음의 증인이 되었습니다. 장벽은 철폐되었고, 그들의 사랑은 가족의 울타리를 넘었습니다. 요엘 선지자는 주님의 영이 부어지면 일어날 일을 이렇게 예고한 바 있습니다.

"너희의 아들딸은 예언을 하고, 노인들은 꿈을 꾸고, 젊은이들은 환상을 볼 것이다"(요엘 2:28).

이것은 함께 지어가야 할 세상에 대한 꿈을 공유하게 된다는 말이 아닐까요? 성령의 역사를 강제할 수는 없습니다. 하지만 성령의 바람이 불어올 길을 마련할 수는 있습니다. 먼저 기도에 힘써야 합니다. 우리가 기도하지 않는 까닭은 무엇입니까? 그것은 마음의 절실함이 없기 때문입니다. 세상의 아픔이 하나님의 아픔임을 안다면 어찌 하루라도 기도하지 않고 지나갈 수 있겠습니까? 또 말씀을 사모해야 합니다. 말씀을 거울삼아 우리 자신을 자꾸자꾸 돌아보아야 합니다. 그리고 주님의 몸이 되기를 진심으로 소망해야 합니다.

성령의 능력이 아니고는 이 땅에 '생명'과 '평화'의 성막을 짓고 싶은 우리의 꿈은 완성될 수 없습니다. 어려운 시절을 함께 겪고 나면 운명 공동체 의식이 생겨납니다. 하지만 어려움을 함께 겪는 데서 그치지 않고, 하나님의 심정에 사로잡혀 창조적인 일을 함께 할 때 신앙 공동체가 태어납니다. 마땅히 해야 할 일을 하면서, 서로를 원망하지 않고, 공을 서로에게 돌릴 때 우리는 하나님이 머무실만한 집으로 지어져 갈 것입니다. 작년 말부터 제 마음을 떠나지 않는 시편 구절을 읽는 것으로 말씀을 마치겠습니다.

"우리가 걷는 길이 주님께서 기뻐하시는 길이면, 우리의 발걸음을 주님께서 지켜 주시고, 어쩌다 비틀거려도 주님께서 우리의 손을 잡아 주시니, 넘어지지 않는다"(시편 37:23-24).

다시 원점에서

출애굽기 34장

하나님의 속성(1-9절)

신앙은 상승과 하강을 반복하며 성숙해진다. 넘어짐이 없으면 일어섬도 없고, 무너짐이 없으면 일으켜 세움도 없다. 신앙은 어쩌면 다시 시작하는 용기인지도 모르겠다. 금송아지 사건은 출애굽 역사의 가장 어두운 부분이었다. 하지만 하나님은 신실하지 못한 그 백성들과 더불어 새로운 역사 이야기를 써가려하신다. 모세는 돌판 둘을 처음 것과 같이 깎아 만들어 아침에 시내산에 올라오라는 지시를 받는다. 이것은 돌판을 깨뜨린 책임을 묻는 것이 아니다. 오히려 모세를 파트너로 여겨 그가 구원 사역에 동참할 기회를 주신 것이다. 모세는 하나님의 명령대로 백성들이 산에 오르지 않도록 엄격하게 단속한 후에 하나님의 산에 올라갔다.

구름 가운데서 강림하신 하나님은 먼저 당신의 이름을 선포하셨다. 하나님의 자기 드러냄이다. 철학자 하이데거는 진리란 '비은폐성'이라 했다. 하나님이 당신을 계시하신 것은 그 백성과 계약관계 속에 들어가시겠다는 확고한 의지 때문일 것이다.

"여호와라 여호와라 자비롭고 은혜롭고 노하기를 더디하고 인자와 진실이 많은 하나님이라"(6절).

여호와에 대한 이 다섯 가지 성격묘사는 성경 도처에서 다양하게 변주되면서 하나의 제의적 고백문이 되고 있다. 하나님은 인자를 천대까지 베푸시지만 '악'과 '과실'과 '죄'를 용서하시는 분이시다. '악'이 하나님과 맺은 계약을 깨뜨리거나 거스르는 죄를 가리킨다면, '과실'은 도리에 어긋나는 행동을 뜻한다. 그에 비해 '죄'는 의도적으로 하나님과의 관계를 파괴하는 행위를 가리킨다.

하나님께는 용서하지 못하실 일이 없으시다. 하지만 '아버지의 악행을 자손 삼사 대까지 보응'하겠다고 하신다. 이것은 연좌 책임을 묻겠다는 말이라기보다는, 죄의 결과가 후손들에게까지 영향을 미친다는 사실을 가리킨다. 이것은 오늘의 임상사회학자들도 지적하고 있는 바이다. 모세는 하나님 앞에 엎드려 은총을 베푸시어 목이 뻣뻣한 백성들과 동행해달라고 간구한다. 위험을 무릅쓰고 백성들을 위해 중보 하는 모세에게서 우리는 참된 지도자상을 본다.

다시 주신 계명(10-28절)

언약의 주도권은 주님께 있다. 하나님은 그 백성을 위해 놀라운 이적을 행할 것이라고 말씀하신다. 백성들이 해야 할 일은 두렵고 떨림으로 하나님의 명령을 삼가 지키는 것이다. 12절부터 26절에 이르기까지 하나님께서 허락하신 약속의 땅에 들어가서 백성들이 지켜야 할 계명이 12가지 언급되고 있다. 12가지로 정리한 것은 아마도 그것이 그들에게 의미 있는 숫자이기 때문일 것이다. '~을 지키라/하라'는 긍정적인 명령과 '~을 하지 말라'는 부정적인 명령이 혼재되어 있는 이 명령들은 종교생활의 규범에 국한되지 않았다. 오히려 하나님의 백성이 일상 속에서 어떻게 살아야 하는지를 적시하고 있다.

그 땅의 주민들과 언약을 맺지 말라는 명령은 종교혼합주의의 위험으로부터 공동체를 지켜내기 위한 뜻도 있지만, 지배자와 피지배자의 관계가 엄연한 그들의 사회 체제에 물들지 않도록 하기 위한 예방조치다. 이방신을 섬기는 행위나 그들의 제의에 동참하는 일은 엄격하게 금지되었다. 안식일이나 순례의 절기를 지키라는 명령은 하나님의 백성으로서의 정체성을 잃지 않도록 하기 위한 것이다. 하나님께 바쳐야 할 제물에 대한 규정은 이방 제의와 구별하기 위한 것이다. 26절에 나오는 "네 토지 소산의 처음 익은 것을 가져다가 네 하나님 여호와의 전에 드릴지며 너는 염소 새끼를 그 어미의 젖으로 삶지 말지니라"는 명령이 그 단적인 예다. 땅에서 나는 처음 익은 것을

여호와께 바치라는 것은 그것이 바알에게서 비롯된 것이 아니
라 하나님의 선물로 주어진 것임을 알라는 것이고, 염소 새끼
를 어미의 젖으로 삶는 것은 가나안의 풍요 제의와 관련되기
에 금지되는 것이다. 모세는 하나님께서 이르신 말씀들을 기록
했다. 여기서도 기록의 의무를 진 것은 하나님이 아니라 모세
였다.

광채(29-35절)

하나님과 오랜 시간 대면한 모세의 얼굴에서 광채가 났다고
한다. 그 광채는 하나님과의 친밀함을 드러내기 위한 것으로
보아야 할 것이다. 아론을 비롯한 이스라엘 자손들은 그 광채
를 보고 두려워했다. 모세가 주저하는 그들을 '부르자' 비로소
그들이 다가왔다. 하나님이 모세를 부르신 것처럼 모세도 백
성들을 부른다. '광채'와 '부름'은 중재자로서의 모세의 권위를
드러내기 위한 의도적 표현이다. 모세는 백성들에게 하나님이
이르신 모든 말씀을 다 들려주었다. 특정한 엘리트가 하나님의
뜻을 독점하는 것은 성서 종교에 위배되는 일이다. 하나님의
백성은 하나님의 뜻을 아는 이들이다.

　로마의 산 피에트로 인 빈콜리 성당에 있는 미켈란젤로의 〈모
세상〉은 〈피에타〉, 〈다비드상〉과 더불어 그의 대표작이다. 생동
감이 넘치는 미켈란젤로의 모세상이 특별히 유명한 것은 모세
의 머리 위에 솟아 있는 '뿔' 때문이다. 성경 번역 과정 중에 모

세의 살결을 나타내는 단어인 카란(qaran)을 뿔을 가리키는 카르누(qarnu)로 잘못 옮긴 탓이라고 말하는 이도 있다. 하지만 성경에서 뿔은 권위와 위엄의 상징이다. 미켈란젤로는 뿔과 수염을 통해 하나님의 대리자로서의 모세의 권위를 나타내고 싶었던 것이 아닐까?

회막 건설

출애굽기 35-39장

안식일로부터 시작하다(35:1-3)

이 단락은 하나님께서 가르쳐주신 식양대로 회막을 세우는 과정을 세세히 설명하고 있다. 25장부터 31장까지가 하나님의 구체적인 지시이고, 35장부터 40장까지는 그 지시에 따른 인간의 수행을 보여준다. 그러니까 두 단락은 내용적으로 겹칠 수밖에 없다. 지시와 수행의 긴밀한 연속성은 마치 상관의 명령을 복창하는 병사의 모습과 유사하다. 거룩함은 인간이 함부로/임의로 다룰 수 없음을 보여주려는 것이다. 그런데 여기서 우리가 주목해야 할 것이 있다. 회막 건설 이야기는 안식일 준수 명령과 긴밀하게 연결되어 있다(31:12-17, 35:1-2). 차이가 있다면 하나님의 지시 부분에서는 회막 건설 이야기 끝에 나오는 데 비해 인간의 수행 부분에서는 회막 건설 작업을 개시하기 전에 나온다는 점이다.

왜 이런 차이가 있는 것일까? 회막 건설 이야기가 하나님의 창조 이야기를 염두에 두고 있다는 사실을 기억하는가. 하나님은 엿새 동안의 창조 작업을 마치시고 이레 째 되는 날 안식하셨다. 하나님께 안식일은 창조의 마침표인 셈이다. 하지만 엿새 째 창조된 인간은 안식일로부터 역사를 시작한다. 이 말은 인간은 안식을 누릴 줄 알아야 창조적인 노동을 할 수 있는 존재라는 뜻을 내포한다. 사람들은 일쑤 목표를 정해놓고 그것을 이루기 위해 동분서주하며 살아간다. 목표 지향적인 삶은 역동적이지만 사람들을 지치게 만들기도 한다. 회막을 만드는 가장 거룩한 직무조차 안식일의 한계 안에서 수행되지 않으면 그것은 '소외된 노동'이 되기 쉽다. 소외된 노동에는 기쁨이 없고, 기쁨이 없는 노동은 창조적일 수 없다.

자발적 헌신(35:20-29, 36:2-7)

모세는 회막에 쓸 자재들을 헌납해 줄 것을 백성들에게 요구한다. 억지 징발이 아니었다. '마음이 감동된 모든 자'와 '자원하는 모든 자'가 예물을 가져왔고(35:21), 재능이 있는 여인들은 염소 털로 실을 뽑았다. 성경은 몇 번씩이나 그것을 '자원하여 드린 예물'(35:29, 36:3)이라고 말한다. 이것은 솔로몬의 성전 건축과 극단적으로 대비된다. 솔로몬은 성전 건축을 기획한 후 거기에 필요한 자재와 일꾼들을 징발했다. 그것은 또 다른 애굽의 탄생이었다. 영연방 유대교 최고 지도자인 조너선 색스는《사회의 재창조》에서 회막 건설과 성전 건축을 비교한 후, 우리가 함께 살아갈 세계가 어떻게 세워지는 지를 이렇게 설명한다.

"국가는 요구가 아니라 헌신에 의해 만들어진다. 권리가 아니라 적극적인 시민의식에 의해, 요구하는 것이 아니라 주는 것에 의해 창조된다. 국가적 정체성은 다양한 문화와 종교적 믿음의 기여를 통해 형성된다. 중요한 것은 우리가 혼자서는 불가능한 어떤 것을 함께 만들어갈 수 있다는 것이다"(295쪽).

사람들은 각자 자기 능력껏 헌신했다. 기여의 경중은 가려지지 않았다. 크든 작든 기여하는 행위 자체가 소중하게 여겨졌다. 출애굽 공동체에게 있어 회막을 짓는 일은 자기들의 집단적 정체성을 형성하는 일인 동시에 '고향'을 짓는 일이었던 것 같다. 사람들은 미래를 위해 여둬두었던 소중한 것들을 내놓았다. 그들은 모두 책임적 주체가 된 것이다. 백성들이 가져온 예물이 너무 많아 성소의 일을 맡아하는 이들이 일을 할 수 없을 정도였다고 한다. 회막 건설은 다양한 이해관계를 가진 집단 (kehilla)을 신앙 공동체(edah)로 만들었다.

명령하신 대로

브살렐과 오홀리압을 중심으로 하여 직인 집단이 형성되었다. 그들은 기쁜 마음으로 하나님이 "모세에게 명령하신 대로"

(39:1, 5, 7, 21, 26, 29, 31/32, 42, 43절은 앞의 이야기를 확인하는 내용) 모든 것을 만들기 시작했다. 동일한 구절이 7번 반복되고 있다. 이 것은 7일 동안의 창조와 그 결과를 떠올리게 해준다. 창세기 의 첫 장에는 날마다 하나님의 명령대로 이루어신 세상이 "하나님이 보시기에 좋았더라"라는 경탄이 반복적으로 나타난다. 하나님의 명령을 따라 인간이 수행한 일은 지속적인 창조 사역이라 할 수 있을 것이다.

출애굽기의 이야기꾼은 바둑 기사들이 복기하는 것처럼 회막과 그 기물들을 만드는 과정 하나하나를 세세히 서술한다. 그것은 마치 거룩한 의례처럼 보인다. 복잡한 종교 의식은 일상적 삶의 리듬에 젖어든 이들에게는 번잡하게 보인다. 하지만 그 과정과 절차를 따르는 동안 새로운 시간이 우리에게 유입 됨을 느낄 수 있다. 새로운 시간이 유입되는 순간 지금까지 우리를 사로잡고 있던 것들의 인력이 느슨해진다. 지루한 반복이 우리에게는 무의미하게 보여도 거룩함에 대한 열망을 가지고 있는 이들에게는 거룩의 문을 여는 행위인 것이다.

39장의 마지막 단락은 회막을 세우기 위한 모든 준비가 완료되었다고 말한다. 직인들은 성막과 거기 딸린 성물들을 모세에게로 가져간다. 모세는 모든 것이 여호와의 명령대로 되었는지 세심히 살핀 후, 수고한 모든 사람들을 축복한다. 회막 건설 이야기는 이처럼 '명령'과 '수행'과 '축복'이 한 축으로 연결되고 있다.

새 로 운 출 발

출애굽기 40장

새로운 역사의 여명

이제 회막/성막 건설에 필요한 모든 자재가 마련되었다. 이제
는 그것을 세우고 적절한 자리에 배치하는 일이 남았다. 하지
만 그것도 사람이 임의로 해서는 안 될 일이었다. 마침내 하나
님의 명령이 떨어졌다. 둘째 해 첫째 달 초하루에 모세는 성막
을 세웠다. 첫째 달 초하루는 물론 역사가 갱신되고 있음을 뜻
하는 상징적 날짜다. 성막/회막을 세우고, 증거궤를 들여놓고
휘장으로 그것을 가리고, 상을 들여놓고 그 위에 진설병을 배
열하고, 등잔대에 불을 켜고, 분향단과 번제단과 물두멍을 질
서 있게 배열하는 일을 비롯해서, 기름을 발라 성막 기물들을
성별하는 일, 아론과 그의 아들들에게 거룩한 옷을 입히고 기
름을 부어 거룩하게 구분하여 제사장 직분을 수행하게 하라는
명령을 모세는 그대로 수행했다. 1절부터 15절까지가 하나님

의 지시였다면, 16절부터 33절까지는 모세가 그 지시를 어떻게 수행했는지를 보여준다. 25장에서 40장에 이르기까지 우리가 보았던 '지시'와 '수행' 도식이 그대로 적용되고 있음을 알 수 있다.

모세가 하나님의 지시를 어떻게 수행했는지를 보여주는 16절부터 33절 사이에는 앞서와 마찬가지로 "여호와께서 모세에게 명령하신 대로 되니라"(40:16, 19, 21, 23, 25, 27, 29, 32)라는 구절이 반복되고 있다. 대체 왜 이런 반복이 필요한 것일까? 성경의 원역사(창세기 1-11장)는 혼돈 가운데 질서를 만드신 하나님과, 질서 있는 세상에 부름을 받았으면서도 혼돈을 만들어내는 인간의 이야기가 교차하고 있다. 이러한 어긋남은 하나님의 명령을 어긴 인간의 불순종에 뿌리를 내리고 있다. 혼돈을 만드는 인간의 죄된 습성이 제도화된 것이 애굽으로 상징되는 제국주의다. 이스라엘은 바로 그런 제국의 반명제이다. 하지만 새로운 세상은 새로운 사람들과 더불어 열리게 마련이다. 출애굽기 기자는 인간의 자의적인 판단보다는 하나님의 뜻에 순종할 때 새로운 사람과 역사가 탄생할 수 있다는 사실을 우리에게 가르쳐주고 있다.

성막에 가득 찬 하나님의 영광

모든 일이 지시에 따라 완수되었다. 그러자 구름이 회막에 덮이고 여호와의 영광이 성막에 충만했다. 그런데 우리는 예상치 못한 구절과 만난다. "모세는 회막에 들어갈 수 없었다"는 구절이 그것이다. 출애굽기 기자는 여호와의 영광이 성막에 충만했기 때문이라고 설명하지만 이것이 충분한 설명이 될 수는 없다. 우리는 모세가 시내산에 올라가 하나님의 현존 앞에서 보낸 시간을 알고 있다. 그 때문에 그의 얼굴에 광채가 났다는 사실도 알고 있고, 성막이 세워지기 전 모세가 진 밖에 임시로 세웠던 회막에 임했던 구름 기둥 이야기도 우리는 알고 있다. 그렇다면 지금 모세가 하나님의 현존 앞으로 나아갈 수 없다는 말이 내포하고 있는 의미는 무엇일까?

　성막을 세우기까지는 카리스마적 지도자인 모세의 역할이 지대했다. 하지만 이제 모세는 종교 지도자로서의 역할을 아론과 그의 아들들에게 넘긴다. 사제가 중심이 되는 새로운 사회 체제가 사회를 더욱 강고하게 결속시킬 수 있다고 믿었기 때문일 것이다. 사실 종교의 중요한 기능은 사회 통합이다. 종교를 뜻하는 영어 단어 'religion'은 '다시 묶는다'는 뜻의 라틴어 're-ligare'에서 나왔다. 신학적으로는 흩어진 우리 마음을 하나님께 다시 연결한다는 뜻이겠지만 종교사회학적으로 보면 이해관계에 따라 분열되어 있는 사람들을 하나로 엮는다는 뜻도 있다.

성막과 함께 움직이다

36절 이하에 나오는 구절은 마치 애굽 탈출 이후 불기둥과 구름 기둥의 인도를 받았던 때를 다시금 연상시킨다. "구름이 성막 위에서 떠오를 때에는 이스라엘 자손이 그 모든 행진하는 길에 앞으로 나아갔고 구름이 떠오르지 않을 때에는 떠오르는 날까지 나아가지 아니하였으며"(36-37절).

성막은 언제든 해체되어 운송될 수 있었다. 이스라엘이 앞으로 나아갈 때가 되면 성막을 뒤덮고 있던 구름이 먼저 떠올라 그들이 가야 할 방향을 가리켰다. 이스라엘 자손들의 나아감과 멈춤을 결정하는 것은 구름 속에 임재하시는 하나님이었다. 출애굽 공동체는 그곳이 좋다 하여 한곳에 오래 머물 수도 없었고, 싫다 하여 빨리 떠날 수도 없었다. 하나님의 백성들은 길 위에 선 존재다. 지금 우리가 머물고 있는 곳은 임시 처소일 뿐이다. 히브리서 기자는 하나님을 믿는 이들을 가리켜 '본향 찾는 자'(히브리서 11:14)라고 말했다.

여호와 하나님은 특정한 장소에 머무는 분이 아니라, 그의 백성들과 함께 여행하는 분이시다. 하나님은 나아감과 멈춤의 리듬 속에서 우리 삶을 성숙의 길로 이끄신다. 하나님의 시간을 앞지르려는 성급함도 문제이고, 하나님의 이끄심을 따르지 않는 나태함도 문제다. 신앙생활이란 더 나은 세계를 향한 여정을 계속하는 것이다. 이스라엘 백성들은 모든 행진하는 길에서 하나님의 임재를 뜻하는 구름과 불을 보았다(38절). 지금 우리는 어떠한가?

출애굽은 아직 진행중

정의로운 세상을 향하여

알래스데어 매킨타이어는 《덕의 상실》에서 "내가 할 일은 무엇인가?"라는 물음에 답하려면 먼저 "나는 어떤 이야기 혹은 어떤 이야기의 일부인가?"라는 질문에 답해야 한다고 말했다. 인간은 어떤 이가 혹은 역사가 만들어놓은 역사 속에서 살아가는 동시에 자기 삶의 이야기를 써나가는 존재다. 우리들이 듣는 이야기, 아니 우리가 귀를 기울이는 이야기야말로 우리가 써내려가는 삶의 이야기의 재료가 된다. 성경에 등장하는 인물들은 하나님의 구원 이야기의 일부가 되어 살아간 사람들이다.

그러면 출애굽 이야기에 귀를 기울인다는 것은 어떤 의미일까? 그것은 인간의 역사가 예속에서 자유를 향해 나아가는 여정임을 깨닫고 살아간다는 뜻이다. 그리고 그 여정을 기획하고 또 인도하는 분이 하나님이심을 마음 깊이 확신한다는 뜻이다.

바로로 상징되는 애굽은 인간을 수단으로 삼는 불의한 사회 체제의 전형이다. 그런 사회는 '강제 노동'과 '할당량' 부과를 통해 유지된다. 종교는 지배자의 편에 서서 피지배자들로 하여금 불의한 현실을 받아들이도록 부추겼다. 하나님은 짓눌린 사람들의 신음소리가 높아가는 세상을 가만히 두고 보실 수가 없었다. 떨기나무 불꽃 가운데서 몸을 드러내신 하나님은 자신을 '히브리의 하나님'이라고 소개한다. 매우 당파적인 표현이다. 히브리는 제국의 질서 속에서 수단으로 변해버린 사람들을 지칭하는 말이었기 때문이다.

하나님은 10가지 재앙을 통해 불의한 사회체제를 심판하심으로 출애굽의 문을 여셨다. 출애굽 공동체가 홍해를 건너 시내산 앞에 이르렀을 때 하나님은 그들이 만들어가야 할 새로운 질서의 초석으로 십계명을 주셨다. 예민하신 분들은 이미 알아차렸겠지만 십계명은 애굽에 내렸던 열 가지 재앙에 대응하고 있음을 알 수 있다. 그 십계명이야말로 정의로운 사회의 기초였다. 정의로운 사회란 약자가 굴욕감을 느끼지 않으면서 자기 삶을 존엄하게 살아낼 수 있는 사회다. "너는 이방 나그네를 압제하지 말며 그들을 학대하지 말라 너희도 애굽 땅에서 나그네였음이라"(출애굽기 22:21). 새로운 사회가 나아가야 할 방향이 이 한 마디 속에 오롯이 담겨 있다.

광야 학교를 거쳐

출애굽기를 통해 우리가 만나는 하나님은 인간을 강제하지 않
으시는 분이다. 애굽에서 신음하던 이들의 가슴에 새로운 세상
에 대한 꿈을 심어주시고, 애굽을 벗어나 홍해를 건널 때까지
마치 독수리가 날개를 퍼덕이며 새끼를 보호하듯이 백성을 지
켜주셨지만, 언제까지나 그들을 의존 상태에 버려두시지는 않
았다. 광야라는 학교를 통과하는 동안 그들은 자기 운명에 대
해 스스로 책임을 지는 주체가 되어야 했다. 믿음의 산마루와
불신의 골짜기를 통과하는 동안 그들은 조금씩 단단해졌다. 마
침내 출애굽 공동체가 시내산 앞에 이르렀을 때 하나님은 그
들과 언약을 맺으셨다. 물론 그 언약은 백성들의 자발적인 동
의를 전제로 하는 것이었다. 절대자이신 하나님이 유한한 인간
과 언약을 맺는다는 것은 참 상상하기 어려운 일이다. 언약을
맺는다는 것은 하나님께서 스스로를 제한하시기로 작정했다
는 뜻이다. 사랑이 아니고는 할 수 없는 일이다.

　하나님은 회막과 성막 건설을 지시하신다. 지금까지 하나님
은 모세를 통해 백성들과 소통했다. 하지만 이제 언약을 맺게
되면 상황이 달라진다. 하나님은 백성들 한복판으로 들어오려
하신다. 하지만 문제가 그렇게 순조롭지만은 않다. 하나님께서
모세에게 성막을 어떻게 만들어야 할지 세심하게 가르치시는
단락(24-31장)과 백성들이 그것을 수행하는 단락(35-40장) 사이
에 '금송아지' 사건이 소개되고 있다. '우리를 인도할 신'을 만

들어달라며 아론을 겁박하던 백성들의 요구는 흩어짐을 면하기 위해 바벨탑을 만들던 이들의 모습과 공명한다. 존재의 기반이신 하나님을 신뢰하지 못하는 이들은 가시적인 것을 만들어 거기에 신성을 부여하고 그것을 숭배한다. 금송아지 사건은 출애굽 공동체가 직면한 신뢰의 위기를 적나라하게 보여준다.

가까스로 신뢰의 위기를 타개한 백성들은 회막과 성막을 세우기 위해 진력한다. 백성들은 자발적으로 헌물을 가져온다. 그리고 각자의 재능을 바친다. 애굽에 사는 동안 비주체적으로 살던 이들이 처음으로 함께 하는 창조적인 일이었다. 성막 세우기는 단순한 구조물을 세우는 일이 아니라, 그들의 정체성을 세우는 일이었다. 그 일을 통해 잡다한 집단으로 구성되었던 출애굽 공동체는 이스라엘로 재탄생하게 되었다. 성막 이야기가 창조 이야기와 구조적 유사성을 보이는 까닭이 여기에 있다.

출애굽 이야기는 과거에 완료된 것이 아니라 지금도 진행중이다. 소비사회가 도래하면서 우리는 어느덧 '탐욕의 제국' 신민이 되었다. 겉보기에는 자유인처럼 보이지만 내적으로는 모두가 다 예속되어 있다. 탐욕의 제국에 사는 이들은 이웃을 함께 살아야 할 대상으로 보지 못한다. 전쟁과 테러, 분쟁과 불화의 소식이 끊이질 않는다. 지금이야말로 신발을 벗고 떨기나무 불꽃 가운데서 다가오시는 하나님 앞에 엎드려야 할 때이다. 그리고 다시 한 번 모든 사람이 자기에게 품부된 삶의 몫을 온전히 누리는 새로운 세상을 향해 길을 떠나야 할 때이다.

주님의 등을 보다

그 때에 모세가 "저에게 주님의 영광을 보여 주십시오" 하고 간청하였다. 주님께서 대답하셨다. "내가 나의 모든 영광을 네 앞으로 지나가게 하고, 나의 거룩한 이름을 선포할 것이다. 나는 주다. 은혜를 베풀고 싶은 사람에게 은혜를 베풀고, 불쌍히 여기고 싶은 사람을 불쌍히 여긴다." 주님께서 다시 말씀하셨다. "그러나 내가 너에게 나의 얼굴은 보이지 않겠다. 나를 본 사람은 아무도 살 수 없기 때문이다." 주님께서 말씀을 계속하셨다. "너는 나의 옆에 있는 한 곳, 그 바위 위에 서 있어라. 나의 영광이 지나갈 때에, 내가 너를 바위 틈에 집어넣고, 내가 다 지나갈 때까지 너를 나의 손바닥으로 가리워 주겠다. 그 뒤에 내가 나의 손바닥을 거두리니, 네가 나의 등을 보게 될 것이다. 그러나 나의 얼굴은 볼 수 없을 것이다"(출애굽기 33:18-23).

'나'를 넘어 '우리' 되기

하나님을 만나기 위해 시내산에 올라간 모세가 오랫동안 내려오지 않자 백성들은 불안해졌습니다. 모세의 부재가 곧 하나님의 부재로 느껴졌기 때문입니다. 아론은 '우리를 인도할 신을 만들어 달라'는 백성들의 요구에 굴복했습니다. 그는 백성들에게 금붙이를 모아 오라고 이른 후, 그 금을 녹여서 송아지 형상을 만들었습니다. 아론은 소의 형상으로 표상되었던 애굽의 아피스(Apis) 신과 가나안 사람들이 섬기던 바알을 떠올렸던 것으로 보입니다. 금송아지는 하나님의 임재를 '표상'하는 것일 뿐, 하나님은 아니었습니다. 그것은 불교식으로 말하자면 달이 아니라 달을 가리키는 손가락에 지나지 않는 것이었습니다.

그런데 사람들은 그것을 상징이나 표상으로 생각하지 않았습니다. 그들은 하나님과의 언약에 의지하여 살기보다는 눈에 보이는 뭔가를 추구했기에 즉시 금송아지를 숭배의 대상으로 바라보았습니다. 상징과 실재의 역전입니다. 언약 혹은 약속은 서로에 대한 신뢰를 전제로 합니다. 언약의 파트너를 신뢰한다면 불안이라는 죽음에 이르는 병에 걸리지 않을 수 있습니다. 하지만 사람들의 마음은 가시적인 것과 불가시적인 것 사이에서 늘 흔들립니다. 히브리서 기자는 "믿음은 바라는 것들의 확신이요, 보이지 않는 것들의 증거"(11:1)라고 말했습니다. 진정한 믿음은 하나님을 신뢰하고 불안해하지 않는 것입니다. 하지만 광야의 히브리인들은 아직 가난하고 소외된 이들을 향한 하나님의 사랑을 깊이 알아차리지 못했습니다. 금송아지는 그들의 불안을 달래줄 대용물이었습니다. 그들은 번제와 화목제를 드린 후에 금송아지 앞에 앉아 먹고 마시다가, 일어나서 흥청거리며 뛰놀았습니다. 광야의 축제가 종교적 주신제(酒神祭, religious orgy)로 변질된 것입니다.

백성들의 이런 불신앙적이고 무분별한 모습에 염증을 느끼신 하나님은 그 백성을 심판하려 하십니다. 모세는 내리치려는 하나님의 손을 붙들고 제발 진노를 거두시고, 뜻을 돌이켜 달라고 간청합니다.

> "그러나 이제 주님께서 그들의 죄를 용서하여 주십시오. 그렇게 하지 않으시려면, 주님께서 기록하신 책에서 저의 이름을 지워 주십시오"(출애굽기 32:32).

모세의 이런 간청에도 불구하고 하나님의 분노는 풀리지 않았습니다. 주님은 "나는 너희와 함께 올라가지 않겠다"며 '나의 천사'가 너희를 인도할 것이라고 말씀하십니다. 단호한 하나님의 다짐을 듣고도 모세는 물러서지 않습니다. 그는 백성들의 중재자로 하나님 앞에 섭니다. 그는 하나님의 뜻을 '아멘'으로 수용하지 않습니다. 하나님의 뜻을 돌이키기 위해 최선을 다합니다. 주님의 계획을 가르쳐달라고 부탁할 뿐 아니라, 이 백성을 주님의 백성으로 선택하셨음을 기억해 달라고 기도합니다. 순종은 신앙에 있어서 매우 중요한 요소입니다. 하지만 순종만으로는 부족할 때가 있습니다. 지도자들은 두려움을 무릅쓰고 하나님 앞에 서서 백성들을 위해 중재해야 할 때가 있습니다. 하나님은 다소 누그러진 음성으로 모세에게 말씀하십니다.

"내가 친히 너와 함께 가겠다. 그리하여 네가 안전하게 하겠다" (14절).

주님은 나의 천사를 보내겠다는 말씀을 거두시고, '내가 친히 너와 함께 가겠다'고 말씀하십니다. 여기서 주목할 것은 동행의 대상이 히브리 백성이 아니라 '모세'라는 사실입니다. 모세는 거기에 만족하지 않습니다.

"주님께서 친히 우리와 함께 가지 않으시려면, 우리를 이곳에서 떠나 올려 보내지 마십시오"(15절).

함께 가는 대상이 '나'에 국한되어서는 안 되고 '우리'가 되어야 한다는 것입니다. 모세는 히브리인들의 운명과 자신의 운명을 동일시하고 있습니다. 인간됨의 본질은 이처럼 다른 이들과의 '연루됨'(connectedness)이라 할 수 있습니다. 현대인들이 느끼는 외로움의 뿌리는 다른 이들과의 깊은 결속의 감정을 잃어버린 데 있습니다. 함께 기쁨과 슬픔을 나누는 공동체야말로 우리 감정의 닻(emotional anchor)입니다.

주님의 환한 얼굴

주님은 마침내 뜻을 돌이키시고 모세가 요청한 모든 것을 다 들어주시겠다고 약속하십니다. 하지만 모세는 여전히 불안했습니다. 확증이 필요했습니다. 그래서 하나님의 노여움이 풀렸다는 징표로 하나님의 영광을 보여 달라고 청합니다. 주님은 그렇게 하겠다고 하시면서 당신의 속성을 다시 한 번 드러내십니다.

"내가 나의 모든 영광을 네 앞으로 지나가게 하고, 나의 거룩한 이름을 선포할 것이다. 나는 주다. 은혜를 베풀고 싶은 사람에게 은혜를 베풀고, 불쌍히 여기고 싶은 사람을 불쌍히 여긴다"(19절).

'나의 영광을 네 앞으로 지나가게' 하겠다는 말에 담긴 속뜻은 주님은 인간의 언어나 개념으로 포착할 수 없는 분이라는 것입니다. 하나님은 은혜를 베풀고 싶은 사람에게 은혜를 베푸시고, 불쌍히 여기고 싶은 사람을 불쌍히 여기십니다. 하나님의 이런 사랑을 가리킬 때 사용되는 단어는 '긍휼恤'입니다.

이 단어는 감정 상태만이 아니라 어떤 몸의 체험을 가리키고 있습니다. 긍휼이란 누군가의 아픔을 단순히 마음으로 동정하는 것이 아니라 그와 똑같이 아파하고 또 불쌍히 여기는 것을 가리키는 말입니다. 히브리어로 긍휼을 뜻하는 단어는 어머니의 '자궁'을 뜻하는 단어와 뿌리가 같다는 사실을 기억해야 합니다. 10개월 동안 아이를 태중에 품고, 출산의 모험을 감행했던 어머니는 자식의 고통과 슬픔을 고스란히 몸으로 느낍니다. 하나님은 이런 사랑으로 우리를 불쌍히 여기십니다. 이 사랑에 눈을 뜬 사람은 함부로 살 수 없습니다. '당신이 나를 너무도 소중히 여겨 나는 귀한 사람이 되었답니다'라고 노래했던 김용택 시인의 시가 떠오릅니다. 하나님은 지금도 아파하는 사랑으로 우리 속에 새로운 생명을 창조하고 계십니다.

모세에게 당신을 드러내 보이시겠다고 하신 주님은 다시 말씀하십니다. "그러나 내가 너에게 나의 얼굴은 보이지 않겠다. 나를 본 사람은 아무도 살 수 없기 때문이다." 이 말씀은 다소 모순적으로 들립니다. 출애굽기 33장 11절에는 전혀 다른 이야기가 나옵니다. "주님께서는, 마치 사람이 자기 친구에게 말하듯이, 모세와 얼굴을 마주하고 말씀하셨다"는 것입니다. 어느 쪽이 진실일까요? 헷갈리지요? 하지만 질문 속에 답이 있습니다. 저는 어느 쪽이 '사실'(fact)이냐고 묻지 않았습니다. 어느 쪽이 '진실'(truth)이냐고 물었습니다. 그렇다면 답은 둘 다가 됩니다. 얼굴을 마주하고 이야기했다는 11절은 하나님과 모세와의 친밀함이라는 진실을 보여주고, 나를 본 사람은 아무도 살 수 없다는 20절은 어느 누구도 하나님을 실체로서 파악할 수 없다는 진실을 드러냅니다. 민수기 6장에 나오는 제사장의 축복선언 중에는 "주님께서 당신들을 밝은 얼굴로 대하시고"(6:25)라는 구절이 나옵니다. 시편 시인들은 주님께서 얼굴을 숨기실 때의 두려움을 도처에서 표현하고 있습니다. 그리고 시인들은 주님의 환한 얼굴(시편 31:16)을 구하기도 합니다. 그 얼굴은 실체로서의 얼굴이 아니라, 하나님의 호의와 친밀함을 은유적으로 표현한 것입니다.

주님의 얼굴, 어디서 보나?

여러분은 어느 때 하나님의 현존을 느끼십니까? 삶의 어느 순간 마치 하나님을 본 듯한 느낌이 들지는 않으십니까? 심란한 마음을 달랠 겸 찾아간 일망무제一望無際의 바다를 바라본 적이 있으실 겁니다. 해변으로 밀려왔다 물러서는 파도의 리듬에 우리 의식이 조율되는 순간 마음이 고요해지고, 어떤 충일함을 느낄 때가 있습니다. 은하수가 흐르는 밤하늘을 오랫동안 응시할 때도 비슷한 경험을 합니다. 아름다운 산을 볼 때도 그렇습니다. 그 순간은 적어도 '나'를 의식하지 않아도 되는 시간입니다. 내 욕심, 편견, 걱정 근심, 슬픔이 잦아드는 순간 우리는 무한히 큰 질서 속에 녹아들고 있음을 자각합니다. 그 순간이야말로 하나님의 얼굴을 언뜻 보는 순간입니다. 한용운의 〈알 수 없어요〉는 그런 순간을 노래하고 있습니다.

> "바람도 없는 공중에 수직의 파문을 내며 고요히 떨어지는 오동
> 잎은 누구의 발자취입니까 지리한 장마 끝에 서풍에 몰려가는
> 무서운 검은 구름의 터진 틈으로 언뜻언뜻 보이는 푸른 하늘은
> 누구의 얼굴입니까"

그런데 우리는 사람의 얼굴을 통해서도 하나님의 얼굴을 볼
때가 있습니다. 자기를 희생하면서 다른 이들을 돌보는 이들
을 보십시오. 그들의 얼굴빛은 하나님의 현존과 영광을 드러냅
니다. 십자가 아래 있던 백부장은 당신을 조롱하는 이들을 위
해 기도를 바치는 예수의 모습을 보며 '이분은 참으로 하나님
의 아들이구나' 하고 경탄합니다. 야곱 이야기도 하나의 예가
될 수 있겠습니다. 야곱은 얍복강 나루에서 밤새도록 어떤 낯
선 존재와 씨름을 벌였습니다. 어쩌면 그 싸움은 자기 속에 있
는 부끄러운 기억이나 부정적 감정과의 싸움이었는지도 모릅
니다. 형 에서를 만나야 하는 두려움에 잠을 이루지 못할 때 밤
은 마치 거울의 수은 막처럼 의식에 드리워 그의 내면을 비추
어주는 거울이 되었습니다. 바로 그런 실존의 어둔 밤을 거치
며 그는 마침내 하나님과 대면하게 되었고, 자신이 지향해야
할 삶의 본분을 알았습니다.

그 밤에 그의 마음은 고운 흙처럼 부드러워졌습니다. 다음

날 그는 형 에서를 향해 나갔고, 너그럽게 맞아주는 형을 보며 마치 하나님의 얼굴을 뵙는 듯하다(창세기 33:10)고 고백합니다. 그는 자기의 한계 그리고 부끄러움과 대면했기에 형제의 얼굴에서 하나님의 모습을 볼 수 있었습니다. 오늘 우리는 누구의 얼굴에서 하나님의 얼굴을 봅니까? 말이 거칠고 표정 사나운 이들을 보면 슬픕니다. 냉소적인 표정과 경계심에 가득 찬 얼굴을 볼 때도 마찬가지입니다. 마음이 거칠어질 때마다 저는 이 찬양을 반복합니다.

"형제의 모습 속에 보이는/하나님 형상 아름다워라/존귀한 주
의 자녀 됐으니/사랑하며 섬기리"

형제자매의 모습 속에서 하나님의 얼굴을 보는 사람이 복이 있는 사람입니다. 예수님은 "마음이 깨끗한 사람은 복이 있다. 그들이 하나님을 볼 것"이라고 말씀하셨습니다. 살아가는 동안 마음에 더께로 앉은 죄와 허물을 부끄러워하며 참으로 울 때 하나님은 우리 마음과 눈을 씻으시어 당신의 얼굴을 보게 하십니다.

드러내면서 숨기시는 하나님

이제는 '나를 본 사람은 아무도 살 수 없다'는 주님의 말씀에 대해 생각해 볼 차례입니다. 주님은 모세에게 바위 위에 서

라고 하신 후에 "나의 영광이 지나갈 때에, 내가 너를 바위 틈에 집어넣고, 내가 다 지나갈 때까지 너를 나의 손바닥으로 가리워 주겠다"(22절)고 말씀하십니다. 그 후에 주님이 손바닥을 거두면 그때 비로소 하나님을 보게 될 텐데, 정면이 아니라 배면背面 즉 등을 보게 될 것이라는 것입니다. 까꿍놀이도 아니고, 이게 무슨 의미일까요? 사실 까꿍놀이는 매우 심오한 철학적 의미를 함축하고 있다고 합니다. 아이들은 태어난 지 5개월 쯤 되면 이 놀이에 반응하기 시작합니다. 엄마나 아빠가 손으로 얼굴을 가리면 아이는 엄마/아빠의 부재에 당황합니다. 하지만 '까꿍' 하며 손을 떼는 순간 낯익은 얼굴이 등장하고, 아이는 긴장이 해소되어 웃음을 터뜨립니다. 이 놀이를 통해 아이들은 사물의 영속성을 깨닫게 된다는 것이지요. 아기는 '보이지 않을 뿐 어딘가에 반드시 존재한다'는 사실을 익히면서 세상의 외로움과 맞서는 것일까요? 하나님도 우리와 까꿍놀이를 하시는 것일까요? 그런지도 모르겠습니다.

'나의 등을 보게 될 것'이지만, '얼굴은 볼 수 없을 것'이라는 말씀에는 심오한 의미가 담겨 있습니다. 매사가 잘 진행될 때 사람들은 대개 하나님을 찾지 않습니다. 혼자서는 해결하기 어려운 문제에 직면할 때라야 절박하게 하나님께 나아갑니다. 물론 하나님의 도우심을 구하기 위해서입니다. 그러나 하나님의 도우심은 언제나 기대처럼 속히 다가오지 않습니다. 희망과 절망 사이를 오가고, 넘어졌다 일어섰다를 반복하며 우리는 조금씩 앞으로 나아갑니다. 어렵고 힘든 시간이 지나간 후, 가만히 앉아 뒤를 돌아봅니다. 그 어려운 시간을 어떻게 견디어냈던가 생각해보면 기가 막힙니다. 그런데 문득 그 시간이야말로 하나님 부재의 시간이 아니라, 하나님의 사랑의 현존 안에 있던 시간임을 깨닫게 됩니다. 이것이 바로 하나님의 뒷모습, 곧 하나님의 등입니다. 하나님이 다가오실 때, 우리는 그분을 알아차리지 못합니다.

그분은 해와 달과 별, 산과 강과 들, 나무와 꽃의 모습으로도 다가오시고, 이웃들의 모습을 통해서도 다가오시고, 선포되는 말씀을 통해서도 다가오십니다. 사람은 미래를 내다보며 살지만, 삶에 대한 이해는 돌아봄을 통해서만 가능합니다. 잊지 마십시오. 가장 절박한 시간, 하나님은 우리 곁에서 길을 만들고 계십니다. 다만 우리가 알아차리지 못할 뿐입니다. 세월이 흘러 살아온 날 돌아보면, 비로소 하나님의 등이 보일 것입니다. 그러니 하나님을 신뢰하십시오. 홀로인 것 같아도 하나님이 곁에 계심을 잊지 마십시오. 눈에 보이는 것 위에 인생의 집을 짓지 마십시오. 눈에 보이지 않는 하나님의 약속 위에 인생의 집을 지으십시오. 눈에 보이진 않아도 하나님은 지금 우리를 위해 길을 만들고 계십니다. 이 확신으로 오늘을 영원에 잇대어 살아가십시오. 주님이 우리와 동행하십니다.